Beate Plener • Michael Plener • Martin Hegar

Badische Küche

Rezepte, Bräuche und Geschichten im Jahreslauf

Bassermann

GERICHTE IM JAHRESLAUF

JANUAR

Das neue Jahr beginnen die Badener mit guten Wünschen für Freunde, Nachbarn und Verwandte. Eine Neujahrsbrezel soll für die nächsten zwölf Monate Glück bringen.

Gericht des Monats: Neujahrsbrezel Seite 10

FEBRUAR

Die Fasnet ist für echte Alemannen die fünfte Jahreszeit. Fettgebackene Küechle und Strieble gibt es vom »schmutzigen Dunschdig« bis zur »Burefasnet«.

Gericht des Monats: Fasnetsküechle Seite 60

MÄRZ

Der Frühling wagt sich langsam über den Rheingraben in den Schwarzwald. In den Weinbergen werden die Reben geschnitten und gebunden. Jetzt gibt es Brunnenkresse als erstes Grün für einen frischen Salat.

Gericht des Monats: Wutacher Brunnenkressesalat Seite 68

APRIL

Noch liegt auf den höchsten Bergen im Schwarzwald Schnee. Auf den frischen Wiesen tummeln sich Lämmchen und Zicklein – eine beliebte Osterdelikatesse.

Gericht des Monats: Gitzibraten Seite 107

MAI

Maienzeit ist Spargelzeit. In Gasthäusern und Straußwirtschaften findet man kaum einen Platz, denn alle wollen in der kurzen Saison das königliche Gemüse genießen.

Gericht des Monats: Gekochter Stangenspargel mit Sauce Hollandaise Seite 125

JUNI

Herrlich ist eine Schwarzwaldwanderung, wenn die Bäume noch das frische Frühlingsgrün tragen. Und danach gönnt man sich eine Schwarzwaldforelle, die kurz zuvor noch durch die Bäche und Teiche sprang.

Gericht des Monats: Forelle gebacken nach »Müllerin Art« Seite 154

Die badische Küche gilt als besonders fein – die Vielfalt an heimischen Zutaten erlaubt Abwechslung und Raffinesse.

Juli

Gegen den Durst an den heißen Julitagen gibt es ein »Schorle« oder »g'spritztes Bier« und zur Veschper einen Wurst- oder Ochsenmaulsalat mit frischem Bauernbrot.

Gericht des Monats:
Elsässer Wurstsalat Seite 181

August

Der Markt quillt jetzt über mit frischem Obst. Trotz der Hitze stellt man sich gerne ein paar Stunden in die Küche und kocht Marmelade ein – denn die selbstgemachte schmeckt immer noch am besten.

Gericht des Monats:
Pfirsichmarmelade Seite 229

September

Im warmen, feuchten Schwarzwaldboden wachsen vielerlei Pilze – sogar Trüffel hat man hier angeblich schon gefunden. Auch die Märkte bieten eine große Auswahl.

Gericht des Monats: Nierle mit Pfifferlingen und Steinpilzen Seite 237

Oktober

Kein Sonntagsausflug, der jetzt nicht in einer gemütlichen Straußwirtschaft seinen Ausklang findet. Zwiebelkuchen mit Neuem Süßen ist nun das Leibgericht aller Badener.

Gericht des Monats:
Zwiebelkuchen Seite 274

November

Der Nebelmonat bringt den ersten Schnee – und die üppigen Schlachtfeste. Zur besseren Bekömmlichkeit darf dabei das »Chriesewässerli« nicht fehlen.

Gericht des Monats:
Sulz mit Bauernbrot Seite 297

Dezember

Advent und Weihnachten inspirieren die badische Küche zu süßen Hochgenüssen. Tradition hat besonders der »Birewecke« – das Birnenbrot, für das schon im Sommer ein großer Sack Birnen getrocknet wird.

Gericht des Monats: Birewecke Seite 327

Januar Februar März April Mai Juni Juli August September Oktober November Dezember

Die Küche

Alle Hoffnungen ruhen auf dem neuen Jahr. Doch der Speiseplan wird noch von Zutaten bestimmt, die man im alten Jahr eingelagert und eingemacht hat: Rahnen und Kraut, Kartoffeln und Speck.

Die badische Küche gilt als besonders fein – die Vielfalt an heimischen Zutaten erlaubt Abwechslung und Raffinesse.

Juli

Gegen den Durst an den heißen Julitagen gibt es ein »Schorle« oder »g'spritztes Bier« und zur Veschper einen Wurst- oder Ochsenmaulsalat mit frischem Bauernbrot.

Gericht des Monats: Elsässer Wurstsalat Seite 181

August

Der Markt quillt jetzt über mit frischem Obst. Trotz der Hitze stellt man sich gerne ein paar Stunden in die Küche und kocht Marmelade ein – denn die selbstgemachte schmeckt immer noch am besten.

Gericht des Monats: Pfirsichmarmelade Seite 229

September

Im warmen, feuchten Schwarzwaldboden wachsen vielerlei Pilze – sogar Trüffel hat man hier angeblich schon gefunden. Auch die Märkte bieten eine große Auswahl.

Gericht des Monats: Nierle mit Pfifferlingen und Steinpilzen Seite 237

Oktober

Kein Sonntagsausflug, der jetzt nicht in einer gemütlichen Straußwirtschaft seinen Ausklang findet. Zwiebelkuchen mit Neuem Süßen ist nun das Leibgericht aller Badener.

Gericht des Monats: Zwiebelkuchen Seite 274

November

Der Nebelmonat bringt den ersten Schnee – und die üppigen Schlachtfeste. Zur besseren Bekömmlichkeit darf dabei das »Chriesewässerli« nicht fehlen.

Gericht des Monats: Sulz mit Bauernbrot Seite 297

Dezember

Advent und Weihnachten inspirieren die badische Küche zu süßen Hochgenüssen. Tradition hat besonders der »Birewecke« – das Birnenbrot, für das schon im Sommer ein großer Sack Birnen getrocknet wird.

Gericht des Monats: Birewecke Seite 327

Die Gerichte

Januar

Neujahrsbrezel 10
Badisches Schneckensüpple 12
Brotsuppe mit Zwiebeln 13
Rahnensuppe 14
Rahnensalat 16
Frischer Wintersalat 17
Freiburger Krauttopf 18
Krautwickel 19
Forelle Pfarrers Art 20
Badischer Sauerbraten 21
Kartoffelklöße 22
Schweinerücken in Rosmarinsauce 24
Glasierte Butterrüben 25
Mohnmousse mit eingelegten Backpflaumen 26
Mohnkuchen 28
Dampfnudeln 30
Vanillesauce mit Schneeballen 31
Baden-Badener Schokoladentorte 32

Februar

Gebrannte Mehlsuppe 38
Petersilienwurzelsuppe 39
Leberspätzle 40
Sauerkraut 41
Stockfisch auf Rahmsauerkraut 42
Felchenfilets Konstanzer Art 43
Gekochte Zunge mit Kapernsauce 44
Kalbsbraten 45
Lauchgemüse 46
Lauchauflauf 48
Forchheimer Lauch-Champignon-Salat 49
Fruchtiger Staudenselleriesalat 50
Haselnußkrapfen 51
Dinkelbrot 52
Wasserschnitten 55
Strieble 58
Fasnetsküechle 60

März

Grünkernsuppe mit Markklößchen 66
Brunnenkressesuppe 67
Wutacher Brunnenkressesalat 68
Kressesalat 68
Badische Hechtklößle 69
Bodenseehecht nach Herzog Gunzo 71
Grünkernküchle 72
Hirnpfännle 73
Gefüllte Kalbsbrust Glottertäler Art 74
Hähnchen im Topf mit Spätburgunder 76
Saure Kartoffeln 78
Karamelköpfle 79
Karthäuserklöße 80
Ofenschlupfer 82
Rotweinsauce 84
Errötendes Mädchen 86
Flachswickel 87
Elztäler Gugelhupf 88
Goldschnitten 89

April

Sauerampfersuppe 94
Forellenrahmsuppe 95
Fischfond 96
Forellenfilets in Sauerampfersauce 97
Löwenzahnsalat 99
Frischer Blattspinat mit Zitronensauce und pochierten Eiern 100
Gekräuterte Lammkoteletts 102
Lammkeule mit Lauchzwiebeln 104
Gitzibraten 107
Gefüllte Schnitzelröllchen 108
Frühlingszwiebeln 109
Grüne Bohnen 109
Kartoffelgratin 110
Bäckerinkartoffeln 112
Rhabarberkuchen 113
Ostertorte 114
Erdbeer-Rhabarber-Grütze 116
Rhabarberkompott 116

Mai

Badische Festtagssuppe 122
Spargelcremesuppe 123
Spargeltaschen 124
Gekochter Stangenspargel mit Sauce Hollandaise 125
Opfinger Spargelsalat 126
Kratzede 127
Markgräfler Spargelkuchen 128
Maimorcheln mit Hechtfarce gefüllt 130
Zander in Riesling gedünstet 132
Frische Erbsle in weißer Buttersauce 133
Kalbssteaks in Weißburgundersauce 134
Lammschulter mit Honig-Ingwer-Sauce 135
Ragout vom Rehbock 136
Großmutters Gelberübensalat 137
Brotknöpfle 138
Erdbeereis 140
Buchholzer Erdbeeren in Rotwein 141
Erdbeermarmelade 142
Waldmeisterbowle 144

Juni

Neue Gemüsesuppe 150
Kalte Gemüsesuppe 151
Kohlräblesalat 152
Bunter Spinatsalat 153
Forelle »Müllerin Art« 154
Forelle blau 155
Geschnetzelte Nierle 156
Speckeier 157
Ortenauer Bauerngemüse 157
Rinderrouladen in Sauerkirschsauce 158
Kirschwasserparfait mit Schattenmorellen 160
Kirschplotzer 162
Schwarzwälder Kirschbowle 164
Grießflammerie 165
Milchreis mit Johannisbeeren 166
Johannisbeerkuchen 167
Schwarzwälder Kirschtorte 168
Holderküchle mit Vanillesauce 170
Johannisbeertorte 172

Juli

Winzerpastete 178
Ochsenmaulsalat 180
Elsässer Wurstsalat 181
Bohnen-Tomaten-Salat 182
Kretzerfilets mit frischen Gartentomaten und Kräutern 183

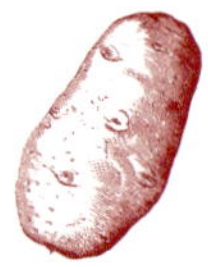

Monat für Monat

Fleischküchle 184

Laubfröschle 185
Schäufele im Brotteig 186
Gschwellte mit Bibbeleskäs 188
Gefülltes Hähnchen 189
Rinderrückensteak Urloffen 190
Beerenkompott 192
Waffeln 192
Kalte Sauerkirschsuppe 193
Himbeerrolle 194
Beerengratin 196
Grießschnitten 198
Quarksoufflé 199
Blumegger Dinne 200

August

Klare Tomatensuppe mit Frischkäseklößchen 206
Gefüllte Tomaten 208
Tomatensalat mit nassen Käsle 209
Brägele 209
Flädlesuppe 210
Feldberger Pilzomelett 211
Leberle geröstet 212
Saure Leberle 213
Kruttstumpe und Dummis 214
Bodensee-Saiblingfilets auf Tomatenbutter mit Estragon 216
Kalbshaxe 218
Heidelbeeromeletts 220
Heidelbeerkuchen 221
Holdersuppe 222
Pochierte Weinbergpfirsiche mit Mandeleis und Weinschaumsauce 223
Mirabellenquarkcreme 224
Mirabellenwaie 225
Schwarzwälder Heidelbeermarmelade 226

Holderlikör 228
Pfirsichmarmelade 229

September

Rüblisuppe mit Rahm 234
Nudelsuppe 235
Sommerauer Pfifferlinge 236
Nierle mit Pfifferlingen und Steinpilzen 237
Raukesalat 238
Gekochte Ochsbrust 239
Rahmkartoffeln 240

Bouillonkartoffeln 240
Meerrettichsauce 242
Eingemachte Wildpreiselbeeren 244
Eingemachtes Kalbfleisch 246
Fasan nach Kaiserstühler Art 247
Eingelegte Essigzwetschgen 248
Zwetschgenknödel 249
Zwetschgenstrudel 250
Bühler Zwetschgenkuchen 252
Zwetschgenterrine mit Sherrycreme 253
Traubenkuchen 254
Birnenwaie 256

Oktober

Kürbissuppe 262
Eingelegte Kürbisschnitz 263
Kartoffelsuppe 264
Blumenkohl mit Vinaigrette 265
Endiviensalat 265
Weller in Meerrettichsauce 266
Eier mit Remouladensauce 267
Kalbsbriesle auf Salat von roten Linsen 268
Spätzle 269
Geschmorte Rehschulter 270

Rehrücken badisch 272
Zwiebelkuchen 274
Herbstlicher Obstsalat 276
Warme Apfelsuppe 276
Apfelküchle 277
Kaiserstühler Apfelkuchen 278
Quittenkuchen 280

November

Apfelkuchen Onkel Konrad 286
Gebackene Quitten 287
Seelen 288
Geröstete Grießsuppe 289
Knöpfle mit Apfelmus 290
Eisbergsalat mit Blauschimmelkäsesauce 291
Feldsalat mit Speckwürfele 292
Apfel-Kartoffel-Gratin 293
Wirsingköpfle 294

Wirsingwaie 295
Schwarzwurzelgemüse 296
Sulz (Kutteln) 297
Zander in der Kartoffelkruste 298
Weißburgundersauce 299
Ente sauer 300
Hirschfilet in Apfelessig-Honig-Sauce 301
Schupfnudeln mit Sauerkraut 302
Wintereintopf 303
Bauernbrot 304
Prinzeßstangen 306
Orangen-Halbgefrorenes mit exotischen Früchten 307
Apfelpfannküchle 308
Zimtparfait 309

Dezember

Riebelesuppe 314

Rosenkohl in Rahm 314
Rotkraut 315
Gänsekraftbrühe mit Gemüseeinlage 316
Gefüllte Weihnachtsgans 318
Schäufele mit badischem Kartoffelsalat 319
Gänseschmalz 320
Glasierte Kastanien 320
Hasenrücken 321
Gefüllte Schweinefilets in Blätterteig 322
Karpfen in Rotwein 324
Lachsforelle mit Basilikumsauce 325
Hausgemachte Nudeln 326
Birewecke 327
Weckmänner 328

Linzertorte 329
Spekulatiusmousse mit Orangensauce 330
Lebkucheneis 331

DIE KÜCHE

Alle Hoffnungen ruhen auf dem neuen Jahr. Doch der Speiseplan wird noch von Zutaten bestimmt, die man im alten Jahr eingelagert und eingemacht hat: Rahnen und Kraut, Kartoffeln und Speck.

IM JANUAR

Die Tage sind kurz, und draußen ist es klirrend kalt. Nach einer Winterwanderung im Schnee oder einer Skitour im Schwarzwald erwärmt man sich am besten zu Hause bei einem deftigen Abendessen und einem guten Glas Rotwein.

Was es im Januar

Rahnen

In Baden heißen die roten Bete oder Rüben einfach Rahnen. Die Rahnen sind ein typisches Wintergemüse, das bis zum Einsetzen der ersten starken Nachtfröste geerntet werden kann. Man bekommt sie von Oktober bis März auf den Märkten. Die Rahnen lassen sich gut über den Winter einlagern, indem man die Blätter entfernt und die Knollen im kühlen Keller in Sand verpackt. So gut das rote Gemüse auch schmeckt, man sollte nicht zuviel davon essen – der hohe Nitrat- wie auch Oxalsäuregehalt der Rahnen macht sie nur in Maßen verträglich.

Schnecken

Weinbergschnecken waren ursprünglich ein Essen für arme Leute und gelten noch heute im Bodenseeraum als Fastenspeise. In Südbaden und im Elsaß dagegen sind sie inzwischen zu einer kulinarischen Spezialität geworden. Früher wurden Schnecken besonders im Winter gesammelt, solange die Schneckenhäuser noch mit einem Kalkdeckel verschlossen sind. Heute bevorzugt man das Frühjahr, wenn sie schon das erste Grün zu sich genommen haben. Das Zubereiten von frischen Schnecken ist eine langwierige und schwierige Prozedur. Deshalb sollte man diese Delikatesse im Restaurant genießen und zu Hause mit Schnecken aus der Dose oder dem Tiefkühlregal vorlieb nehmen.

Weisskraut

Weißkraut beziehungsweise Weißkohl gibt es in verschiedenen Sorten fast das ganze Jahr hindurch frisch zu kaufen. In der kalten Jahreszeit ist das Winterweißkraut aber eines der wenigen Frischgemüse. Weißkraut ist als Gemüsepflanze genügsam und deshalb in allen Regionen in Deutschland zuhause. Sind die Winter nicht zu frostreich, kann der Kohlkopf sogar die ganze Zeit im Boden bleiben. Die altbekannte blähende Wirkung von Kohl läßt sich durch Kümmel neutralisieren.

ALLES GUTES GIBT...

MOHN

Blühender Mohn in einem reifen Getreidefeld – das ist ein Anblick, der dem Betrachter ein Gefühl von Sommer und Wärme gibt. Doch nicht der rote Klatschmohn, sondern der blaue Mohn liefert mit seinen bläulichen Samen die leckere Kuchenzutat. Diese Mohnsorte wird vornehmlich in Ost- und Südosteuropa angebaut und – wie viele andere Backzutaten auch – importiert.

BUTTERRÜBEN

Butterrüben sind ein altes Bauerngemüse, das fast in Vergessenheit geraten war. Mittlerweile findet man sie jedoch wieder auf den badischen Märkten. Unter einer gelb-orangen Schale sind diese kleinen Rüben hell und tragen daher auch den Namen Weiße Rüben. Mit einem Rübenhobel geschnitten und mit Salz und Wacholderbeeren gewürzt, kann man sie wie Sauerkraut einstampfen. Typisch badisch ist die Kombination aus Butterrübengemüse und grünem Speck, der nicht geräuchert ist und zusammen mit den Rüben gedämpft wird.

TYPISCH FÜR DEN JANUAR

Rahnen	*Rahnensuppe*	*Seite 14*
Schnecken	*Badisches Schneckensüpple*	*Seite 12*
Weißkraut	*Freiburger Krauttopf*	*Seite 18*
Mohn	*Mohnkuchen*	*Seite 28*
Butterrüben	*Glasierte Butterrüben*	*Seite 25*

NEUJAHRSBREZEL

Für 6 bis 8 Personen
Besonders typisch

1/4 l Milch
30 g Hefe, 50 g Zucker
50 g Butter, 500 g Mehl, 1 Ei, Salz
1 geriebene unbehandelte Zitronenschale
Fett für das Backblech, 1 Eigelb

1

Die Milch in einem kleinen Topf leicht erwärmen. Die Hefe in einen Kaffeebecher bröckeln, mit 1 Teelöffel Zucker und etwas Milch verrühren. Den Vorteig an einem warmen Ort 5 Minuten gehen lassen, bis er etwa den Becherrand erreicht hat. Inzwischen die Butter in der restlichen Milch zerlassen.

2

Das Mehl in eine Schüssel sieben. Den Vorteig, den restlichen Zucker, das Ei, eine Prise Salz und die Zitronenschale zugeben und alles mit den Knethaken des Handrührgeräts verrühren. Nun langsam die Butter-Milch-Mischung hineingießen und den Teig solange kneten, bis er Blasen wirft und sich vom Schüsselrand löst. Die Schüssel zudecken und etwa 45 Minuten an einen warmen Ort stellen.

3

Ein Backblech einfetten. Den Teig nochmals gut durchkneten und etwa 20mal auf die Tischplatte schlagen, damit er locker wird. Den Teig in drei Stücke teilen, aus jedem Stück einen Strang von 60 Zentimeter Länge rollen und die Stränge zu einem Zopf flechten. Den Zopf auf dem Backblech zu einer Brezel formen, dabei die Enden unter das Mittelstück legen. In die Brezelschlaufen jeweils ein zu einer Kugel geknülltes Butterbrotpapier stecken, damit die Schlaufen beim Backen erhalten bleiben.

4

Den Backofen auf 200 Grad (Umluft 180 Grad, Gas Stufe 3 bis 4) vorheizen. Das Eigelb verquirlen, die Brezel damit bestreichen und nochmals 15 Minuten gehen lassen, dann in den Ofen schieben und auf der zweiten Einschubleiste von unten 30 Minuten backen.

MIT BREZELN INS NEUE JAHR

In Baden war und ist die Brezel ein fester Bestandteil des Brauchtums um die Jahreswende. Nach altem Brauch werden am Silvesterabend in den Wirtschaften Brezeln »ausgebascht« (ausgewürfelt). Wer es geschickt anstellt, kann mit einer großen Anzahl frischer Brezeln das neue Jahr beginnen.

Die großen Neujahrsbrezeln gelten seit jeher als glückbringende Neujahrsgabe. Früher holten die Kinder ihre Neujahrsbrezel bei der Gotti, der Patentante, oder beim Götti, dem Patenonkel, ab. So lautet denn auch ein alter badischer Neujahrswunsch:

Prosit Neujohr!
Brezel wie e Scheunentor,
Lebkuchen wie e Offenplatt',
wer'n mer allmitnander satt.

Auch heute noch findet sich bei jedem Neujahrsempfang eines Bürgermeisters oder Landrats eine Trachtenabordnung der Landbevölkerung ein, die den »hohen Herren« ihre besten Neujahrswünsche sowie eine überdimensionale Neujahrsbrezel überbringt.

Wie die Brezel erfunden wurde, erzählt eine Geschichte aus dem Markgräflerland: Vor langer Zeit hatten sich ein Bäckergeselle und die Tochter seines Meister ineinander verliebt. Jedoch hatten beide keine Hoffnung, daß der Meister einer Hochzeit zustimmen würde. Mit der Zeit merkte der Meister, daß seine Tochter immer trauriger wurde, weil er nichts von einer Heirat wissen wollte. Da stellte er dem Gesellen eine Aufgabe: Er solle etwas backen, wo die Sonne dreimal durchscheinen könne.

Der Geselle überlegte manche Nacht und probierte viele Formen von Backwerk aus. Jedoch kam er zunächst auf keine Lösung. Schließlich formte er eine dünne Teigrolle und legte sie so übereinander, daß drei Löcher freiblieben. Die Form war so schön, daß der Meister seinen Gesellen noch eine große Menge dieses Backwerks anfertigen ließ. Das Geschäft kam groß in Schwung und man gab dem Backwerk den Namen »Brezeli«. Bald schauten sich auch die anderen Bäcker das Rezept und die Form der Brezel ab, und fortan eroberte die kleine Brezel die ganze Welt.

Badisches Schneckensüpple

Für 4 Personen
Raffiniert

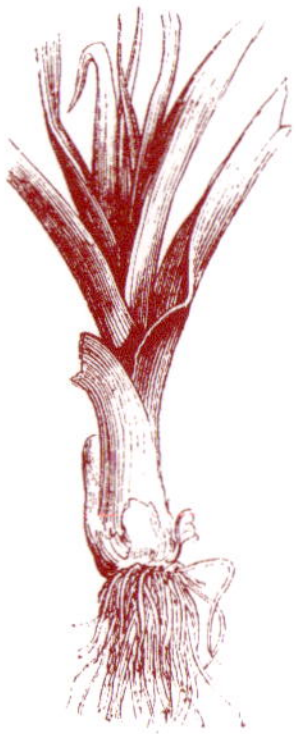

1 Gelberübe (Möhre)
1 kleines Stück Sellerie
50 g Lauch, 1 kleine Zwiebel
6 weiße Champignons
2 Knoblauchzehen, 40 g Butter
2 Dutzend Weinbergschnecken (aus der Dose)
40 g Mehl, 1 l Fleischbrühe
1/4 l trockener Weißwein, 1 EL Anislikör (Pernod)
Salz, Pfeffer, 200 g süße Sahne
3 Eigelb

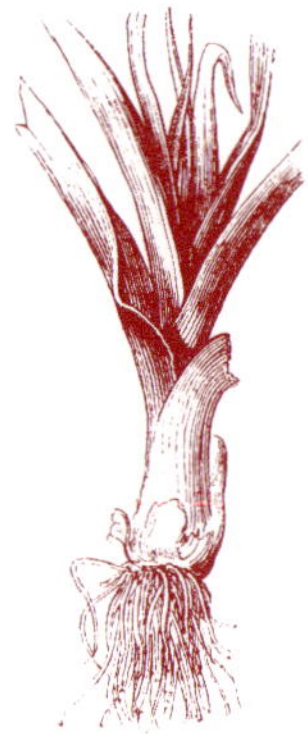

1

Gelberübe und Sellerie schälen, den Lauch längs halbieren und waschen, alles in ganz feine Würfel schneiden. Die Zwiebel abziehen und fein hacken, die Champignons waschen und in Scheiben schneiden. Den Knoblauch abziehen und durch die Presse geben.

2

Die Butter in einem großen Topf erhitzen und die Zwiebeln darin glasig dünsten. Das vorbereitete Gemüse, Champignons und Schnecken dazugeben und 3 bis 4 Minuten mitdünsten. Das Mehl darüberstäuben, gut durchrühren und die Fleischbrühe aufgießen. Die Suppe etwa 10 Minuten köcheln lassen, mit Wein, Knoblauch, Anislikör, Salz und Pfeffer abschmecken.

3

Die Sahne mit den Eigelben verrühren und zur Suppe hinzugeben, aber nicht mehr kochen lassen, da sonst das Eigelb ausflockt.

BROTSUPPE MIT ZWIEBELN

Für 4 bis 6 Personen
Ganz einfach, preiswert

200 g altes Weiß- oder Schwarzbrot in Scheiben
1 mittelgroße Zwiebel, Butter zum Dünsten
10 g Mehl, 1 l Fleischbrühe
100 g süße Sahne
1 EL Schnittlauchröllchen oder Kerbelblättchen

1

Die Brotscheiben im Toaster hellbraun rösten und in Würfel schneiden. Die Zwiebel abziehen und fein hacken. Etwas Butter in einem großen Topf zerlassen, die Zwiebel darin glasig dünsten und mit Mehl bestäuben. Die Brotwürfel zugeben und kurz mitdünsten lassen. Die Brühe dazugießen und alles unter gelegentlichem Rühren etwa 25 Minuten köcheln lassen.

2

Die Suppe mit einem Mixstab pürieren oder durch ein Sieb streichen und mit der Sahne verfeinern. Mit frischem Schnittlauch oder Kerbel bestreut servieren.

Rahnensuppe

Für 4 Personen
Ganz einfach

300 g Rahnen (rote Bete)
50 g Sellerie, 1 kleine Zwiebel
50 g Lauch, 50 g Butterschmalz
20 g Mehl, 1 l Rinderbrühe, Salz
Essig oder trockener Weißwein
50 g süße Sahne, 1 Eigelb
20 g gehackter Kerbel zum Garnieren

1

Rahnen und Sellerie waschen und schälen, die Zwiebel abziehen und den Lauch putzen. Rahnen, Sellerie, Zwiebel und Lauch in walnußgroße Stücke schneiden. Das Butterschmalz in einem großen Topf erhitzen und die Zwiebel darin andünsten. Lauch, Sellerie und Rahnen zugeben, kurz mitdünsten, mit Mehl bestäuben und die kalte Rinderbrühe dazugießen.

2

Alles etwa 20 Minuten köcheln lassen, bis das Gemüse gut weich ist. Das Gemüse mit einem Pürierstab zerkleinern. Die Suppe durch ein feines Sieb geben, nochmals aufkochen lassen, mit Salz und wenig Essig oder Wein abschmecken.

3

Die Sahne steif schlagen und mit dem Eigelb verrühren, die Suppe vom Feuer nehmen und die Sahne-Eigelb-Mischung unterrühren. Die Rahnensuppe mit dem Kerbel bestreuen und servieren.

Noch vor wenigen Jahren kannte man die Rahnen fast nur als eingelegte Beilage. Viele traditionelle Rezepte wurden erst jetzt wiederentdeckt.

RAHNENSALAT

Für 4 Personen
Preiswert, läßt sich vorbereiten

600 g Rahnen (Rote Bete), 2 rote Zwiebeln
2 EL Walnußöl, 3-4 EL Schalottenessig, Salz
schwarzer Pfeffer aus der Mühle, Zucker, Koriander

1

Die Rahnen waschen, aber nicht schälen und den Strunk nicht abschneiden, um ein Ausbluten zu verhindern. Die Rahnen wie Pellkartoffeln etwa 45 bis 60 Minuten kochen (im Dampfdrucktopf etwa 15 Minuten). Die gekochten Rahnen herausnehmen und kalt abbrausen. Die Haut abziehen und die Rahnen in feine Scheiben hobeln. Die Zwiebeln abziehen, in Ringe schneiden und mit den Rahnenscheiben in eine Salatschüssel geben.

2

Für die Marinade Öl, Essig, Salz, Pfeffer und je eine Prise Zucker und Koriander gut miteinander verquirlen. Die Salatsauce über die Rahnen geben und unterheben. Den Salat im Kühlschrank mindestens 30 Minuten ziehen lassen, vor dem Servieren nochmals abschmecken.

VARIANTE: Probieren Sie Rahnensalat zur Abwechslung mit einem Dressing aus Joghurt und Apfel. Dazu geben Sie unter die gehobelten Rahnen anstelle der Zwiebeln einen Becher Joghurt und einen grob geraffelten säuerlichen Apfel.

Der Salat hält sich im Kühlschrank mindestens eine Woche. Sie können also ohne weiteres eine größere Menge zubereiten. Auf badischen Wochenmärkten gibt es auch gekochte Rahnen zu kaufen – dann ist der Salat schon in wenigen Minuten zubereitet.

Frischer Wintersalat

Für 6 Personen
Geht schnell

1 mittlerer Chinakohl (etwa 300 g)
2 große Gelberüben (Möhren)
1 Apfel, 2 EL gehackte Walnüsse
Für die Sauce:
100 g Naturjoghurt
3 EL Sonnenblumenöl
3 EL Vollwürz-Essig
1/4 TL Salz, 1 TL Senf
1 TL getrocknete Salatkräuter

1

Den Chinakohl putzen und waschen. Die Blätter am Stielanfang in feine, am Blattende in etwa 1 Zentimeter breite Steifen schneiden. Die Gelberüben schälen und mit einer Bircherreibe grob raspeln. Den Apfel schälen, vierteln, vom Kernhaus befreien und in feine Scheiben schneiden. Die Rohkost locker miteinander vermengen.

2

Alle Zutaten für die Sauce in ein Schälchen geben und mit dem Schneebesen gut verrühren. Die Sauce kurz vor dem Servieren mit dem Salat mischen und die gehackten Walnußkerne darüberstreuen.

Freiburger Krauttopf

Für 4 Personen
Braucht etwas Zeit

1/2 Weißkrautkopf
1/2 Wirsingkopf
750 g Kartoffeln, 350 g Sellerie
250 g Gelberüben (Möhren), 250 g Lauch
250 g Rindfleisch (Hochrippe oder Schulter)
250 g Schweineschulter
250 g Lammschulter
2 Zwiebeln, 4 EL Maiskeimöl
1/4 l Fleischbrühe, geriebene Muskatnuß
gerebelter Majoran, Salz
frisch gemahlener schwarzer Pfeffer
1 Bund krause Petersilie

1

Weißkraut und Wirsing in einzelne Blätter lösen, von den harten Teilen und Rippen befreien, waschen und in schmale Streifen schneiden. Kartoffeln und Sellerie schälen, waschen und in Würfel schneiden. Die Gelberüben schälen, waschen und in Scheiben schneiden. Den Lauch putzen, waschen und in 1 Zentimeter breite Streifen schneiden. Das gesamte Fleisch abspülen, mit Küchenkrepp trockentupfen und in Würfel schneiden. Die Zwiebeln schälen und würfeln.

2

In einer großen Kasserolle das Öl erhitzen, die Zwiebeln darin glasig dünsten. Das Fleisch zugeben und von allen Seiten kräftig anbraten. Die Kartoffeln, Sellerie, Gelberüben und den Lauch hineingeben, die Fleischbrühe aufgießen und den Deckel schließen.

3

Nach etwa 30 Minuten Garzeit die Weißkraut- und Wirsingstreifen daraufgeben und nochmals etwa 1 Stunde garen. Den Krauttopf gut durchrühren und mit geriebener Muskatnuß, Majoran, Salz und Pfeffer abschmecken. Die Petersilie waschen, fein schneiden und über den Krauttopf streuen.

Im Dampfdrucktopf beträgt die gesamte Garzeit lediglich 45 Minuten.

Krautwickel

Für 4 Personen
Besonders typisch, braucht etwas Zeit

1 Weißkrautkopf, 4 EL Salz
500 g Rinderhackfleisch, 1 mittelgroße Zwiebel
3 Scheiben ungeröstetes Toastbrot
100 g süße Sahne, 1 Ei, Salz, Pfeffer
80 g Butterschmalz
1 1/2 l Fleischbrühe
3 EL Mehl

1

Die äußeren Blätter und den Strunk des Krautkopfes entfernen. Einen großen Topf mit Wasser aufsetzen, das Salz hineingeben und den Kopf in das kochende Salzwasser legen. Sobald sich die äußeren Blätter gelöst haben, den Krautkopf herausnehmen, die losen Blätter beiseite legen und den Kopf wieder ins kochende Wasser geben. Diesen Vorgang wiederholen, bis alle großen Blätter abgelöst sind, die sich für Krautwickel eignen. Die zu dicken Rippen der Krautblätter mit einem Messer abflachen.

2

Die Zwiebel abziehen und kleinschneiden. Die Toastscheiben im Mixer fein zerhacken, mit der Sahne verrühren und zusammen mit Zwiebelwürfeln, Ei, Salz und Pfeffer unter die Hackfleischmasse geben. Jeweils 2 bis 3 Krautblätter ineinanderlegen, mit dem Hackfleischbrät füllen, zusammenrollen und mit Rouladennadeln fixieren oder mit hitzestabilem Küchengarn umwickeln.

3

In einer Kasserolle das Butterschmalz erhitzen und die Krautwickel von allen Seiten anbraten. Die Brühe angießen und offen auf dem Herd etwa 45 Minuten leicht köcheln lassen. Verdampfte Flüssigkeit ab und zu mit Wasser ergänzen.

4

Die Krautwickel herausnehmen, Nadeln oder Küchengarn entfernen und auf einer vorgewärmten Platte anrichten. Den Garfond mit dem in etwas Wasser angerührten Mehl abbinden, mit Salz und Pfeffer abschmecken und durch ein Sieb in eine Sauciere gießen.

Forelle Pfarrers Art

Für 4 Personen
Raffiniert

4 ausgenommene küchenfertige Forellen
Salz, 4 EL gemischte Kräuter (Herbes de Provence)
70 g Butter, 1 l Badischer Weißherbst
1 Bund krause Petersilie, 1 TL Speisestärke
3 EL süße Sahne, Salz, Pfeffer

1

Die Forellen innen und außen gut abwaschen, mit Küchenkrepp trockentupfen und innen mit Salz einreiben. In jede Forelle 1 Eßlöffel Kräuter und etwa 10 Gramm Butter verteilen. Die Fische nebeneinander auf eine Fettpfanne legen.

2

Den Backofen auf 200 Grad (Umluft 180 Grad, Gas Stufe 3 bis 4) vorheizen. Die Forellen mit dem Weißherbst übergießen, so daß sie fast bedeckt sind, und auf der zweiten Einschubleiste von unten insgesamt 25 Minuten garen. Die Forellen nach etwa 10 Minuten mit zwei Pfannenwendern vorsichtig umdrehen.

3

Die Forellen aus der Fettpfanne nehmen und auf einer Platte anrichten. Die restliche Butter in Flöckchen darübergeben. Die Fische mit der Petersilie garnieren und warm stellen.

4

Den Weinfond durch ein feines Haarsieb in einen kleinen Topf gießen. Etwas Flüssigkeit abnehmen und mit der Speisestärke in einem Becher verrühren. Den Wein etwas einkochen, die angerührte Speisestärke einrühren, die Sahne zufügen und nochmals kurz aufkochen lassen. Die Sauce mit Salz und Pfeffer abschmecken und getrennt zu den Forellen servieren.

Dazu passen am besten Salzkartoffeln.

Badischer Sauerbraten

Für 4 Personen
Läßt sich vorbereiten

1 kg Rindfleisch (Rolle oder Tafelspitz)
1/2 l Spätburgunder, 1/4 l Rotweinessig
1 Zwiebel, 1 Gelberübe (Möhre)
1 EL schwarze Pfefferkörner
1 Lorbeerblatt, 1 TL Salz, 50 g Mehl
Öl zum Braten, 200 g saure Sahne
frisch gemahlener Pfeffer

1

Das Fleisch waschen und in eine nicht zu große Schüssel legen. Rotwein und Essig darübergießen, so daß das Fleisch vollständig von der Flüssigkeit bedeckt ist. Zwiebel und Gelberübe schälen, halbieren und zusammen mit den Pfefferkörnern, dem Lorbeerblatt und dem Salz zum Fleisch geben. Die Schüssel zudecken und in den Kühlschrank stellen. Das Fleisch 3 Tage in der Marinade ziehen lassen und jeden Tag einmal wenden.

2

Das Fleisch aus der Beize nehmen und gut mit Küchenkrepp abtrocknen. Das Mehl in einem kleinen Topf ohne Fettzugabe goldbraun rösten. In einem Schmortopf etwas Öl erhitzen und das Fleisch von allen Seiten kräftig anbraten. Zwiebel, Gelberübe und das gebräunte Mehl zugeben, alles mit 2 Tassen Marinade ablöschen und etwa 1 1/2 Stunden zugedeckt schmoren. Zwischendurch eventuell noch etwas Beizflüssigkeit hinzufügen.

3

Das Fleisch aus dem Topf nehmen und warm stellen. Zwiebel und Gelberübe wegwerfen. Den Bratfond mit der sauren Sahne verrühren, kurz aufkochen lassen und mit Salz und Pfeffer abschmecken.

Den Braten sollten Sie erst aufschneiden, nachdem er 10 Minuten geruht hat, da ansonsten der Fleischsaft austritt.

Ein echter badischer Sauerbraten muß – wenn er seinem Namen gerecht werden soll – unbedingt mehrere Tage eingelegt werden. Keine Angst: das Fleisch ist in der Marinade durchaus noch länger haltbar.

KARTOFFELKLÖSSE

Für 4 Personen
Preiswert

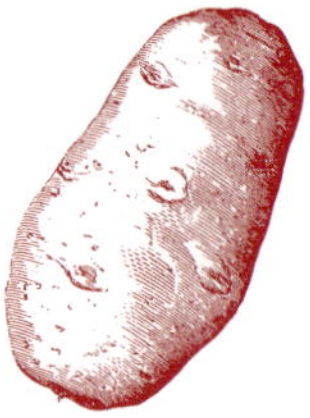

750 g mehlige Kartoffeln
1/2 Zwiebel, 1 Bund Petersilie
Öl zum Andünsten, Salz
2 Eier, geriebene Muskatnuß
50 - 100 g Mehl, 50 g Butter
2 EL Paniermehl

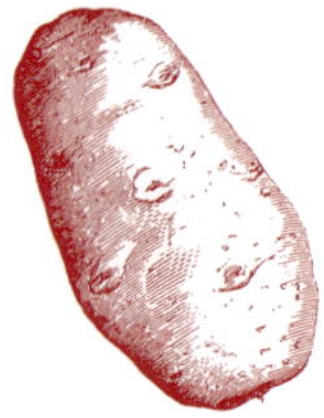

1

Die Kartoffeln in der Schale kochen und einen Tag ruhen lassen. Am folgenden Tag die halbe Zwiebel und die Petersilie fein wiegen. In einem Pfännchen etwas Öl erhitzen, Zwiebel und Petersilie darin glasig dünsten.

2

In einem großen Topf reichlich Salzwasser zum Kochen bringen. Die Kartoffeln pellen, durch eine Kartoffelpresse drücken oder auf der Haushaltsreibe fein reiben. Die Kartoffelmasse in einer Schüssel mit Zwiebel und Petersilie, den Eiern sowie etwas Salz und Muskat vermischen. Die Masse je nach Feuchtigkeit mit 50 bis 100 Gramm Mehl zu einem glatten Teig verarbeiten.

3

Mit bemehlten Händen einen kleinen Probekloß formen. Den Kloß in das kochende Wasser geben, um zu prüfen, ob er die richtige Konsistenz hat; ist er zu weich, dem Teig noch etwas Mehl zusetzen.

4

Aus dem restlichen Teig 12 Klöße formen und in das kochende Wasser einlegen. Die Klöße erst zugedeckt zum Kochen bringen, dann halboffen etwa 10 Minuten ziehen lassen. Das Wasser darf jetzt nicht mehr kochen, da die Klöße sonst zerfallen.

5

Die Butter in einer kleinen Pfanne zerlassen und das Paniermehl darin goldbraun rösten. Die garen Klöße damit abschmälzen, also das gebräunte Paniermehl über die Klöße geben.

Damit Ihre Klöße auch sicher gelingen, hier noch ein paar Hinweise: Den Teig sollten Sie nach der Zubereitung gleich verarbeiten und nicht unnötig viel kneten, da er dadurch weicher wird und dann noch mehr Mehl benötigt. Die Mehlmenge richtet sich nach der Feuchtigkeit der Kartoffeln – erst ab dem Spätherbst sind die Kartoffeln für die Herstellung der Klöße gut geeignet. Es ist nicht ratsam, neue Kartoffeln zu verwenden.

Das Salzwasser kocht übrigens schneller, wenn Sie zunächst das Wasser ohne Salz zum Kochen bringen und erst dann Salz zugeben.

Schweinerücken in Rosmarinsauce

Für 4 Personen
Ganz einfach

600 - 700 g Schweinerücken
2 EL Salz, Pfeffer, 20 g Rosmarin
200 g Gemüse (Sellerie, Gelberüben und Lauch zu gleichen Teilen), 2 mittelgroße Zwiebeln
100 g Butterschmalz, 4 EL Tomatenmark
200 ml Rotwein, 15 g Speisestärke

1

Den Schweinerücken salzen, pfeffern und mit einem Drittel des Rosmarin bestreuen. Sellerie, Gelberüben und Lauch waschen, die Zwiebeln abziehen. Alles Gemüse in walnußgroße Stücke schneiden. Den Backofen auf 200 Grad (Umluft 180 Grad, Gas Stufe 3 bis 4) vorheizen.

2

Das Butterschmalz in einer Kasserolle zerlassen und den Schweinerücken darin auf allen Seiten gut anbraten, in den Ofen schieben und offen garen. Nach etwa 30 Minuten das Gemüse und den restlichen Rosmarin über dem Fleisch verteilen. Mit einem Bratenthermometer die Kerntemperatur prüfen und den Braten bei 75 Grad aus dem Ofen nehmen.

3

Das Fleisch auf einem Gitter abtropfen lassen. Den Bratenfond in der Kasserolle auffangen, das Tomatenmark hinzugeben, das Gemüse bei mittlere Hitze kurz rösten, dann mit dem Rotwein ablöschen. Einen halben Liter Wasser zugießen und alles etwa 5 Minuten kochen lassen. Die Stärke in etwas Wasser anrühren und den Bratenfond damit abbinden.

4

Die Sauce durch ein Sieb passieren und mit Salz und Pfeffer nachwürzen. Den Schweinerücken in Scheiben schneiden und die Sauce extra servieren.

Falls Sie kein Bratenthermometer besitzen, stechen Sie mit einer Fleischnadel in den Braten. Wenn die Nadelspitze heiß ist, ist der Braten gar.

Glasierte Butterrüben

Für 4 Personen
Geht schnell

1 kg Butterrüben
50 g Butter, 4 EL Zucker
Salz

1

Die Rüben schälen und in 2 Zentimeter große Würfel schneiden. Die Butter in einem Topf zerlassen, den Zucker zufügen und unter ständigem Rühren karamelisieren. Die gewürfelten Rüben zugeben und gut umrühren.

2

Die Rüben etwa 10 bis 15 Minuten mit geschlossenem Deckel garen. Falls erforderlich, etwas Wasser zufügen. Die fertigen Butterrüben mit Salz abschmecken.

Dazu schmeckt kurzgebratenes Fleisch mit Pellkartoffeln.

Die Butterrüben erhalten erst durch das Garen im karamelisierten Zucker ihre orangegelbe Farbe und wirken wie glasiert. Früher pflegte man die Rüben sehr weich zu kochen und mit »grünem« (ungeräuchertem) Speck zu servieren, der etwa 1 Stunde auf den Rüben gegart wurde.

Mohnmousse mit eingelegten Backpflaumen

Für 4 Personen
Raffiniert, läßt sich vorbereiten

Für die Backpflaumen:
350 ml Rotwein, 10 g Speisestärke, 100 g Zucker
1/2 Vanilleschote, 1/2 Zimtstange, 2 Orangenscheiben
1 Zitronenscheibe, 16-18 Backpflaumen
Für die Mohnmousse:
100 g weiße Kuvertüre, 1 Blatt Gelatine, 20 g Mohn
40 ml Rotwein, 2 Eigelb, 20 g Zucker, 1 cl weißer Rum (Bacardi)
200 g süße Sahne

1

Etwas Rotwein mit der Stärke anrühren, den restlichen Wein in einem Topf mit Zucker, Vanilleschote, Zimtstange, Orangen- und Zitronenscheiben zum Kochen bringen. Die angerührte Stärke hineinrühren und alles 1 Minute durchkochen lassen. Die Backpflaumen zugeben, 2 Minuten mitkochen und über Nacht durchziehen lassen.

2

Am folgenden Tag die Kuvertüre kleinschneiden und in einer Schüssel im Wasserbad schmelzen. Die Gelatine in etwas kaltem Wasser einweichen. Den Mohn mit dem Rotwein in einem Töpfchen einkochen, bis alle Flüssigkeit einreduziert ist.

3

Eigelbe und Zucker in einer Schüssel über einem Topf mit heißem Wasser schaumig schlagen, herunternehmen und weiterschlagen, bis die Masse erkaltet ist. Die Kuvertüre mit der Eigelbmasse verrühren. Den Bacardi erwärmen, die eingeweichte Gelatine darin auflösen und zusammen mit dem Mohn unter die Creme rühren. Die Sahne steif schlagen, unterheben und die Mousse etwa 2 bis 3 Stunden im Kühlschrank fest werden lassen.

4

Einen Eßlöffel in heißes Wasser tauchen und damit Nocken aus der Mousse stechen. Jeweils 3 Nocken sternförmig auf Tellern anrichten, die Backpflaumen dazwischenlegen und etwas Pflaumensud angießen.

Die eingelegten Backpflaumen sind im Kühlschrank längere Zeit haltbar.

Der Markt, der täglich zu Füßen des Freiburger Münsters stattfindet, bietet neben heimischem Obst und Gemüse auch Tongeschirr aus Baden und dem Elsaß.

Mohnkuchen

Für 12 bis 16 Stücke
Ganz einfach

3 große Äpfel (Boskop)
Zitronensaft
Fett für die Form
7 Eier (Gew. Kl. 2), Salz
180 g Zucker
200 g gemahlene Haselnüsse
150 g gemahlener Mohn

1

Die Äpfel schälen, vom Kernhaus befreien und auf der groben Seite der Haushaltsreibe raffeln, mit etwas Zitronensaft beträufeln. Den Backofen auf 175 Grad (Umluft 160 Grad, Gas Stufe 2 bis 3) vorheizen. Eine Springform von 28 Zentimeter Durchmesser einfetten.

2

Die Eier trennen. Das Eiweiß mit einer Prise Salz steif schlagen, während des Schlagens 50 Gramm Zucker hinzufügen. Den Eischnee kalt stellen. Das Eigelb und den restlichen Zucker in einer Schüssel mit den Quirlen des Handrührgerätes weißschaumig schlagen. Die geraffelten Äpfel, Haselnüsse und Mohn unterziehen, dann vorsichtig das geschlagene Eiweiß unterheben.

3

Den Teig in die Springform füllen. Den Mohnkuchen 50 bis 60 Minuten im Ofen backen und mit geschlagener Sahne servieren.

Wenn Sie zuerst Eigelb und dann Eiweiß mit den Quirlen des Handrührgerätes schaumig rühren, so müssen die Quirle fettfrei gesäubert werden – dies ersparen Sie sich, wenn Sie umgekehrt vorgehen.

Das Schwarzwälder »Kirchhofwasser«

Auch bei den ärmeren Schwarzwaldbauern war der Kaffee ein beliebtes Genußmittel. In vielen Höfen stand er am Ofen auf der sogenannten »Kunst« und wurde wochenlang nicht kalt. Jedoch wußte man schon damals, daß Kaffee in Mengen getrunken nicht gesund ist, da er spöttisch auch »Kirchhofwasser« genannt wurde.

By der Gotti

By der Gotti im Stübli, do bliib i so gern
Und hör si verzähle menk Stund.
Sie waißt so viil Stückli us alter Zyt,
Und was si verzählt, goht vom Mund.

By der Gotti im Stübli, do trink i so gern
E Schüffeli guete Kaffee,
Und iß von ihrm Chuche das allergröscht Stuck,
Das macht uns Chindre kai Weh.

By der Gotti im Stübli, do hol i so gern
My Brezele am Wiehnechtstag ab.
Und krieg i an Ostre no Aier drzue,
No leg i si all in mi Chapp.

Volkstümliches Lied aus Baden

DAMPFNUDELN

Für 4 Personen
Preiswert, läßt sich vorbereiten

3/8 l Milch, 25 g Hefe
100 g Zucker, 180 g Butter
500 g Mehl, 1 Ei (Gew.Kl. 2)
Salz

1

Einen Viertelliter Milch in einem kleinen Topf leicht erwärmen. Die Hefe in einen Kaffeebecher bröckeln, mit 1 Teelöffel Zucker und etwas von der übrigen Milch verrühren und an einem warmen Ort 20 Minuten stehen lassen, bis der Vorteig den Becherrand erreicht hat. Inzwischen 80 Gramm Butter in der erwärmten Milch zerlassen.

2

Das Mehl in eine Schüssel sieben, den Vorteig, 50 Gramm Zucker, das Ei und eine Prise Salz hineingeben. Alles mit den Knethaken des Handrührgerätes verrühren, langsam die Butter-Milch-Mischung hineingeben. Den Teig solange kneten, bis er Blasen wirft und sich vom Schüsselrand löst. Den Teig zugedeckt etwa 45 Minuten an einem warmen Ort stehen lassen, anschließend nochmals gut durchkneten.

3

Aus dem Hefeteig etwa 20 runde Küchlein formen. In einem breiten Schmortopf mit dicht schließendem Deckel die restliche Butter zerlassen, den restlichen Zucker zugeben und schmelzen lassen. Nun die restliche Milch zufügen, zum Kochen bringen und die Küchlein nebeneinander hineinsetzen. Den Deckel schließen und die Dampfnudeln etwa 20 Minuten garen. Während dieser Zeit den Deckel nicht abnehmen, da die Dampfnudeln sonst zusammenfallen.

4

Sobald im Schmortopf ein knisterndes Geräusch zu hören ist, den Deckel vorsichtig abnehmen, damit kein Wassertropfen auf die Dampfnudeln fällt. Die Dampfnudeln mitsamt der goldbraunen Kruste mit einem Pfannenwender aus dem Topf heben und servieren.

Vanillesauce mit Schneeballen

Für 4 Personen
Raffiniert

1 l Milch
1 Vanilleschote, 4 Eier
120 g Zucker, Salz
1 gestrichener EL Speisestärke

1

Die Milch in einem breiten Topf mit der längs aufgeschnittenen Vanilleschote zum Kochen bringen. Inzwischen die Eier trennen. Die Eiweiße schnittfest steif schlagen, vorsichtig 80 Gramm Zucker unterheben.

2

Mit Hilfe von 2 Teelöffeln aus der Eiweißmasse Bällchen formen und vorsichtig in die kochende Milch geben. Nur so viele Ballen hineingeben, daß sie sich nicht berühren, sonst kleben sie zusammen. Die übrige Eiweißmasse kühl stellen, damit das Eiweiß steif bleibt. Die Milch zudecken und 4 Minuten ziehen lassen, die Schneeballen nach der halben Zeit vorsichtig umdrehen. Die fertigen Ballen mit einem Schaumlöffel herausnehmen und zum Abkühlen auf einen Teller legen.

3

Wenn alle Schneeballen gekocht sind, die Eigelbe mit dem restlichen Zucker, einer Prise Salz und der Speisestärke gut verrühren. Die Eiercreme zur Milch geben und diese unter ständigem Rühren nochmals aufkochen lassen. Die Vanillesauce in eine Schüssel füllen und die Schneeballen daraufsetzen, erkalten lassen und zu den Dampfnudeln (Seite 30) servieren.

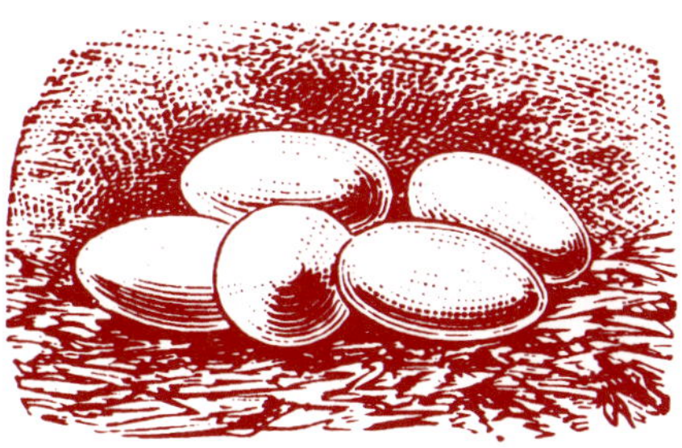

Baden-Badener Schokoladentorte

Für 12 Stücke
Raffiniert, läßt sich vorbereiten

Für den Boden:
100 g Zartbitter-Schokolade, 150 g Butter
100 g Walnußkerne, 150 g Mehl, 1 TL Backpulver
1 Vanilleschote, 3 Eier (Gew.Kl. 2), 120 g Zucker
1 Prise Salz, Fett für die Springform
Für die Schokoladenmousse:
300 g Kuvertüre halbbitter, 5 Eier
1 Päckchen Vanillezucker, 1 Prise Salz
2 EL Cognac, 400 g süße Sahne
Für die Schokoladensahne:
1 EL Kakao, 1 EL Puderzucker
1 EL Cognac, 200 g süße Sahne
Zum Verzieren:
100 g bittere Kuvertüre

1

Für den Boden die Schokolade und die Butter in einem Töpfchen im Wasserbad schmelzen, anschließend etwas abkühlen lassen. Inzwischen die Walnußkerne grob hacken, mit Mehl und Backpulver mischen. Die Vanilleschote längs aufschneiden und das Mark herauskratzen. Eier, Zucker, Salz, Vanillemark und 1 Eßlöffel heißes Wasser mit den Quirlen des Handrührgeräts in einer Schüssel schaumig aufschlagen, die Schokoladenbutter und das Mehl mit den Nüssen unterrühren.

2

Den Backofen auf 200 Grad (Umluft 180 Grad, Gas Stufe 3 bis 4) vorheizen. Eine Springform mit 28 Zentimeter Durchmesser fetten, den Teig in die Form füllen und auf der zweiten Einschubleiste von unten 25 bis 30 Minuten backen.

3

Für die Schokoladenmousse die Kuvertüre im Wasserbad schmelzen, anschließend abkühlen lassen. Die Eier trennen. Die Eiweiße steif schlagen und in den Kühlschrank stellen. Die Eigelbe in einer großen Schüssel mit 5 Eßlöffel kaltem Wasser weißschaumig aufschlagen, Vanillezucker, Salz, Cognac und die lauwarme Kuvertüre unterrühren.

4

Die Quirle des Handrührgeräts fettfrei säubern und damit die Sahne steif schlagen. Zuerst die Schlagsahne, dann den Eischnee unter die Schokoladenmasse ziehen. Die Schokoladenmousse in eine Schüssel mit etwa 28 Zentimeter Durchmesser füllen, die später auf den Tortenboden gestürzt werden kann. Die Mousse für mindestens 6 Stunden – besser über Nacht – in den Kühlschrank stellen.

5

Den Tortenboden auf eine Kuchenplatte legen. Ein Küchenhandtuch in heißes Wasser tauchen, ausdrücken und um die Schüssel mit der Mousse legen. Mit einem scharfen Messer die kalte Mousse vorsichtig vom Rand lösen und auf den Tortenboden stürzen.

6

Für die Schokoladensahne Kakao, Puderzucker und Cognac miteinander verrühren. Die Sahne steif schlagen und die Kakaomischung unterheben. Die Schokoladensahne kuppelförmig auf die Mousse streichen.

7

Zur Verzierung die Kuvertüre mit einem Gurkenhobel in Späne hobeln und rundherum auf der Torte verteilen.

Menü des Monats

Badisches Schneckensüpple
Schweinerücken in Rosmarinsauce mit glasierten Butterrüben und Spätzle
Mohnmousse mit eingelegten Backpflaumen
Silvaner QbA trocken

DIE KÜCHE

Allmählich werden die Tage länger. Mit Masken und Feuern wird der Winter vertrieben. Und am Aschermittwoch gibt es traditionell Stockfisch oder Schnecken.

IM FEBRUAR

Verkleidet im »Häs« ihrer heimischen Zunft treiben die Narren ihr Unwesen. Nicht nur Hexen und andere furchterregende Gestalten ziehen durch die Straßen, sondern auch lustige Gesellen wie diese prägen das Bild der alemannischen Fasnet.

Was es im Februar

Bodenseefelchen

Der Bodensee-Blaufelchen ist ein naher Verwandter der Renke und in vielen Alpenseen zuhause. Sein Fleisch ähnelt dem der Forelle und ist sehr schmackhaft. Felchen sind wie alle Fische wegen des geringen Fett- und hohen Eiweißgehalts gesund. Aber sie müssen unbedingt frisch sein. Wenn sie schon beim Kaufmann »nach Fisch riechen« – Hände weg. Frischer Fisch ist im Geruch nämlich unauffällig und angenehm.

Stockfisch

Der Stockfisch ist in weiten Gegenden Badens das typische Aschermittwochsessen. Früher, als man frischen Fisch noch nicht schnell genug transportieren konnte, mußte er eben vorher getrocknet werden. Meistens nahm man hierzu günstigen Seefisch wie Schellfisch oder Kabeljau. Am Bestimmungsort angekommen, mußte er zunächst gewässert werden, bevor man ihn in der Küche verarbeiten konnte. Heute vertritt der Stockfisch unter allen seinen frischen Konkurrenten eine sehr eigenständige Geschmacksrichtung und wird im Handel bereits gewässert verkauft.

Lauch

Von Oktober bis Mitte März werden die langen Lauchstangen geerntet – damit gehören sie zu den wenigen Frischgemüsen im Winter. Eingeschlagen in einem Erdloch, fest mit Erde bedeckt, so daß die Stangen nicht mehr weiterwachsen können, läßt sich der im Spätwinter geerntete Lauch über das ganze Jahr frisch halten.

ALLES GUTES GIBT...

DINKEL

Sein ebenfalls gebräuchlicher Name »Schwabenkorn« läßt vermuten, daß der Dinkel im alemannischen Raum immer schon eine gewisse Rolle gespielt hat. Der Dinkel ist eine anspruchslose und winterharte Weizensorte und wird deshalb vor allem in den rauheren Hochlagen angebaut. Aus Dinkel wurde früher vor allem das Mehl zur Zubereitung der einheimischen Mehlspeisen – Spätzle und Knöpfle – gewonnen. Seine unreif geernteten Körner nennt man Grünkern.

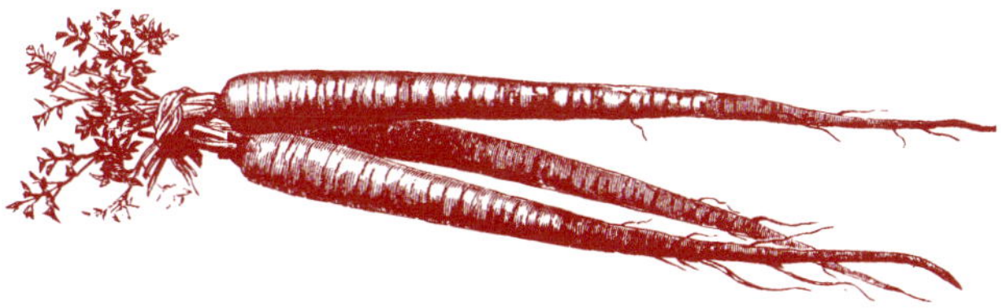

PETERSILIENWURZEL

Petersilienwurzeln passen als Gewürz nicht nur zu Suppen, sondern auch zu Braten oder Wildgerichten. Die kernig-kräftig schmeckenden Wurzeln stammen nicht von unserer gebräuchlichen Petersilie, die in Baden übrigens »Peterle« genannt wird, sondern von einer eigenen Wurzelpetersilie. Sie kann auf die gleiche Weise gezogen werden wie die grüne Gartenpetersilie. Geerntet werden die Wurzeln kurz vor dem ersten Frost, gelagert werden sie wie Gelberüben. Man kann sie jederzeit verwenden.

TYPISCH FÜR DEN FEBRUAR

Bodenseefelchen	*Felchenfilets Konstanzer Art*	*Seite 43*
Stockfisch	*Stockfisch mit Rahmsauerkraut*	*Seite 42*
Lauch	*Lauchauflauf*	*Seite 48*
Dinkel	*Dinkelbrot*	*Seite 52*
Petersilienwurzel	*Petersilienwurzelsuppe*	*Seite 39*

Gebrannte Mehlsuppe

Für 4 Personen
Preiswert, geht schnell

1 kleine Zwiebel, 90 g Butterschmalz
60 g Mehl (Typ 405), 1/8 l Rotwein
1 l Rinderbrühe, 2 EL saure Sahne

1

Die Zwiebel abziehen und kleinschneiden. Schmalz und Mehl in einem Topf unter ständigem Rühren rösten, bis das Mehl hellbraun wird. Die Zwiebel zugeben und mitrösten, bis das Mehl eine dunkelbraune Färbung annimmt. Mit dem Rotwein ablöschen, glattrühren und die Brühe zugießen.

2

Die Suppe aufkochen lassen und mit dem Sauerrahm verfeinern. Dazu geröstete Weißbrotwürfel und Reibekäse servieren.

Mariä Lichtmess

Der 2. Februar, das Fest Mariä Lichtmeß, war neben dem Martinstag im November ein Bündelistag – einer der beiden Tage im Jahr, an denen die Knechte und Mägde ihr Bündel schnürten, den Hof verließen und zu einem anderen Bauern in Dienst gingen. An diesem Tag begann auch die Frühjahrsarbeit auf dem Feld. Die Arbeit in der Stube, die vorwiegend aus Spinnen bestand, war nun erst einmal vorbei. Daß jetzt der Winter zu Ende ging und die Tage länger wurden, besagt auch ein noch heute bekanntes altes Sprichwort:

An Lichtmeß
s'Spinne vergeß
bei Tag z'Nacht eß.

Petersilienwurzelsuppe

Für 4 Personen
Raffiniert, geht schnell

1/2 Zwiebel
400-500 g Petersilienwurzel
40 g Butterschmalz, 20 g Mehl
1 l Kalbsfond aus dem Glas
200 g süße Sahne
Salz

1

Die Zwiebel abziehen und fein hacken. Die Petersilienwurzel mit dem Rücken eines Messers sauber schaben und den Strunk mit dem Messer entfernen. Die Wurzel längs halbieren und in 1/2 Zentimeter dicke Scheiben schneiden.

2

Das Butterschmalz in einem Topf erhitzen und die Zwiebel darin andünsten. Die Wurzelscheiben hinzugeben, kurz mitdünsten, mit dem Mehl bestäuben und den Kalbsfond darübergießen. Alles leicht köcheln lassen, bis die Petersilienwurzel weichgekocht ist.

3

Den Inhalt des Topfes durch ein Küchensieb geben. Den Rückstand mit einem Küchenmixer fein pürieren und der Brühe wieder beigeben. Alles zusammen noch einmal aufkochen, mit der Sahne verfeinern und mit Salz abschmecken.

Leberspätzle

Für 4 Personen
Braucht etwas Zeit

300 g Leber vom Rind oder Kalb
Salz, Pfeffer, 300 g Mehl, 4 Eier
30 g Butter zum Braten
1 kleine Zwiebel

1

Die Leber mit 1 Eßlöffel Salz salzen, pfeffern und durch den Fleischwolf drehen. In einer Schüssel das Mehl mit 50 Milliliter Wasser, den Eiern und 1 Eßlöffel Salz von Hand oder mit dem Kochlöffel zu einem glatten Teig verarbeiten. Lebermasse und Spätzleteig miteinander vermengen.

2

In einem breiten Topf reichlich Wasser aufsetzen und zum Kochen bringen. Den Leberspätzleteig mit einer nassen Palette dünn auf ein Spätzlebrett aufstreichen und davon dünne Nudeln ins kochende Wasser schaben. Darauf achten, daß die Palette immer naß ist.

3

Die Leberspätzle, die wieder an die Wasseroberfläche kommen, mit einem Schaumlöffel abschöpfen und in kaltes Wasser geben. Zum Schluß alle Spätzle durch ein Küchensieb absieben.

4

Die Zwiebel abziehen und kleinschneiden. Die Butter in einer Pfanne erhitzen, die Zwiebel darin leicht bräunen, die Leberspätzle kurz mitrösten und nochmals mit Salz und Pfeffer abschmecken. Dazu selbstgemachtes Sauerkraut (Seite 41) servieren.

Die Leberspätzle können Sie auch mit Hilfe einer Spätzlepresse herstellen.

SAUERKRAUT

Für 10 Personen
Preiswert

200 g Zwiebeln
150 g Gänse- oder Schweineschmalz
1 l Fleischbrühe, 2 kg mildes frisches Sauerkraut
400 g nicht geräucherter Speck
1 Gewürzbeutel (15 Wacholderbeeren
sowie 1 Nelke, 1 Lorbeerblatt, 1 TL Kümmel)
1 Kartoffel, 1/4 l Weißwein, 4 EL Apfelmus
evtl. süße Sahne

1

Die Zwiebeln abziehen und in feine Streifen schneiden. Das Schmalz in einem großen Topf erhitzen, die Zwiebelstreifen darin farblos anschwitzen, die Brühe aufgießen und aufkochen lassen. Das Sauerkraut auseinanderzupfen und in die kochende Brühe geben.

2

Den frischen Speck und den Gewürzbeutel in die Mitte des Sauerkrauts drücken und alles bei mäßiger Hitze leicht köcheln lassen. Verdampfende Flüssigkeit mit Wasser nachfüllen. Nach etwa 40 bis 45 Minuten den Topf vom Feuer nehmen, den Gewürzbeutel und den Speck herausnehmen.

3

Die rohe Kartoffel schälen und mit einer Küchenreibe ganz fein reiben, mit dem Weißwein verrühren und unter das Sauerkraut rühren. Mit dem Apfelmus und eventuell etwas Rahm verfeinern.

Das Sauerkraut hält sich im Kühlschrank etwa 5 Wochen ohne Geschmackseinbuße. Deshalb lohnt es sich auch nicht, eine kleinere Menge zuzubereiten.

STOCKFISCH AUF RAHMSAUERKRAUT

Für 4 Personen
Besonders typisch

2 EL Salz
1 kg Stockfisch vom Fischhändler (gewässert, mit Gräten und Haut)
1 Spickzwiebel (1/2 Zwiebel mit 1 Lorbeerblatt und 2 Nelken)
1 1/2 Zwiebeln, 150 g Butter
800 g Sauerkraut (Seite 41)
50 g süße Sahne

1

Einen Topf mit 2 Liter Wasser und dem Salz aufsetzen und die Spickzwiebel hineingeben. Den Stockfisch einlegen und bei mäßiger Hitze ziehen lassen. Das Wasser darf nicht kochen, da der Fisch sonst strohig wird.

2

Inzwischen die Zwiebeln abziehen und kleinhacken. Die Butter in einer Pfanne schmelzen, die Zwiebeln darin glasig dünsten. Das Sauerkraut in einem Topf erhitzen, die Sahne hinzugeben und etwa 3 Minuten köcheln lassen.

3

Wenn das Fleisch zu blättern beginnt, den Stockfisch vorsichtig mit einem Schaumlöffel herausnehmen und das Fleisch von Gräten und Haut befreien. Dies ist sehr einfach, da sich die Gräten und die Haut praktisch alleine vom Fleisch lösen. Den Stockfisch auf dem Kraut anrichten und die Zwiebelschmelze darübergeben.

Anstelle von selbstgemachtem Sauerkraut können Sie natürlich auch Sauerkraut aus der Dose verwenden.

FELCHENFILETS KONSTANZER ART

Für 4 Personen
Raffiniert, geht schnell

2 Tomaten, 1 Zitrone
8 Felchenfilets mit Haut, Salz
Zitronensaft, Mehl zum Panieren
50 g Butter, 50 g gehackte Petersilie

1

Den Strunk der Tomaten mit einem Küchenmesser entfernen und die Haut kreuzförmig einschneiden. Die Tomaten kurz in kochendes Wasser tauchen, bis die Haut aufplatzt, und sofort in kaltes Wasser geben. Die Haut abziehen, die Tomaten vierteln und das Innere herauslösen, so daß nur die festfleischigen Tomatenfilets übrigbleiben. Jedes Filet nochmals in drei Längsstreifen schneiden.

2

Die Zitrone schälen und dabei auch die Zitronenhaut unter der Schale abziehen. Nun die Fruchtfilets zwischen den fächerförmigen Häuten heraustrennen.

3

Die Haut der Felchenfilets diagonal dreimal einschneiden, damit sie sich beim Braten nicht zusammenzieht. Die Felchenfilets salzen, mit etwas Zitronensaft säuern, in Mehl wenden und mit der Hälfte der Butter in einer Pfanne auf beiden Seiten goldgelb braten. Den Fisch mit der Hautseite nach oben auf heißen Tellern anrichten.

4

Die restliche Butter in der Pfanne schmelzen, die Zitronen- und Tomatenfilets hinzugeben und 1 Minute dünsten. Die Petersilie darüberstreuen und den Inhalt der Pfanne über den Felchenfilets verteilen. Dazu Dampfkartoffeln oder Kartoffelbrei servieren.

Gekochte Zunge mit Kapernsauce

Für 4 Personen
Ganz einfach

1 Petersilienwurzel
1 Gelberübe (Möhre), 1 Zwiebel
1/8 l trockener Müller-Thurgau
1 Lorbeerblatt, 1 TL Pfefferkörner, 2 TL Salz
1 gesalzene Kalbszunge, 50 g Butter, 30 g Mehl
1 cm fertiger Bratensaft aus der Tube
2 cl trockener Sherry
Zitronensaft, 2 EL Kapern
frisch gemahlener Pfeffer

1

Einen großen Topf mit Wasser aufsetzen. Die Petersilienwurzel waschen, die Gelberübe waschen und schälen, die Zwiebel abziehen und halbieren. Das Gemüse zusammen mit Wein, Lorbeerblatt, Pfefferkörnern und Salz in den Topf geben und den Sud zum Kochen bringen. Die Kalbszunge hineinlegen und etwa 1 Stunde leicht köcheln lassen, bis sich die Haut leicht ablösen läßt. Die Haut von der Zunge abziehen und das Fleisch wieder in den heißen Sud legen.

2

Die Butter in einem Topf schmelzen lassen und das Mehl darin anschwitzen. Den Topfinhalt mit 2 Tassen Kochsud und dem Bratensaft ablöschen, aufkochen und in 5 bis 10 Minuten auf die Hälfte einkochen lassen. Den Sherry, etwas Zitronensaft und die Kapern zufügen, die Sauce nochmals aufkochen lassen und mit Salz und Pfeffer abschmecken.

3

Die Zunge in Scheiben schneiden, auf einer vorgewärmten Platte anrichten und die Sauce getrennt dazu servieren. Dazu paßt am besten Reis.

KALBSBRATEN

Für 4 Personen
Läßt sich vorbereiten

1 kg Kalbsbraten, 2 Zwiebeln
1 Knoblauchzehe, 2 Lorbeerblätter
1 EL Pfefferkörner, 2 EL Wacholderbeeren
1/2 l Milch, 1/4 l Buttermilch, Salz
frisch gemahlener Pfeffer, 3 EL Öl
1 TL Speisestärke, 4 EL Weißherbst
100 g Crème fraîche, 30 g Butter

1

Den Kalbsbraten waschen, trockentupfen und in eine Schüssel legen. Die Zwiebeln pellen, vierteln, die Knoblauchzehe ebenfalls pellen und halbieren. Beides zusammen mit Lorbeerblättern, Pfefferkörnern und Wacholderbeeren zum Fleisch geben. Die Milch mit der Buttermilch vermischen und über das Fleisch gießen. Den Braten im Kühlschrank mindestens 24 Stunden zugedeckt marinieren, gelegentlich umdrehen.

2

Das Fleisch aus der Marinade nehmen, trockentupfen und mit Salz und Pfeffer einreiben. Den Backofen auf 200 Grad (Umluft 180 Grad, Gas Stufe 3 bis 4) vorheizen. Das Öl in einem schweren Bratentopf heiß werden lassen und das Fleisch darin von allen Seiten scharf anbraten. 1 bis 2 Tassen Marinade zugießen und den Bräter zugedeckt in den Backofen schieben. Nach 1 Stunde den Deckel abnehmen, gegebenenfalls noch etwas Marinade hinzufügen und den Braten noch etwa 30 Minuten weitergaren.

3

Den Braten aus dem Topf nehmen und warm stellen. Den Bratenfond durch ein feines Haarsieb in einen kleinen Topf gießen und aufkochen lassen. Die Speisestärke mit etwas Marinade anrühren und zum Fond geben, Weißherbst und Crème fraîche hinzufügen und nochmals aufkochen lassen. Die Sauce mit Salz und Pfeffer abschmecken. Die kalte Butter in Würfel schneiden und einrühren.

4

Den Braten in Scheiben schneiden und auf einer vorgewärmten Platte anrichten. Die Sauce extra servieren und Lauchgemüse (Seite 46) sowie Haselnußkrapfen (Seite 51) dazu reichen.

Lauchgemüse

Für 4 Personen
Geht schnell

1 kg Lauch, Salz
20 g Butter, 1 TL Mehl
100 ml Gemüsefond
1 EL Zitronensaft
2-3 EL süße Sahne
frisch gemahlener Pfeffer
50 g Speckwürfelchen

1

Den Lauch putzen, die dunkelgrünen Enden abschneiden. Die Stangen gründlich waschen und in etwa 2 Zentimeter dicke Stücke schneiden. Einen Topf mit Salzwasser zum Kochen bringen. Die Lauchstücke etwa 5 Minuten garen, dabei soll das Wasser nur leicht köcheln. Den Topfinhalt durch ein Sieb abgießen und den Lauch unter fließendem eiskalten Wasser abschrecken.

2

Die Butter in einem Topf schmelzen lassen, das Mehl einrühren, Gemüsefond und Zitronensaft zugeben und aufkochen lassen. Die Lauchstücke hineingeben, nochmals erhitzen, die Schlagsahne einrühren und das Gemüse mit Salz und Pfeffer abschmecken. Die Speckwürfelchen in einer kleinen Pfanne ausbraten und das Lauchgemüse damit überstreuen.

Die Lauchstücke sollen nur knapp gar sein – keinesfalls zerkocht! Durch das Abschrecken behält der Lauch übrigens seine schöne grüne Farbe.

***B**is in den Spätwinter hinein wird in den Bauerngärten frischer Lauch geerntet. Sorgfältig aufgestapelt wartet er am Markt auf die Käufer.*

Lauchauflauf

Für 6 Personen
Preiswert

600 g Lauch, Salz, 100 g gekochter Schinken
150 g Schalotten, 150 g frische Champignons, 50 g Butter
200 g süße Sahne, 100 g saure Sahne, 80 g Magerquark, 70 g Mehl
1 TL gehackter Kerbel, 4 Eier, Pfeffer, Muskat

1

Den Lauch putzen, in fingerbreite Streifen schneiden und waschen. Salzwasser in einem Topf zum Kochen bringen und den Lauch darin wenige Minuten garen, so daß er noch knackig ist. Das Wasser abgießen und den Lauch beiseite stellen. Inzwischen den Schinken in Streifen und die Schalotten in Würfel schneiden, die Champignons putzen und fein hacken.

2

Den Backofen auf 200 Grad (Umluft 180 Grad, Gas Stufe 3 bis 4) vorheizen. Die Butter in einem Topf erhitzen, Schinkenstreifen und Schalottenwürfel darin andünsten und den Topf vom Feuer nehmen.

3

Sahne, Sauerrahm, Quark, Mehl, Kerbel und die Eier in einer Schüssel kräftig verrühren. Den Inhalt des Topfes zusammen mit dem Lauch und den Champignons unter die Masse heben, mit Salz, Pfeffer und Muskat abschmecken und in eine Auflaufform geben. Den Lauchauflauf 40 Minuten im Ofen backen und Pellkartoffeln dazu servieren.

Forchheimer Lauch-Champignon-Salat

Für 4 Personen
Ganz einfach, geht schnell

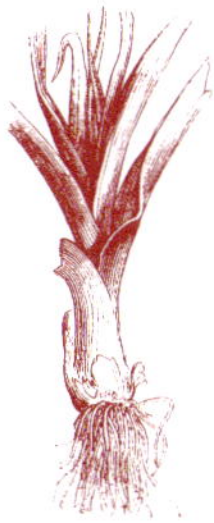

Für die Sauce:
1 Knoblauchzehe, 4 EL Öl
3 EL Vollwürz-Essig, 1/2 TL Salz
1 Msp. Pfeffer, 1 EL fein gehackte Petersilie
etwas Streuwürze
Für den Salat:
300 g weiße Champignons
1 große Lauchstange (etwa 250 g)

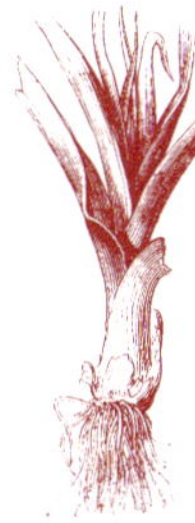

1

Die Knoblauchzehe abziehen und fein hacken. Alle Zutaten für die Sauce in eine Salatschüssel geben und mit dem Schneebesen gut verrühren.

2

Die Champignons waschen und putzen, den Lauch längs halbieren und unter fließendem Wasser abspülen. Einen Topf mit Wasser zum Kochen bringen. Den Lauch in feine Streifen schneiden und kurz blanchieren, in ein Sieb geben und abtropfen lassen. Die Champignons in feine Scheiben schneiden und zusammen mit den Lauchstreifen mit der Sauce vermengen.

Dieser Salat schmeckt hervorragend zu gegrilltem Fleisch und Fisch oder zu Folienkartoffeln mit Sauerrahm. Er sollte gleich verzehrt werden, sonst verfärben sich die Champignons.

Fruchtiger Staudenselleriesalat

Für 8 bis 10 Personen
Raffiniert, geht schnell

2 Bund Staudensellerie
1 frische Ananas, 1 Zwiebel
Salz, 160 g Walnüsse, 4 EL Mayonnaise
4 EL saure Sahne (20% Fett)
Limettensaft
frisch gemahlener Pfeffer

1

Vom Staudensellerie den Strunk und die oberen Enden abschneiden, die Blätter entfernen. Die einzelnen Stangen gut waschen und in etwa 1/2 Zentimeter dünne Scheiben schneiden. Das Fleisch der Ananas aus der Schale lösen und in kleine Stücke schneiden, die holzigen Innenteile entfernen. Die Zwiebel fein hacken und mit etwas Salz bestreuen. Die Walnüsse ebenfalls fein hacken.

2

Staudensellerie, Ananas und Zwiebel in eine Schüssel geben. Die Mayonnaise mit der sauren Sahne und etwas Limettensaft gut verrühren und mit dem Salat mischen. Den Salat mit Pfeffer abschmecken und mit den gehackten Walnüssen bestreuen.

HASELNUSSKRAPFEN

Für 4 Personen
Preiswert, braucht etwas Zeit

500 g Kartoffeln, 1/4 l Milch
60 g Butter, Salz, Muskat, 125 g Mehl
3 Eier, 80 g gemahlene Haselnüsse
Fritierfett oder Butterschmalz zum Ausbacken

1

Die Kartoffeln schälen, gar kochen und das Wasser abgießen. Die Kartoffeln im vorgeheizten Backofen bei 100 Grad (Umluft 90 Grad, Gas Stufe 1) etwa 10 Minuten ausdämpfen, bis kein Wasser mehr austritt.

2

Inzwischen einen Brandteig herstellen: Die Milch mit der Butter in einen Topf geben, aufkochen und mit Salz und Muskat abschmecken. Das Mehl auf einmal hinzugeben, dabei so lange mit einem Kochlöffel rühren, bis sich ein Teigklumpen formt und sich eine weiße Schicht am Topfboden bildet. Wenn der Brandteig etwas erkaltet ist, die Eier einzeln unter die Masse rühren.

3

Die Kartoffeln durch eine Kartoffelpresse drücken und mit den Haselnüssen und dem Brandteig zu einer einheitlichen Masse verarbeiten. Ausreichend Fett in einem Topf oder in der Friteuse auf 180 Grad erhitzen. Mit einem kleinen Löffel Nocken aus dem Teig formen und im Fett ausbacken, bis sie eine goldbraune Farbe haben. Die Haselnußkrapfen sofort servieren, am besten als feine Beilage zu Fleischgerichten.

Der Krapfenteig hält sich gut verschlossen im Kühlschrank bis zu drei Tagen.

DINKELBROT

Für 2 Laibe
Läßt sich vorbereiten

150 g Dinkelschrot
150 g Dinkelmehl
600 g Roggenmehl (Type 1150)
600 g Weizenmehl (Type 1050)
1 1/2 Würfel Hefe (60 g)
Zucker, 3 TL Salz, 1 EL Öl
Fett für das Backblech

1

Das Dinkelschrot in einem Viertelliter Wasser etwa 30 Minuten einweichen. Inzwischen Dinkelmehl und Roggen-Weizen-Mehl in eine große Schüssel sieben, mit der Hand in die Mitte eine Vertiefung drücken. Die Hefe in die Vertiefung hineinbröckeln, eine Prise Zucker zufügen und vorsichtig mit etwas lauwarmem Wasser verrühren. Etwas Mehl darüberstäuben und die Schüssel zugedeckt an einem warmen Ort etwa 30 Minuten stehen lassen, bis sich das Volumen der Hefe verdoppelt hat.

2

Das eingeweichte Dinkelschrot mit Salz und Öl in die Schüssel geben. Einen halben Liter Wasser bereitstellen. Den Teig etwa 5 Minuten mit den Knethaken des Handrührgeräts bei mittlerer Tourenzahl kneten, dabei das Wasser langsam einfließen lassen. Den Teig zu einer Kugel formen, bemehlen und nochmals mindestens 2 bis 3 Stunden gehen lassen.

3

Den Backofen auf 220 Grad (Umluft 200 Grad, Gas Stufe 4 bis 5) vorheizen, ein Backblech einfetten. Die Teigkugel halbieren und zwei runde Laibe formen. Die Laibe auf das Backblech legen, die Oberfläche mit einem scharfen Messer rautenförmig einschneiden und leicht bemehlen. Die Brote nochmals eine halbe Stunde gehen lassen, bis sich der Teig wölbt und die Einschnitte sich leicht öffnen.

4

Das Backblech auf der untersten Einschubleiste in den Ofen schieben. Auf den Boden des Backofens eine feuerfeste Schale mit Wasser stellen, damit die Brote leicht feucht bleiben und sich eine schöne Kruste bildet. Den Backofen nach 20 Minuten auf 180 Grad (Umluft 160 Grad, Gas Stufe 2 bis 3) herunterschalten und die Dinkelbrote noch etwa 30 Minuten weiterbacken.

Wenn Sie das Brot noch heiß mit Wasser bestreichen, bekommt es eine schön glänzende Oberfläche. Der Teig wird übrigens feinporiger, wenn Sie ihn am Vortag zubereiten und über Nacht im Kühlschrank gehen lassen. Denken Sie aber daran, daß sich der Teig beim Aufgehen ausdehnt.

Agathenbrot

Der 5. Februar ist der Tag der heiligen Agatha. Agatha lebte im 3. Jahrhundert nach Christus. Sie entstammte einer vornehmen Familie in Catania auf Sizilien und war sehr schön. Als aber der römische Statthalter sie heiraten wollte, lehnte sie seinen Antrag ab. Zornig über diese Abweisung ließ er sie ins Gefängnis werfen und forderte sie dazu auf, sich von ihrem Christengott loszusagen und den heidnischen Göttern zu opfern. Agatha weigerte sich aber, dies zu tun. Sie ertrug deshalb furchtbare Foltern und wurde hingerichtet.

Ein Jahr nach ihrem Tod kündeten Erdbeben und Feuer an, daß der Vulkan auf Sizilien, der Ätna, wieder ausbrechen würde. In ihrer Verzweiflung trugen die Bürger Catanias der heißen Lava den Schleier der Agatha entgegen, worauf der glühende Strom zum Stillstand kam. So wurde Agatha die Schutzpatronin gegen Feuer und Unwetter. Sie wurde aber auch für eine gute Ernte angerufen.

Im Schwarzwald ist wie in vielen anderen Gegenden die Brotweihe am Tag der heiligen Agatha ein alter Brauch. Auf das zu weihende Brot wird ein herzförmiger Zettel mit einem Bittspruch gelegt: »Vor Blitz, Hagel und Feuergefahr, bewahr uns o heilige Agatha«. Der Agathenzettel wird zum Schutz vor Feuer an den Türbalken geheftet, und vom Agathenbrot bekam jeder Hausbewohner ein Stück zu essen, auch das Vieh. Dies sollte Mensch und Tier vor Krankheiten bewahren. Das restliche Brot wurde über das Jahr aufgehoben. Verließ dann ein Kind zur Ausbildung das Haus, wurde ihm ein Stück Agathenbrot zum Schutz in das Reisegepäck gelegt.

WASSERSCHNITTEN

Für 4 Personen
Ganz einfach, preiswert

6-8 altbackene Brötchen (vom Vortag)
2 Eier, Salz, 3/8 l Milch
200 g Mehl, 30 g Butter

1

Die Brötchen in 1 Zentimeter dicke Scheiben schneiden. Die Eier und eine Prise Salz in einer Schüssel mit dem Handmixer verqirlen, abwechselnd Milch und Mehl portionsweise zufügen und alles gut miteinander verrühren. Den Pfannkuchenteig 30 Minuten stehen lassen.

2

In einem großen Topf Salzwasser zum Kochen bringen. Die Brötchenscheiben in den Pfannkuchenteig tauchen, portionsweise in das kochende Salzwasser legen, nach 2 Minuten wenden und nochmals 2 Minuten ziehen lassen.

3

Die fertigen Wasserschnitten auf einer Platte anrichten. Die Butter in einem Töpfchen zerlassen und darübergeben. Dazu Endiviensalat servieren.

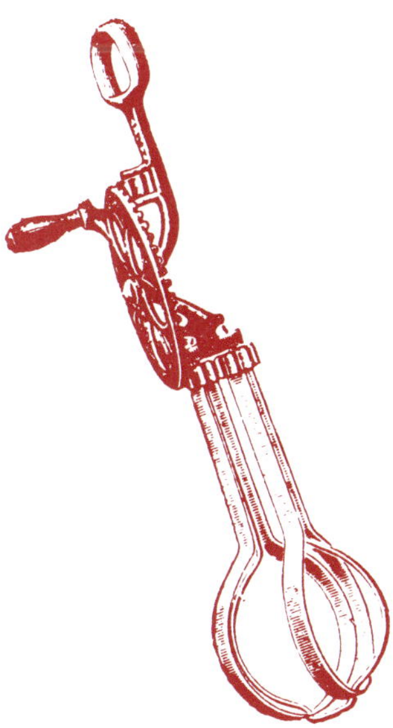

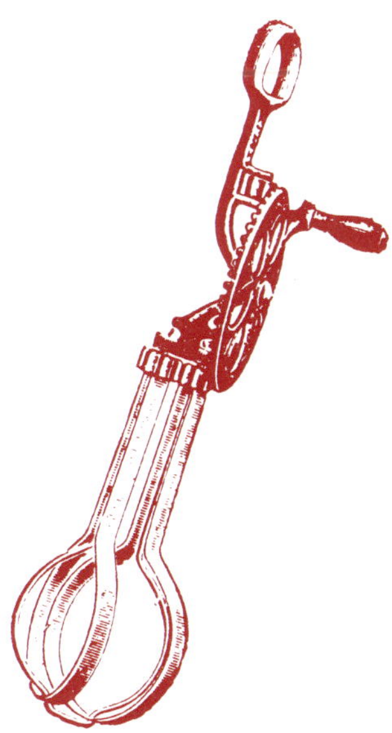

Fasnetsbräuche

Mehr als der rheinische Karneval und der Münchner Fasching ist die alemannische Fasnet noch in dem ursprünglich germanischen Brauchtum verwurzelt, am Ende der kalten Jahreszeit durch Verkleidung den Winter zu verjagen und alle Dämonen zu vertreiben. Den Auftakt der Fasnet bildet der »schmutzige Dunschdig« – der schmutzige Donnerstag. Schmutzig hat jedoch nichts mit dreckig zu tun, sondern bedeutet nach alemannischem Sprachgebrauch fettig. An diesem Tag gibt es zum ersten Mal Küechli, Striebli, Mutzenmandeln – das typische Fettgebäck. Schon ein alter Kinderspruch lautet:

Luschtig isch die Fasenacht,
wenn mei Mueder Küechli bacht.
Wenn sie aber kaini bacht,
isch kai luschtig Fasenacht.

Alemannische Fasnet ist – auch heute noch – Zunftfasnet. Jede Zunft hat ihre eigene Maske, die aus einem Kleid – dem »Häs« – und einer Holzlarve besteht. Die Gestalten der alemannischen Fasnet sind vielfältig: Neben Hexen-, Teufels- oder Tiermasken finden sich auch Masken aus jüngerer Zeit, die auf lokale Begebenheiten oder Spitznamen zurückzuführen sind. Da gibt es die Freiburger Bächleputzer, die Stühlinger Ribblinghieler oder die Bonndorfer Pflumeschlucker, um nur einige zu nennen.

Gerade die Bonndorfer Pflumeschlucker beweisen, daß sich der Narr der alemannischen Fansnet durchaus gern selbst auf den Arm nimmt. In dem kleinen Schwarzwaldstädtchen Bonndorf, so heißt es, hätte man die Pflaumen nicht gekannt. Als dann einmal Pflaumen aus dem Rheingebiet nach Bonndorf gebracht worden seien, hätten die Bonndorfer versucht, sie mitsamt dem Stein auf einmal hinunterzuschlucken. Dabei seien ihnen die dicken Pflaumen im Mund steckengeblieben und sie wären mit schrecklichen Grimassen durch die Stadt gelaufen.

Besonders traditionsreiche Fasnetsgestalten sind im Schwarzwald der »Hansele« und das »Gretele«, in Elzach der »Schuddig« und in Endingen am Kaiserstuhl der »Jokili«. Der »Schuddig« hat seinen Namen vom »Schauertag«, einem früheren Reinigungstag, und »Jokili« kommt nicht von Jakob, sondern vom lateinischen »ioculator« – Spaßmacher. Besonders originelle Masken finden sich in Zell am Hamersbach. Dort gibt es den »Schneckehüsli-Narro« und den »Spielkarten-Narro«, deren Häs und Larve über und über mit Schneckenhäusern und Spielkarten bedeckt sind.

An vielen Orten im Badischen eröffnen die »Hemdglonker« die Fasnet. Die Hemdglonker sind Gestalten im weißen Nachthemd mit Zipfelmütze, mit einem Lärminstrument ausgestattet, die am »schmutzigen Dunschtig« durch die Straßen ziehen und die Fasnet ausrufen. Für die nächsten Tage sind die badischen Städtchen und Ortschaften fest in Narrenhand. Vielerorts werden die Straßen mit Girlanden aus Stoffresten oder Fähnchen in den Farben der Narrenzunft geschmückt. Auch ein Narrenbaum ist oft zu finden, an dem in luftiger Höhe eine Puppe im »Häs« angebunden ist.
Überall gibt es jetzt Straßenfasnet mit Umzügen und lustigem Beisammensein. In Offenburg werfen die Hexen den Zuschauern »Hexenfraß« in Form von Orangen und Würsten vor. Und nicht nur junge Mädchen müssen sich vorsehen, daß sie nicht von den Narren erschreckt oder verschleppt werden, ihnen Hut und Schnürsenkel entwendet oder sie kräftig mit Konfetti eingerieben werden.
Am späten Abend des Faschingsdienstags wird unter Heulen und Klagen die Fasnacht vergraben oder verbrannt. Doch nimmt man es im Alemannischen damit nicht allzu genau. Während in einigen Ortschaften am Aschermittwoch mit einem Stockfischessen alles vorbei ist, lebt die Fasnet am ersten Fastenwochenende in anderen Gegenden erst richtig auf. Dann findet dort mit Umzügen und Festivitäten die sogenannte »Burefasnet« oder »d'alt Fasnet« statt.

Ihren Abschluß finden die Fasnachtsriten mit dem »Scheibenschlagen«, dem endgültigen Vertreiben des Winters, das in der Regel am ersten Fastensonntag stattfindet. Buchenholzscheiben, durch die man eine lange Haselgerte steckt, werden über einem großen Feuer zum Glühen gebracht und mit einem Scheibenspruch ins Tal geschleudert. Wenn dann alle Scheiben geschlagen sind und das Feuer erloschen ist, läßt man bei Fasnetsküechle und Wein den Abend ausklingen.

Strieble

Für 4 Personen
Besonders typisch, ganz einfach

Fett bzw. Butterschmalz zum Ausbacken
300 g Mehl, 1/4 l Milch, 1 Prise Salz
1 TL Zucker, 3 Eier
60 g zerlassene Butter, evtl. 1 Msp. Natron
Puderzucker oder Zimtzucker zum Bestreuen

1

Reichlich Ausbackfett in einer Friteuse oder einem Topf auf 180 Grad erhitzen. Alle Zutaten mit dem Handmixer zu einem glatten, dickflüssigen Teig verarbeiten.

2

Einen größeren Trichter mit etwa 1 Zentimeter Lochdurchmesser mit Teig füllen und den Teig mit kreisenden Bewegungen in das heiße Fett hineinlaufen lassen. Das Strieble goldgelb backen, dabei einmal umdrehen. Den restlichen Teig ebenso verarbeiten.

3

Die fertigen Strieble auf einem Kuchengitter abtropfen lassen, mit Puderzucker oder Zimtzucker bestreuen und zu Kompott oder Kaffee servieren.

Echte Badener essen die süßen Strieble auch als Hauptgericht nach einer kräftigen Kartoffelsuppe mit Würstle (Seite 264).

Am »schmutzige Dunschdig« gibt es zum erstenmal das typische alemannische Fasnetsgebäck: Mutzen, Scherben, Strieble und Küechle.

Fasnetsküechle

Für 4 Personen
Besonders typisch

500 g Mehl, 2 Eier
2-3 EL Zucker, 80 g weiche Butter
5-6 EL süße Sahne, 1 Prise Salz
1/2 TL Backpulver oder Natron
Fett zum Ausbacken
Puderzucker oder Zimtzucker

1

Aus Mehl, Eiern, Zucker, Butter, Sahne, Salz und Backpulver einen Knetteig herstellen und etwa 1 bis 2 Stunden kühl stellen.

2

Genügend Ausbackfett in einem Topf oder in der Friteuse auf 180 Grad erhitzen. Den Teig auf einer bemehlten Fläche dünn ausrollen und mit dem Teigrädle in etwa 6 bis 8 Zentimeter lange Rauten schneiden.

3

Die Teigrauten im heißen Fett portionsweise goldgelb ausbacken, dabei einmal wenden. Die Küechle auf Küchenpapier abtropfen lassen und mit Puderzucker oder Zimtzucker bestreuen.

Die Fasnetsküechle – man nennt sie auch Scherben oder Schlamperküechle – sind mit Kompott das traditionelle Mittagessen am »schmutzigen Dunschdig«. Aber auch ganz frisch zum Kaffee schmecken sie köstlich.

Die Meisterin in Schmalzgebäck

»Kuchen werden massenhaft namentlich zu Fastnacht und zur Kirchweih genossen. Die Alemannin ist oft Meisterin in Schmalzgebäck: in Küchlein, Strübelen, Pfiddelen und gewalten Küechlen, dazu auch in Apfelküechlein. ... Küchle backt für die Festtage nicht nur die Mutter, sondern auch die Liebste, und sie werden im Liede oft gefeiert.«

aus: Elard Hugo Meyer, Badisches Volksleben im 19. Jahrhundert

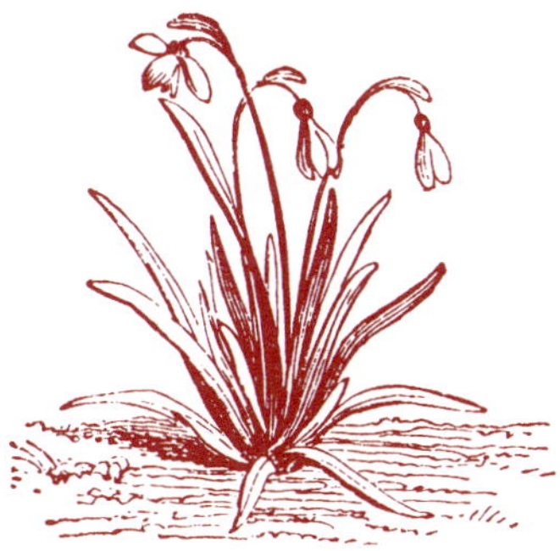

Menü des Monats

Petersilienwurzelsuppe
Felchenfilets Konstanzer Art
Strieble

Gutedel Kabinett trocken

Die Küche

Alle haben darauf gewartet – endlich ist der Frühling da. Sobald die Sonne sich zeigt, stehen schon die ersten Stühle und Tische auf dem Münsterplatz und laden die Freiburger zum »Viertele« oder einer Tasse Kaffee ein.

IM MÄRZ

Die Auswahl an heimischen Bränden und Schnäpsen in der »Sternen-Post« in Oberried beweist, daß zum guten Essen auch ein guter Schnaps gehört. Erst recht in einer Gegend, wo viele Höfe seit alters her ihr eigenes Brennrecht besitzen.

Was es im März

Gartenkresse

Für Kinder ist die Gartenkresse immer wieder eine Attraktion, denn sie wächst binnen weniger Tage fast beim Zusehen. Sie gehört zu den ersten Gartenkräutern im Jahr und kann schon im März gesät und geerntet werden. Ihr pikanter, leicht scharfer Geschmack, der ihr auch den Namen Pfefferkraut eingebracht hat, wird durch das ätherische Senföl hervorgerufen. Die Gartenkresse ist reich an Vitamin C und wird bei Frühjahrsmüdigkeit als belebende Kur eingesetzt.

Brunnenkresse

Schon im Altertum galt die Brunnenkresse als Heilpflanze. Karl der Große empfahl ihren Anbau und auch Hildegard von Bingen verwendete sie. Heute ist sie außerhalb Badens nur selten auf den Märkten zu finden. Dabei wächst sie noch immer wild auf schlammigem Boden in der Nähe von Bächen und Tümpeln mit frischem Wasser. Ihre Blätter sind rundlich und sattgrün. Der Geschmack der Brunnenkresse ist scharf und leicht bitter. Besonders gut paßt sie kleingehackt unter Quark oder Kräuterbutter.

Grünkern

Wenn im Frühsommer die Ähren die sogenannte Milchreife erlangt haben, wird im nördlichen Baden und im angrenzenden Frankenland bereits Dinkel geerntet, um daraus Grünkern herzustellen. Die noch grünen Ähren müssen dazu in der Darre über einem Holzfeuer gedörrt werden. Der Grünkern war lange Zeit außerhalb Badens und Frankens nahezu unbekannt – daher sind Grünkernsuppe und Grünkernküchle ausgesprochen urbadische Bauerngerichte.

Alles Gutes gibt...

Hecht

Der Hecht ist der größte Räuber in unseren Seen und Flüssen. Und seine eigene Speisekarte trägt mit dazu bei, daß sein Fleisch sehr intensiv im Geschmack ist. Deshalb eignet er sich besonders gut für Farcen, wie zum Beispiel bei den vielgerühmten badischen Hechtklößle. Wenn der Hecht etwa zwei Jahre alt ist, wiegt er zwischen ein und zweieinhalb Kilo und schmeckt am besten. Bitte Vorsicht beim Filetieren und Essen: Das Fleisch des Hechts ist sehr stark mit Gräten durchzogen.

Hirn

Für Gerichte mit Hirn können grundsätzlich alle einheimischen Schlachttiere verwendet werden. Besonders beliebt ist allerdings das Kalbshirn – jedenfalls bislang. Vor der Zubereitung muß das Hirn ausgiebig gewässert werden. Früher galt Hirn wegen seiner leichten Verdaulichkeit als vorzügliche Krankenkost. Es sollte aber wegen seines hohen Cholesteringehalts nur gelegentlich auf dem Speiseplan stehen.

Typisch für den März

Gartenkresse	*Kressesalat*	*Seite 68*
Brunnenkresse	*Brunnenkressesuppe*	*Seite 67*
Grünkern	*Grünkernküchle*	*Seite 72*
Hecht	*Bodenseehecht nach Herzog Gunzo*	*Seite 71*
Hirn	*Hirnpfännle*	*Seite 73*

Grünkernsuppe mit Marklösschen

Für 4 Personen
Besonders typisch, braucht etwas Zeit

Für die Markklößchen:
100 g Rindermark
100 g Weißbrot ohne Rinde
2 Eier (Gew.Kl. 4), Salz, Pfeffer, Muskat
1 EL gehackte Petersilie, Mehl zum Bestäuben
Für die Suppe:
120 g Suppengemüse (Lauch, Sellerie und Gelberüben zu gleichen Teilen)
40 g Butter, 100 g Grünkerngrieß
1 l Fleischbrühe, Salz, Pfeffer, Muskat

1

Rindermark, Weißbrot und Eier in einer Schüssel vermengen und durch die feine Scheibe des Fleischwolfs drehen. Die Masse mit Salz, Muskat und Pfeffer würzen, die Petersilie zugeben, alles zusammenkneten und mindestens 2 Stunden kühl stellen.

2

Inzwischen das Gemüse putzen, waschen und in feinste Würfel schneiden. Die Butter in einem Topf erhitzen und den Grünkerngrieß darin rösten, bis er eine hellbraune Farbe annimmt. Die Gemüsewürfel hinzugeben und leicht mitrösten. Die Fleischbrühe aufgießen und alles gut verrühren. Die Suppe etwa 30 Minuten köcheln lassen und zum Schluß mit Salz, Pfeffer und Muskat abschmecken.

3

Den gut durchgekühlten Teig in 4 Stücke teilen, mit Mehl bestäuben und zu 1 1/2 Zentimeter dicken Rollen formen. Diese wiederum in 1 Zentimeter lange Stücke schneiden, mit Mehl bestäuben und mit beiden Handflächen zu kleinen Kugeln formen. Einen großen Topf mit Salzwasser aufsetzen.

4

Die Markklößchen in das kochende Salzwasser geben. Wenn sie wieder an die Oberfläche kommen, die Klößchen noch 3 Minuten ziehen lassen, aber nicht mehr kochen. Die garen Klößchen in die heiße Suppe geben und sofort servieren.

BRUNNENKRESSESUPPE

Für 4 Personen
Raffiniert

40 g heller Lauch
20 g Sellerie, 200 g Brunnenkresse
40 g Butter, 40 g Mehl, 1 l Fleischbrühe
100 ml trockener Weißwein
200 g süße Sahne
2 Eigelb

1

Lauch und Sellerie waschen und in nußgroße Stücke schneiden. Die Brunnenkresse waschen, Stiele und Blätter voneinander trennen.

2

Die Butter in einem Topf zerlassen, Lauch, Sellerie und Kressestiele darin farblos andünsten. Das Mehl darüberstäuben, gut verrühren, die kalte Fleischbrühe hinzugeben und unter Rühren aufkochen lassen. Die Suppe etwa 10 bis 15 Minuten leicht köcheln lassen.

3

Die Kresseblätter fein hacken. Die Suppe durch ein Küchensieb geben, nochmals aufkochen lassen und den Weißwein zugeben. Sahne und Eigelbe miteinander verrühren und die Suppe damit binden. Ganz zum Schluß die gehackten Kresseblätter hinzugeben.

Wutacher Brunnenkressesalat

Für 4 Personen
Geht schnell

1 Bund Brunnenkresse, 1 kleine Schalotte
1 großer säuerlicher Apfel, 1 EL Weißweinessig
1 EL Balsamessig, Salz, Zucker
Pfeffer aus der Mühle, 1/2 TL Dijonsenf
6 EL Olivenöl, 25 g Walnuß- oder Kürbiskerne

1

Die Brunnenkresse im Bund waschen, trockenschütteln und die Blätter von den Stielen zupfen. Die Schalotte schälen und fein würfeln. Den Apfel schälen und grob raspeln. Aus Essig, Salz, Zucker, Pfeffer, Senf, Schalottenwürfeln und Öl eine Vinaigrette rühren, den geraspelten Apfel untermischen und die Sauce nochmals abschmecken. Die Kresseblätter locker unterheben und den Salat auf Tellern anrichten. Mit gehackten Walnußkernen oder Kürbiskernen bestreut servieren.

Kressesalat

Für 4 Personen
Ganz einfach

2 Eier, 250 g Gartenkresse
1/2 Bund Radieschen, Salz, 1/2 Zwiebel
3 EL Estragonessig, 3 EL Öl, Zucker

1

Die Eier hartkochen und abkühlen lassen. Die Kresse verlesen und waschen, dabei alle gelben Blättchen und Würzelchen entfernen. Die Radieschen putzen, waschen, in feine Streifen schneiden und salzen. Die Zwiebel fein hacken. Die hartgekochten Eier pellen und mit dem Eierschneider in kleine Würfelchen schneiden.

2

Für die Salatmarinade die Zwiebelwürfelchen mit Essig, Öl, 1/2 Teelöffel Salz und einer Prise Zucker verrühren. Die Kresse und die Hälfte der geschnittenen Eier und Radieschen gut mit der Marinade vermischen, die restlichen Eierwürfelchen und Radieschenstreifen darüberstreuen und den Salat sofort servieren.

Badische Hechtklössle

Für 6 Personen
Besonders typisch

400 g Hechtfilet
80 g Weißbrot ohne Rinde
4 Eigelb, 2 Eiweiß, 300 g süße Sahne
Salz, Pfeffer, 1 kleine Zwiebel
40 g Butter

1

Das Hechtfilet in Stücke schneiden und mit dem Weißbrot und 2 Eigelben vermengen. Alles zusammen zweimal durch die feine Scheibe des Fleischwolfs drehen und mindestens 2 Stunden in den Kühlschrank stellen. Das Eiweiß steif schlagen und ebenfalls kalt stellen.

2

250 Gramm Sahne nach und nach unter die kalte Fischmasse rühren. Anschließend vorsichtig den Eischnee unterheben und die Masse mit Salz und Pfeffer abschmecken.

3

Den Backofen auf 160 Grad (Umluft 150 Grad, Gas Stufe 1 bis 2) vorheizen. Die Zwiebel schälen, fein hacken und in der Butter glasig dünsten. Die Butterzwiebeln auf einem Backblech verteilen, mit einem Eßlöffel Nocken aus dem Fischteig stechen und daraufsetzen. Die Klößle mit Alufolie abdecken und 10 Minuten im Ofen pochieren.

4

Die restliche Sahne steif schlagen. Die Klößle auf vorgewärmten Tellern anrichten. Den Fond in ein Töpfchen geben, aufkochen lassen und vom Feuer nehmen. Die restlichen Eigelbe mit der Sahne vermengen und damit den Fond abbinden. Die Hechtklößle mit der Sauce begießen und anrichten.

Herzog Gunzo

In Überlingen am Bodensee, das vor vielen hundert Jahren der Sitz der Herzöge von Schwaben und Alemannien war, steht ein altes Haus, das als die Gunzoburg bekannt ist. Über seinem Tor ist ein Ritter abgebildet und eine Inschrift zu lesen: »In dieser Burg residierte im Jahre 641 Gunzo, Herzog von Schwaben und Alemannien«. Lange Zeit war man sich nicht sicher, ob dieser Gunzo wirklich gelebt hat, doch heute zweifelt man nicht mehr daran. Herzog Gunzo war, wenn man der Legende glaubt, ein mächtiger, aber auch sehr furchterregender Mann. Man kennt ihn heute zwar kaum mehr, doch erinnert sein Bildnis daran, daß das Zentrum von Alemannien und Schwaben einstmals am Bodensee lag.

Bodenseehecht nach Herzog Gunzo

Für 4 Personen
Raffiniert

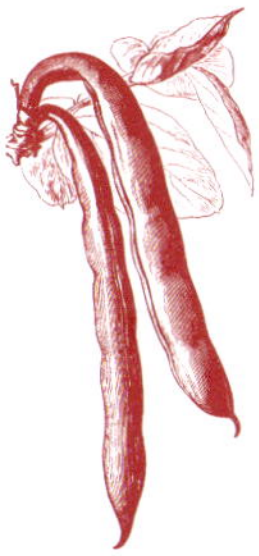

400 g Buschbohnen
500 g Hechtfilet
Salz, Pfeffer
Saft von 1/2 Zitrone
5 dünne Scheiben Speck
1 Zwiebel, 100 g Butter
200 g Weißherbst, 100 g Crème fraîche
1 EL gehackter frischer Basilikum
3 Eier, 3 EL Joghurt, Muskat

1

Die Bohnen putzen, in einem Topf mit etwas Wasser kurz bißfest kochen und warm stellen. Das Hechtfilet mit Salz und Pfeffer würzen und mit dem Zitronensaft beträufeln. Die Speckscheiben in feine Streifen schneiden, die Zwiebel abziehen und in Würfel schneiden.

2

Die Butter in einem weiteren Topf zerlassen und Zwiebelwürfel und Speckstreifen darin glasig dünsten. Das Hechtfilet einlegen, einen Teil der Zwiebeln und des Specks darübergeben, mit Weißherbst ablöschen und alles zugedeckt 10 Minuten bei kleiner Flamme garen.

3

Das Hechtfilet herausnehmen und auf einer feuerfesten Platte auf den Bohnen anrichten. Den Garfond auf die Hälfte einköcheln lassen, die Crème fraîche zugeben, nochmals aufkochen lassen und mit dem Basilikum verfeinern. Den Backofen auf 250 Grad (Umluft 230 Grad, Gas Stufe 6) vorheizen.

4

Die Eier trennen und 2 Eiweiß zu Schnee schlagen. Den Joghurt in einer Schale mit den 3 Eigelben verrühren und mit Salz und Muskat abschmecken. Das geschlagene Eiweiß unterheben. Die Eiermasse mit einem Löffel nockenförmig auf dem Hecht verteilen. Den Hecht im Ofen überbacken, bis die Gratinmasse goldbraun ist, und mit Kartoffeln servieren.

Grünkernküchle

Für 4 Personen
Preiswert

200 g Grünkern (mittelfein geschrotet)
400 ml Gemüsebrühe, 1 Lauchstange
1 Zwiebel, 3 EL Sonnenblumenöl
2 Eier, Salz, Pfeffer
1-2 EL gehackte Kräuter

1

Den Grünkernschrot mit der Gemüsebrühe in einem Topf aufsetzen und auf kleinster Stufe unter häufigem Rühren 15 bis 20 Minuten köcheln. Den Topf vom Feuer nehmen und den Grünkern 30 Minuten quellen lassen.

2

Den Lauch waschen und putzen, längs halbieren und in feine Streifen schneiden. Die Zwiebel schälen und fein hacken. Das Gemüse in 1 Eßlöffel Öl andünsten, anschließend abkühlen lassen.

3

Eier, Salz, Pfeffer, Kräuter, Lauch und Zwiebeln unter die Grünkernmasse rühren. Das restliche Öl in einer Pfanne erhitzen. Mit nassen Händen 8 gleichmäßige Küchle aus dem Teig formen und von beiden Seiten goldgelb backen.

Dazu paßt gut Feldsalat (Seite 292).

Hirnpfännle

Für 4 Personen
Besonders typisch

400 g frisches Kalbshirn (beim Metzger bestellen)
2 mittelgroße gekochte Kartoffeln
1 Zwiebel, 1/2 Knoblauchzehe
20 g Butterschmalz
Salz, Pfeffer, 3 Eier
50 g Schnittlauch

1

Das Hirn mindestens einen halben Tag wässern, anschließend trockentupfen, das feine Häutchen abziehen und das Hirn mit einem scharfen Messer fein zerteilen. Die Kartoffeln pellen und in 1/2 Zentimeter große Würfel schneiden. Die Zwiebel schälen und fein hacken, den Knoblauch zerreiben.

2

Die Kartoffeln in einer ofenfesten Pfanne mit dem Butterschmalz goldgelb anbraten, herausnehmen und warm stellen. Die Zwiebel in der Pfanne glasig dünsten, den Knoblauch und das gehackte Hirn hinzugeben und alles etwa 2 Minuten köcheln lassen, zum Schluß mit Salz und Pfeffer abschmecken.

3

Den Backofen auf 200 Grad (Umluft 180 Grad, Gas Stufe 3 bis 4) vorheizen. Die Eier in einer Schale verquirlen. Die Kartoffelwürfel und die verquirlten Eier über das Hirn geben, die Pfanne in den Ofen schieben und 5 Minuten stocken lassen. Mit dem Schnittlauch bestreuen und direkt in der Pfanne servieren.

Dazu schmeckt Bauernbrot (Seite 304).

Gefüllte Kalbsbrust Glottertäler Art

Für 6 Personen
Raffiniert, braucht etwas Zeit

2 kg Kalbsbrust, Salz, Pfeffer, Paprika
2 Brötchen vom Vortag, 2 Zwiebeln, 1 Bund glatte Petersilie
100 g feine Speckwürfel, 15 g Butter, 2 Eier, 1 EL Semmelbrösel
Muskat, 2 EL Butterschmalz, 1 Gelberübe (Möhre), 100 ml Fleischbrühe
200 ml Weißwein, 1 TL Speisestärke

1

Die Kalbsbrust waschen und abtupfen, mit einem scharfen Messer quer eine möglichst große Tasche hineinschneiden. Die Kalbsbrust innen und außen mit Salz, Pfeffer und Paprika einreiben. Die Brötchen in Wasser einweichen. Eine Zwiebel schälen, die Petersilie waschen, beides fein hacken.

2

Die Speckwürfel in einer Pfanne mit der Butter glasig dünsten, gehackte Petersilie und Zwiebel zugeben. Die Brötchen ausdrücken und 2 Minuten mitdämpfen. Die Mischung etwas abkühlen lassen, Eier und Semmelbrösel daruntermengen und mit Salz, Pfeffer und Muskat abschmecken. Die Masse in die Kalbsbrust füllen und mit Küchengarn zunähen.

3

Den Backofen auf 175 Grad (Umluft 160 Grad, Gas Stufe 2 bis 3) vorheizen. Die Kalbsbrust in einer Kasserolle mit dem Butterschmalz rundum anbraten. Die Gelberübe schälen, die zweite Zwiebel schälen und halbieren, beides zu der Kalbsbrust geben. Fleischbrühe und Wein vermischen. Die Kalbsbrust mit einem Teil der Flüssigkeit ablöschen, zugedeckt 1 1/2 Stunden im Ofen braten und mehrmals mit der restlichen Flüssigkeit begießen.

4

Die Kalbsbrust herausnehmen und 10 Minuten ruhen lassen. Die Speisestärke mit etwas kaltem Wasser anrühren. Das Gemüse entfernen und den Bratenfond aufkochen lassen. Die Stärke unterrühren und nochmals aufkochen lassen. Die Kalbsbrust in Scheiben schneiden, das Küchengarn entfernen und das Fleisch mit der Sauce anrichten. Dazu schmecken feine Bandnudeln.

Wenn man die Füllung der Kalbsbrust noch mit Gemüsen verfeinert, werden die Scheiben zu einem wahren Hochgenuß für Auge und Gaumen.

Hähnchen im Topf mit Spätburgunder

Für 4 Personen
Ganz einfach, braucht etwas Zeit

4 Hähnchenkeulen, 2 Hähnchenbrüste
Salz, Pfeffer aus der Mühle, edelsüßer Paprika
1 Zwiebel, 2 Knoblauchzehen, 2 EL Butterschmalz
150 g Speckwürfel, 4 cl Weinbrand, 1 Flasche (0,7 l) Spätburgunder
1 Rosmarinzweig, 1 Thymianzweig, 250 g braune Steinchampignons
Öl zum Anbraten

1

Die Hähnchenstücke waschen, trockentupfen und mit Salz, Pfeffer und Paprikapulver einreiben. Zwiebel und Knoblauch pellen und fein hacken.

2

In einer Kasserolle das Butterschmalz zerlassen und das Hähnchen von allen Seiten scharf anbraten. Zwiebel, Knoblauch und Speckwürfel zufügen und nach 3 Minuten die Hähnchenteile mit dem Weinbrand ablöschen. Die Hälfte des Rotweins angießen und die Kräuterzweige in kleinen Stücken zufügen. Alles 1 Stunde mit geschlossenem Deckel schmoren, dabei nach und nach den restlichen Wein zugießen.

3

In der Zwischenzeit die Pilze putzen, waschen und halbieren. In einer Pfanne etwas Öl erhitzen und die Pilze darin kräftig anbraten. Die Hähnchenteile nach der Schmorzeit aus der Kasserolle nehmen. Die Sauce bei großer Hitze stark einkochen lassen und mit Salz und Pfeffer abschmecken. Die Hähnchenteile und die Champignons wieder in die Sauce legen und weitere 10 bis 15 Minuten garen.
Mit breiten Nudeln anrichten.

Es steht in vielen Kochbüchern, doch soll an dieser Stelle nochmals darauf hingewiesen werden: Es gibt keinen Kochwein! Was nicht gut genug zum Trinken ist, sollte auch nicht in den Topf kommen. Eine weitere verbreitete Unsitte ist es, alte Weinreste, die tagelang in der offenen Flasche im Kühlschrank stehen, zum Kochen zu verwenden. Nehmen Sie dafür lieber den Wein, den Sie später auch beim Essen trinken. Jedoch sollte er nicht zuviel Bukett haben. Von daher scheidet beispielsweise ein Müller-Thurgau schon wieder aus.

Die Eiersaison

Man mag es kaum glauben, aber früher, als Hühner ausschließlich freilaufend auf dem Hof gehalten wurden, hatten auch Eier ihre Saison. In der kalten Jahreszeit legten die Hühner nur sehr wenige Eier. Deshalb mußte man sich während der Hauptlegezeit im Frühjahr und Sommer einen Eiervorrat anlegen. Die Bäuerin füllte die Eier in einen großen Steintopf mit einem Wasserglas. Dort hielten die Eier sich bis in den Winter frisch, und so hatte man das ganze Jahr über genügend Eier zum Backen und Kochen.

Pflanzzeit

»Die Erbsen setzt man am Karfritig, dann komme kei Würm dri, Zwiewele und Knowli (Knoblauch) an Sankt Benedik, denn Benedik macht Zwiewele und Knowli dick, Erdäpfel im April bim Vollschi (bei Vollmond) und die Gelberübe net im Krebs, sonst wäre se zoglig (bekommen zu viele Wurzeln).«

Ottenhöfener Bauernregel

Saure Kartoffeln

Für 4 Personen
Besonders typisch

1 Zwiebel
40 g Butter
50 g Mehl, Zucker
1/2 l Fleischbrühe
2 EL Essig, 1 Lorbeerblatt
2 Nelken, Salz, Pfeffer
1 kg Kartoffeln

1

Die Zwiebel schälen und hacken. In einem breiten Topf die Butter zerlassen und Zwiebelwürfel, Mehl und eine Prise Zucker zufügen. Unter ständigem Rühren alles hellbraun rösten und mit der Fleischbrühe ablöschen. Essig, Lorbeerblatt und Nelken zufügen, die Sauce mit Salz und Pfeffer abschmecken und etwa 45 Minuten köcheln lassen.

2

In der Zwischenzeit in einem anderen Topf Wasser zum Kochen bringen. Die Kartoffeln waschen, schälen und in 1 Zentimeter dicke Scheiben schneiden. Dem kochenden Wasser 1 Eßlöffel Salz beigeben und die Kartoffelscheiben in etwa 10 Minuten knapp gar kochen, anschließend abgießen und in einem Sieb abtropfen lassen.

3

Das Lorbeerblatt und die Nelken aus der Sauce entfernen, die gekochten Kartoffelscheiben hineingeben, kurz aufkochen und nochmals 15 Minuten ziehen lassen.

Die sauren Kartoffeln mit grünem Salat oder geräuchertem Schäufele servieren.

Karamelköpfle

Für 6 bis 8 Personen
Raffiniert, preiswert

150 g Puderzucker
6 Eier, 90 g Zucker, 750 ml Milch
1 Vanilleschote
200 g süße Sahne

1

8 Puddingförmchen im Backofen leicht erwärmen. Den Puderzucker in einen breiten Topf sieben und erhitzen. Sobald der Puderzucker zu schmelzen beginnt, ständig rühren, bis er ganz geschmolzen und gerade goldbraun ist. Den Karamel in die Förmchen gießen, so daß der Boden ganz bedeckt ist. Den Backofen auf 150 Grad (Umluft 140 Grad, Gas Stufe 1 bis 2) vorheizen.

2

Eier und Zucker in einer großen Schüssel gut verquirlen. Die Milch in einem Topf geben. Die Vanilleschote der Länge nach aufschlitzen, das Mark herauskratzen und beides in die Milch geben. Die Milch zum Kochen bringen und die Vanilleschote entfernen. Unter ständigem Rühren mit einem Schneebesen die heiße Milch nach und nach zu der Eiermasse gießen.

3

Die Mischung in die Förmchen füllen, diese auf die Fettpfanne stellen und in den Backofen schieben. So viel Wasser zugießen, daß die Förmchen im Wasserbad stehen. Die Karamelköpfle etwa 60 Minuten garen, bis die Spitze eines Messers beim Einstechen blank bleibt.

4

Die Förmchen erkalten lassen und über Nacht in den Kühlschrank stellen. Am nächsten Tag den Rand vorsichtig mit einem spitzen Messer lösen und die Köpfle auf einen Teller stürzen. Die Sahne steif schlagen, in einen Spritzbeutel füllen und die Karamelköpfle damit verzieren.

Karthäuserklösse

Für 4 Personen
Ganz einfach, preiswert

8 Milchbrötchen
3 Eier, 1/2 l Milch
50 g Zucker, Salz
Butter zum Ausbacken
Zimtzucker zum Bestreuen

1

Die Kruste der Brötchen in einem tiefen Teller abreiben, die Brötchen vierteln und das abgeriebene Weckmehl beiseite stellen. Die Eier trennen. Milch, Eigelbe, Zucker und eine Prise Salz in einer Schüssel gut verrühren und die Brötchenviertel darin 10 Minuten einweichen lassen.

2

Die Eiweiße in einem tiefen Teller verquirlen. Die eingeweichten Brötchenviertel im Eiweiß und danach im Weckmehl wenden. In einer Pfanne etwas Butter zerlassen, die Karthäuserklöße darin bei mittlerer Hitze in 5 bis 8 Minuten goldbraun braten und mit Zimtzucker bestreut servieren. Dazu eine Rotweinsauce (Seite 84) reichen.

Der Freiburger Markt

Jeden Morgen um neun Uhr beginnt um das Freiburger Münster ein reges Marktleben. Bauern und Händler bieten hier Gemüse, Obst, Fleisch, Brot und Blumen an, und es gibt nicht wenige Besucher, die den Freiburger Markt für den schönsten in Deutschland halten.

Auf alle Fälle hat der Freiburger Markt eine lange Tradition. Zwar wurde er früher in der »Langen Gaß«, der heutigen Kaiser-Joseph-Straße, abgehalten, doch finden sich direkt neben dem heutigen Markt, in der Turmhalle des Münsters, noch Spuren vom mittelalterlichen Markttreiben. In die Innenwände der Turmhalle wurden, um Streitigkeiten zu vermeiden, Maße und Daten eingemeißelt, damit jedermann nachprüfen konnte, ob er auf dem Markt korrekt bedient worden war. Noch heute eindeutig zu erkennen sind unter anderem die Höhe und die Bodenfläche eines Gefäßes für ein Sester, ein mittelalterliches Getreidemaß. Außerdem sieht man einen Korb, mit dem beispielsweise Holzkohle abgemessen wurde, und die Umrisse von Broten – ein großes aus den Jahren, in denen die Ernte gut war, und kleinere aus schlechteren Zeiten.

Vom alten Markttreiben erzählt diese kleine Schwarzwaldgeschichte: Ein altes Bäuerlein brachte einst lange Jahre Woche für Woche von seinem entlegenen Schwarzwaldhof fünf Pfund frische Butter, fein in Salatblätter eingewickelt, in die Stadt zum Bäcker. Als Bezahlung erhielt es von ihm die gleiche Menge Brot – fünf Pfund.

Eines Morgens, als das Bäuerlein dem Bäcker seine Butter geben wollte, sagte dieser: »Bäuerlein, ich habe meine Waage neu eichen lassen. Laß uns deine Butter wiegen und sehen, ob sie nun richtig anzeigt.« Der Bäcker war ein verschlagener Mann. Er ahnte nämlich, daß das Gewicht der Butter keine fünf Pfund ausmachen würde. Und so war es auch. Er entrüstete sich, daß er betrogen worden sei, und rief nach der Polizei, die das Bäuerlein sogleich zum Gericht mitnehmen wollte. Das Bäuerlein aber bat: »Nehmt neben meinem Batzen Butter auch das Brot mit, das ich vom Bäcker jede Woche erhalte. In meinem alten Bauernhof besitze ich nämlich keinen Fünfpfundstein, und so wiege ich die Butter immer mit dem Brotlaib auf, den ich vom Bäcker erhalten habe.«

Ofenschlupfer

Für 4 Personen
Preiswert

500 ml Milch, 80 g Butter
1 kg Äpfel, 60 g Rosinen, 2 EL Kirschwasser
4 Milchbrötchen oder 1 Hefezopf vom Vortag
100 g Zucker, 3-4 Eier, 1 Msp. Zimt
Fett für die Form

1

Milch und Butter aus dem Kühlschrank nehmen. Die Äpfel schälen, entkernen und in Scheiben schneiden. Die Rosinen waschen und im Kirschwasser einweichen. Die Brötchen oder den Hefezopf in Scheiben schneiden, in der zimmerwarmen Milch einweichen und ausdrücken.

2

Den Backofen auf 160 Grad (Umluft 150 Grad, Gas Stufe 1 bis 2) vorheizen. Die Butter in einer Schüssel schaumig rühren, Zucker, Eier und Zimt unterrühren. Die ausgedrückten Weckle, die Apfelscheiben und Rosinen unter die Masse mengen.

3

Den Teig in eine gefettete Auflaufform füllen und ungefähr 45 Minuten im Rohr backen. Den Ofenschlupfer noch heiß mit Kompott und Vanillesauce (Seite 31) servieren.

Wenn die ersten Besen an den Straßen stehen und die Straußwirtschaften wieder geöffnet haben, weiß es jedes Kind in Baden – der Frühling ist da!

ROTWEINSAUCE

Für 4 Personen
Ganz einfach, geht schnell

1 TL Speisestärke
1/2 l Spätburgunder
1 Ei, 2 Eigelb
120 g Zucker

1

Die Speisestärke mit dem Rotwein verrühren. In einem halbhohen Topf Ei, Eigelbe und Zucker mit den Quirlen des Handrührgerätes schaumig rühren. Den Wein mit der Speisestärke zufügen. Die Masse auf dem Herd zum Aufkochen bringen und dabei ständig mit einem Schneebesen schlagen. Die Sauce nach dem Aufkochen sofort vom Herd nehmen, da sie sonst gerinnt.

VARIANTE: Eine leichtere Version der Rotweinsauce wird so zubereitet: Den Rotwein mit dem Zucker, etwas Zitronensaft und evtl. etwas Zimt zum Kochen bringen, 1 Teelöffel Speisestärke mit etwas Wasser verrühren, zu der Sauce geben und nochmals aufkochen lassen.

Das badische Viertele

Bei uns gibt's noch echte badische Viertele«. Diese Versicherung kann man immer mal wieder an den Türen von hiesigen Weinwirtschaften lesen. Der eine Badener trinkt seinen Wein im Krügle, der andere im Römer – das hängt von der Region ab –, aber ein echtes Viertele muß es sein. Und ein echtes Viertele, das sind 0,25 Liter. Daher wehrt man sich in Baden gegen Strömungen in der Gastronomie, einem für ein Viertele Wein nur 0,2 Liter auszuschenken. Sicher, ein hochwertiger Wein wird niemals im Vierteleglas serviert – aber das verlangt ja auch kein Mensch. Den Riesling, Gutedel oder Müller-Thurgau jedoch, den möchte man bitteschön so haben, wie ihn schon die Großväter in der Weinbeiz getrunken haben.

Mittlerweile sieht es so aus, als würde sich die Tradition durchsetzen. Doch die Auseinandersetzung um die richtigen Mengen scheint sich nur zu verlagern: Traditionell werden Trinkweine in der Literflasche abgefüllt, die hochwertigen Qualitätsweine dagegen in der schlankeren und edleren 0,7-Liter-Flasche. Nun möchten viele Winzer, um den Trinkweinen ein edleres Image zu verleihen, diese auch in die kleineren Flaschen abfüllen. Und damit haben wir wieder ein Vierteleproblem, denn eine Literflasche läßt sich wunderbar in 4 Viertele aufteilen, eine 0,7-Liter-Flasche aber …

Errötendes Mädchen

Für 4 Personen
Ganz einfach, preiswert

je 3 Blatt weiße und rote Gelatine
100 g süße Sahne, 500 ml Buttermilch
70 g Zucker, 2 EL Arrak oder Zitronensaft
2 EL saure Sahne

1

Die Gelatine in kaltes Wasser legen und einweichen lassen. Die Sahne steif schlagen und kalt stellen. Die Buttermilch in einer Schüssel mit Zucker, Arrak oder Zitronensaft und Sauerrahm verrühren. Die Gelatine herausnehmen, abtropfen lassen, in 3 Eßlöffel heißem Wasser auflösen und langsam unter die Buttermilch rühren.

2

Die Buttermilch kalt stellen, bis sie anfängt zu gelieren, dann die Schlagsahne unterheben. Die fertige Milchspeise in Schälchen abfüllen und im Kühlschrank fest werden lassen.

VARIANTE: Man kann auch leicht gezuckerte Beeren oder tiefgefrorene Früchte zuunterst in die Schälchen geben.

Flachswickel

Für 30 Stück
Braucht etwas Zeit

200 ml Milch
10 g Hefe (1/4 Würfel)
Zucker, 250 g Mehl
125 g weiche Butter
1 Ei, Salz
Hagelzucker zum Wälzen
Fett für das Backblech

1

Die Milch leicht erwärmen, die Hefe mit einer Prise Zucker darin auflösen. Das Mehl in eine Schüssel geben, eine Vertiefung hineindrücken, die Hefemilch in die Mitte geben und mit etwas Mehl verrühren. Den Vorteig etwa 10 Minuten an einem warmen Ort gehen lassen.

2

Die Butter, das Ei und eine Prise Salz hinzugeben und alles zu einem glatten, geschmeidigen Teig verarbeiten, nochmals etwa 30 Minuten gehen lassen.

3

Den Teig kurz durchkneten, in 30 Stücke teilen und diese zu Strängen formen, die in der Mitte etwas dicker sind. Die Stränge in Hagelzucker wälzen und die Enden übereinander kreuzen.

4

Den Backofen auf 180 Grad (Umluft 160 Grad, Gas Stufe 2 bis 3) vorheizen. Ein Backblech einfetten, die Flachswickel daraufsetzen, nochmals eine Viertelstunde gehen lassen und 15 bis 20 Minuten im Ofen backen.

Die Flachswickel haben ihren Namen von den Hanfzöpfen, die heute noch als Dichtungsmaterial dienen und die früher jedermann bei seinem Werkzeug hatte.

Elztäler Gugelhupf

Für 12 bis 14 Stücke
Ganz einfach

25 g Hefe
1/4 l lauwarme Milch
50 g Rosinen
1 EL Kirschwasser
500 g Mehl
200 g weiche Butter
1 Prise Salz, 100 g Zucker
2 Eier, Butter für die Form
50 g gehobelte Mandeln
Puderzucker zum Bestäuben

1

Die Hefe in der Milch auflösen. Die Rosinen im Kirschwasser einlegen. Aus Mehl, Hefemilch, Butter, Salz, Zucker und Eiern einen geschmeidigen Hefeteig zubereiten. Den Teig an einem warmen Ort gehen lassen, bis er sein Volumen verdoppelt hat.

2

Den Backofen auf 180 Grad (Umluft 160 Grad, Gas Stufe 2 bis 3) vorheizen. Den Teig kurz durchkneten und dabei die Rosinen unterarbeiten. Eine Gugelhupfform gut buttern und mit den Mandeln ausstreuen. Den Teig einfüllen und nochmals 15 Minuten gehen lassen. Den Gugelhupf etwa 45 Minuten im Ofen backen und vor dem Servieren kräftig mit Puderzucker bestäuben.

Goldschnitten

Für 4 Personen
Preiswert

6-8 Einbackscheiben (oder Milchbrötchen)
4 Eier, 1/4 l Milch
75 g Mehl, 1 EL Zucker, Salz
Butter zum Ausbacken
Zimtzucker zum Bestreuen

1

Die Einbackscheiben der Länge nach in etwa fingerdicke Scheiben schneiden. Die Eier in einer Schüssel mit der Milch verquirlen, Mehl, Zucker und eine Prise Salz zufügen und alles gut verrühren. Die Brotscheiben in die Eiermilch legen und etwa 15 Minuten durchziehen lassen.

2

Etwas Butter in einer Pfanne zerlassen und die Schnitten darin auf beiden Seiten goldbraun backen. Zimtzucker darüberstreuen und die Goldschnitten noch heiß mit einem Kompott Ihrer Wahl servieren.

Menü des Monats

Brunnenkressesuppe
Hähnchen im Topf mit Spätburgunder
Karamelköpfle

Spätburgunder Kabinett halbtrocken

DIE KÜCHE

Noch kann man am Feldberg oben im Schnee spazieren gehen, doch im Tal gibt es bereits frischen Rhabarber, Sauerampfer und Löwenzahn.

IM APRIL

Die ersten Frühlingsblumen blühen in Baden an der Weinstraße und im Kaiserstuhl. Im Schwarzwald herrscht jetzt noch tiefer Winter. Doch wenige Wochen später spürt man auch hier, daß die warme Luft aus dem Rheintal den Frühling mitgebracht hat.

Was es im April

Sauerampfer

Im Frühjahr, wenn es schon etwas wärmer geworden war, sammelten die Kinder früher in den feuchten Wiesen und an Wasserläufen frischen Sauerampfer. Heute wird er vielfach auch im Garten angebaut. Der Geschmack der jungen Blätter ist – wie der Name schon sagt – säuerlich. Je älter die Blätter dann werden, umso bitterer schmecken sie. Sauerampfer wird wie Spinat gekocht oder für Frühlingssuppen und Salate verwendet.

Löwenzahn

Schon manch ein Spaßvogel hat behauptet, man müsse Löwenzahn dann sammeln, wenn er seine dicken, dottergelben Blüten trägt – so würde man ihn ganz leicht finden. Tatsächlich schmecken nur die jungen Blätter, und sobald sich die Knospen zeigen, ist die Erntezeit vorbei. Mittlerweile erfreut sich der Löwenzahn mit seinem leicht bitteren Geschmack wieder großer Beliebtheit. Aber Achtung: Der Milchsaft des Stengels ist giftig!

Spinat

Junger Spinat mit Spiegelei oder verlorenen Eiern ist ein klassisches badisches Gründonnerstagsessen. Wie fast überall in Deutschland bestimmen an diesem Tag auch in Baden grüne Zutaten den Speiseplan. Dabei hat der Name Gründonnerstag nichts mit der Farbe zu tun, sondern stammt von dem alten Begriff »greinen«, was soviel wie weinen bedeutet. Junger Spinat wird mit den Stielen zubereitet – ist er älter, muß man die Stiele abschneiden. Er sollte, wenn er nicht roh verzehrt wird, lediglich blanchiert werden. Wenn man ihn kocht, verliert er nämlich über 60 Prozent seiner wertvollen Vitamine und Mineralstoffe.

ALLES GUTES GIBT...

RHABARBER

Da er süß – meist mit Zucker – zubereitet wird, halten viele Menschen den Rhabarber für das erste Obst, das im Jahr reif wird. Tatsächlich zählt er aber zu den Gemüsen. Schon in der Antike war er bekannt und wurde aus dem Osten importiert. Diese lange Tradition läßt sein Name noch erkennen, der aus dem Griechischen stammt und übersetzt »fremde ausländische Wurzel« bedeutet. Rhabarber sollte nur bis zum Johannistag, dem 24. Juni, verwendet werden, da er danach zuviel Oxalsäure enthält, die den Sauerstoff im Blut bindet.

LAMM

Zu Ostern kommt in vielen Familien heute Lammfleisch auf den Tisch. Als besondere Delikatesse gilt das Milchlammfleisch. Die Milchlämmer werden maximal sechs Monate alt und wurden ausschließlich mit Milch aufgezogen. Deshalb ist ihr Fleisch auch sehr hell. Herzhafteres und dunkleres Fleisch haben die Stall- oder Weidemastlämmer, die höchstens ein Jahr alt sein dürfen.

TYPISCH FÜR DEN APRIL

Sauerampfer	*Sauerampfersuppe*	*Seite 94*
Löwenzahn	*Löwenzahnsalat*	*Seite 99*
Spinat	*Frischer Blattspinat mit Zitronensauce*	*Seite 100*
Rhabarber	*Rhabarberkompott*	*Seite 116*
Lamm	*Lammkeule mit Lauchzwiebeln*	*Seite 104*

SAUERAMPFERSUPPE

Für 4 Personen
Besonders typisch

100 g Sauerampfer
1/4 Zwiebel, 50 g saure Sahne
3 Eigelb, 50 g Butterschmalz
40 g Mehl, 1 l Fleischbrühe
Salz, Muskat

1

Den Sauerampfer waschen und mit Küchenkrepp trockentupfen. Die Blätter abzupfen und mit einem Küchenmixer fein pürieren, die Stiele grob hacken. Die Zwiebel fein schneiden. Sauerrahm und Eigelbe in einer Schale miteinander verrühren.

2

Das Butterschmalz in einem Topf zerlassen und die Zwiebeln darin glasig dünsten. Die gehackten Sauerampferstiele dazugeben, das Mehl darüberstäuben und die Fleischbrühe zugießen. Die Suppe unter gelegentlichem Rühren etwa 5 Minuten kochen lassen, anschließend durch ein Sieb in einen zweiten Topf geben.

3

Die pürierten Sauerampferblätter zugeben, die Suppe kurz aufkochen lassen, vom Feuer nehmen und die Sauerrahm-Eigelb-Mischung unterrühren. Mit Salz und etwas Muskat abschmecken und servieren.

Forellenrahmsuppe

Für 4 Personen
Raffiniert, geht schnell

2 Forellenfilets à 100 g
Salz, Zitronensaft
1 Schalotte, 50 g Butter
500 ml Fischfond (Seite 96 oder aus dem Glas)
10 g Speisestärke, 100 g Weißwein
100 g saure Sahne
150 g süße Sahne, 2 Eigelb
1 EL gehackter Kerbel

1

Die Forellenfilets in je 4 gleich große Stücke teilen, salzen und mit Zitronensaft einreiben. Die Schalotte abziehen und in feine Würfel schneiden.

2

Die Butter in einem Topf schmelzen, die Schalottenwürfel darin glasig dünsten und die Forellenstücke einlegen. So viel Fischfond zugießen, daß die Filets bedeckt sind, und alles etwa 3 Minuten leicht köcheln lassen. Die Filets herausnehmen und warm stellen. Die Speisestärke im Weißwein anrühren. Den restlichen Fischfond in den Topf gießen, aufkochen und mit der Speisestärke abbinden. Die Suppe kurz kochen lassen, dann je 100 Gramm saure und süße Sahne unterrühren.

3

Die restliche Sahne steif schlagen, mit den Eigelben verrühren und die Suppe damit legieren, die jetzt nicht mehr kochen darf. Die Forellenfilets auf 4 Suppentellern anrichten, die Suppe darübergeben und mit dem frisch gehackten Kerbel bestreuen.

FISCHFOND

Für 1 Liter
Ganz einfach

800-1000 g Fischkarkassen
(z.B. von Zander, Forelle, Steinbutt oder Hecht)
Saft von 1/2 Zitrone, 10 frische Champignons
1 TL Salz, 100 g Lauch, 1 Zwiebel
1 Lorbeerblatt, 1 Nelke
5 Pfefferkörner, 1 Thymianzweig
1/2 Knoblauchzehe
100 ml Weißwein

1

Die Kiemen mit einer Schere aus den Fischköpfen herausschneiden. Die Gräten und Köpfe gründlich mit kaltem Wasser waschen und mit 1 1/2 Liter Wasser in einem großen Topf kalt aufsetzen. Zitronensaft, Champignons und Salz zugeben.

2

Inzwischen den Lauch putzen und waschen, die Zwiebel abziehen. Den Fischfond aufkochen lassen und mit einem Schaumlöffel den Schaum von der Oberfläche abschöpfen. Lauch, Zwiebel, Gewürze, Kräuter und den Weißwein zugeben und den Fond eine halbe Stunde leicht sieden lassen. Den fertigen Fischfond durch ein Tuch abseihen.

Der Fischfond hält sich 3 bis 4 Tage im Kühlschrank oder 6 Monate tiefgekühlt.

Forellenfilets in Sauerampfersauce

Für 4 Personen
Raffiniert, geht schnell

2 EL Schalotten, 40 g Butter
8 Forellenfilets à 80-90 g
Salz, Saft von 1/2 Zitrone
200 ml Fischfond
(Seite 96 oder aus dem Glas)
100 ml Weißwein
100 g süße Sahne, 3 Eigelb
4 EL gehackte Sauerampferblätter

1

Die Schalotten kleinschneiden. Die Butter in einem Töpfchen erhitzen und die Schalotten darin glasig dünsten, anschließend auf einem Backblech verteilen. Die Forellenfilets salzen, mit dem Zitronensaft beträufeln und auf die gedünsteten Schalotten legen.

2

Den Backofen auf 160 Grad (Umluft 150 Grad, Gas Stufe 1 bis 2) vorheizen. Fischfond und Weißwein in einen Topf geben, zusammen aufkochen und soviel davon über die Forellenfilets gießen, daß sie halb bedeckt sind. Das Blech mit Alufolie abdecken und 8 bis 10 Minuten in den Ofen schieben.

3

Den gegarten Fisch auf vorgewärmten Tellern anrichten. Den entstandenen Garfond zum restlichen Fischfond geben, aufkochen und die Flüssigkeit auf etwa 300 Milliliter einreduzieren. Die Sahne steif schlagen. Die Eigelbe mit der Sahne verrühren und damit die nicht mehr kochende Fischsauce abbinden. Den Sauerampfer erst zum Schluß hacken und dazugeben, da er sonst grau wird. Einen Teil der Sauce über die Forellenfilets gießen.

Als Beilage eignen sich Nudeln, Reis oder Dampfkartoffeln.

Forellen filetieren

Zum Ausnehmen vorbereiten: Sie halten den Fisch mit einem Tuch am Schwanzende fest und schneiden mit einer Schere die Flossen in Richtung Kopf ab. Nun schneiden Sie mit einem Messer die Bauchhöhle von der Afteröffnung zum Kopf hin auf. Achten Sie darauf, daß Sie nicht zu tief schneiden, damit die Eingeweide nicht verletzt werden.

Ausnehmen: Wenn Sie die Bauchseiten etwas auseinanderziehen, sind deutlich die Schwimmblase und die Innereien zu erkennen. Ziehen Sie sie vom After her vorsichtig nach vorn heraus. Schneiden Sie die Eingeweide am Schlund mit der Schere ab. Jetzt wird die an der Wirbelsäule entlanglaufende Niere deutlich erkennbar. Schaben Sie sie mit einem Kaffeelöffel heraus. Schließlich schneiden Sie die Kiemen an den Ansatzstellen mit einer Schere ab, ziehen sie heraus und waschen den Fisch gründlich unter fließendem kalten Wasser.

Den Kopf abschneiden: Schneiden Sie den Kopf von beiden Seiten her bis zur Mittelgräte schräg mit einem Messer ab. Trennen Sie nun die Mittelgräte selbst direkt hinter dem Kopf mit etwas Druck durch.

Die Filets auslösen: Schneiden Sie mit einem dünnen, sehr scharfen Messer entlang der Rückengräte ein. Führen Sie das Messer vom Kopfende bis zum Schwanzende auf der Mittelgräte entlang und lösen Sie so das oben liegende Filet aus. Das zweite Filet erhalten Sie, wenn Sie jetzt das Messer direkt unter der Mittelgräte vom Kopf zum Schwanz durchziehen. Im vorderen Teil geht dies etwas schwerer, weil die Bauchhöhlengräten durchtrennt werden müssen.

Die Filets parieren: Schieben Sie ein Messer der Länge nach unter die Bauchhöhlengräten und schneiden Sie diese ganz flach über dem Filet bis zum Rand hin weg. Entfernen Sie die verbleibenden Fleischgräten mit einer Pinzette oder einer kleinen Zange. Jetzt müssen Sie nur noch mit einem dünnen Messer vom Schwanzende her das Filet von der Haut trennen, indem Sie das Messer zwischen Filet und Haut durchführen und darauf achten, daß das Messer leicht schräg zur Haut hin zeigt.

Löwenzahnsalat

Für 4 Personen
Raffiniert

800 g junger gelber Löwenzahn
2 Schalotten, 2 gekochte Kartoffeln
100 g durchwachsener magerer Speck
100 ml Kalbsfond, 1 Knoblauchzehe
2 EL Weißweinessig, 3 EL Traubenkernöl
1 TL Senf, Salz, Zucker
weißer Pfeffer aus der Mühle

1

Den Löwenzahn putzen und in lauwarmem Wasser waschen, um die Bitterstoffe auszulösen, anschließend gut abtropfen lassen. Die Schalotten fein hacken, die Kartoffeln pellen und in 1 Zentimeter große Würfel schneiden, den Speck in feine Streifen schneiden.

2

Den Kalbsfond in einem Töpfchen erhitzen. Die Knoblauchzehe abziehen und eine Schüssel damit ausreiben. Kalbsfond, Essig, Öl, Senf und Gewürze hineingeben, gut mit dem Schneebesen oder Mixer verquirlen und die Marinade abschmecken.

3

Die Speckstreifen in einer Pfanne auslassen und die Kartoffelwürfel mitbraten, bis sie goldgelb sind. In der Zwischenzeit den Löwenzahn mit der Marinade anmachen und auf 4 Teller verteilen. Den Speck und die Kartoffelwürfel noch heiß über den Salat geben und sofort servieren.

Zum Löwenzahnsalat schmecken auch gut gebratene Kalbsleberscheiben oder – ganz edel – Riesengarnelen.

Frischer Blattspinat mit Zitronensauce und pochierten Eiern

Für 4 Personen
Raffiniert

Für den Spinat:
1,5 kg Blattspinat
1 große Knoblauchzehe,
Salz, 1 kleine Zwiebel, 75 g Butter
Für die Zitronensauce:

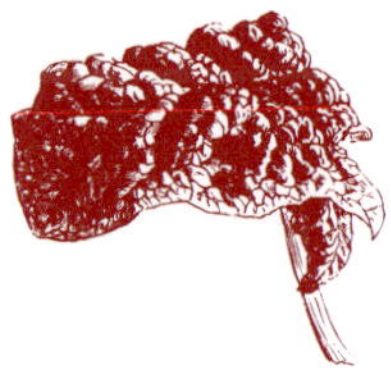

3 Eigelb, 2 EL Zitronensaft
2 EL Weißwein, 200 g süße Sahne
weißer Pfeffer

Für die pochierten Eier:
2 EL Essig
8 frische Eier

1

Den Spinat verlesen, die groben Stiele entfernen, den Rest waschen und gut abtropfen lassen. Die Knoblauchzehe schälen und halbieren. Einen großen Topf Wasser zum Kochen bringen, 1 Eßlöffel Salz und den Knoblauch hineingeben.

2

Den Spinat in das kochende Salzwasser geben und 5 Minuten blanchieren, anschließend durch ein Sieb gießen, mit kaltem Wasser abschrecken und austropfen lassen. Den Knoblauch entfernen.

3

Die Zwiebel fein hacken. Die Butter in einem Topf zerlassen, die Zwiebel darin glasig dünsten. Den Spinat hineingeben und 15 Minuten zugedeckt dünsten, zum Schluß mit Salz abschmecken.

4

In der Zwischenzeit die Eigelbe mit dem Zitronensaft und dem Wein in einem Töpfchen verrühren. Die Mischung im Wasserbad erwärmen, dabei ständig rühren. Die Sauce darf nicht kochen, da sonst das Eigelb gerinnt. Nach und nach die Sahne unterschlagen, bis die Sauce cremig ist. Die Zitronensauce mit etwas Salz und weißem Pfeffer abschmecken und warm stellen.

5

In einem breiten Topf reichlich Wasser zum Kochen bringen, Essig und 2 Eßlöffel Salz zufügen. Die Eier einzeln in eine Schöpfkelle aufschlagen und vorsichtig, aber rasch in das sprudelnde Wasser gleiten lassen. Die Schöpfkelle dabei schnell umdrehen, damit das Eigelb von allen Seiten vom Eiweiß umhüllt ist.

6

Die Eier auf kleiner Flamme zugedeckt 3 bis 5 Minuten sieden lassen, mit einem Schaumlöffel herausnehmen und kurz unter kaltem Wasser abschrecken. Die Eiränder eventuell mit der Küchenschere rund schneiden.

7

Den gedünsteten Blattspinat in eine Gratinform geben, mit einem Löffel 8 Vertiefungen hineindrücken und die pochierten Eier hineingleiten lassen. Die Zitronensauce darübergießen und zusammen mit Salzkartoffeln servieren.

Zum Pochieren sollten Sie nur sehr frische Eier verwenden, denn ältere Eier laufen beim Eintauchen in den Kochsud leicht auseinander.

Gekräuterte Lammkoteletts

Für 4 Personen
Geht schnell, läßt sich vorbereiten

8 Lammkoteletts, 1 Bund Basilikum
1 Zweig Thymian, 1 Zweig Estragon
1 Zweig Majoran, 1/2 Bund glatte Petersilie
1 Handvoll Kerbel, 12 Blätter Zitronenmelisse
2 Knoblauchzehen, 6 EL Maiskeimöl, Salz
frisch gemahlener Pfeffer, 1/2 Tasse Fleischbrühe
1 EL süße Sahne

1

Die Lammkoteletts waschen und mit Küchenkrepp trockentupfen. Alle Kräuter vorsichtig abwaschen, trockentupfen, von den groben Stielen befreien und nicht zu fein hacken. Die Knoblauchzehen pellen, durchpressen und zusammen mit den Kräutern in einer Schüssel vermischen.

2

Die Lammkoteletts auf beiden Seiten gleichmäßig mit 2 Eßlöffel Öl einreiben und in der Kräutermischung wenden. Die Kräuter dabei gut andrücken. Das Fleisch zudecken und für 1 Stunde kühl stellen.

3

Das restliche Öl in einer Pfanne sehr heiß werden lasssen, die Koteletts nebeneinanderliegend anbraten und die Hitze schnell reduzieren, damit die Kräuter nicht verbrennen. Wenn etwas Fleischsaft an der Oberseite austritt, die Koteletts wenden und auf der anderen Seite nochmals 2 Minuten auf kleiner Flamme braten, dabei den Deckel schließen.

4

Die Lammkoteletts auf einer vorgewärmten Platte anrichten und mit Salz und Pfeffer würzen. Den Bratenfond mit der Fleischbrühe lösen, die Sahne zufügen und die Sauce stark aufkochen lassen. Die Sauce mit Salz und Pfeffer abschmecken und über das Fleisch gießen.

Frisches Lammkotelett ist eine österliche Delikatesse. In Baden wird es – wie hier abgebildet – in natura gebraten oder mit Kräutern eingerieben.

Lammkeule mit Lauchzwiebeln

Für 8 Personen
Braucht etwas Zeit

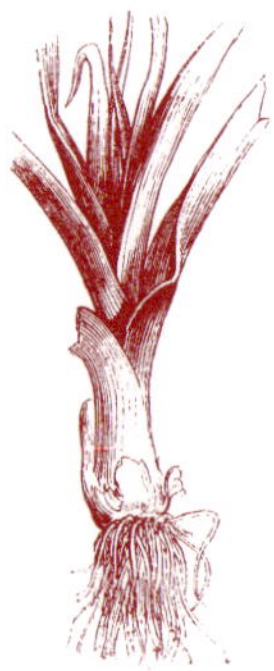

Für die Lammkeule:
100 g Lauch, 1 Zwiebel
1 Gelberübe (Möhre), 2 Knoblauchzehen
2 kg Lammkeule (vom Metzger hohl auslösen lassen)
Salz, Pfeffer, 80 g Butterschmalz
500 g Lammknochen, 1 Lorbeerblatt
1 Thymianzweig, 2 EL Tomatenmark
200 ml Rotwein, 40 g Mehl
1 l Fleischbrühe
Für die Lauchzwiebeln:
40 Lauchzwiebeln, 50 g Butter
Salz, Pfeffer, 50 ml Fleischbrühe

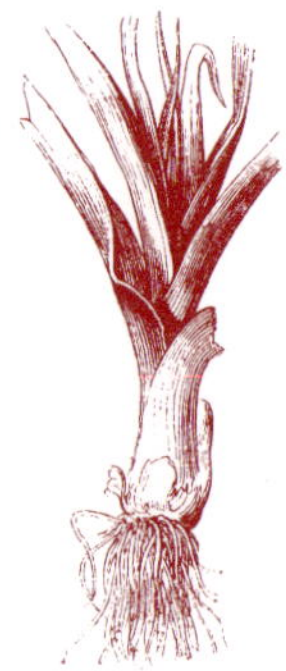

1

Den Lauch putzen und waschen, Zwiebel und Gelberübe schälen und alles in walnußgroße Stücke schneiden. Die Knoblauchzehen abziehen und in den Knochenhohlraum der Lammkeule stecken. Die Keule mit Küchengarn netzartig umbinden und mit Salz und Pfeffer würzen.

2

Das Butterschmalz in einer Kasserolle zerlassen. Die Keule und die Lammknochen von allen Seiten gut anrösten. Gemüse, Lorbeerblatt und Thymianzweig in die Kasserolle geben und kurz mit anbraten.

3

Die Lammkeule herausnehmen. Das Tomatenmark zum Gemüse geben und immer wieder etwas Rotwein zugießen, bis dieser völlig einreduziert ist. Den Saucenansatz mit dem Mehl bestäuben und mit der kalten Fleischbrühe auffüllen, aufkochen lassen und die Lammkeule wieder in die Kasserolle legen. Alles zugedeckt etwa 90 Minuten bei mittlerer Hitze leicht köcheln lassen und ab und zu den Flüssigkeitsverlust durch Wasser ersetzen.

4

Gegen Ende der Garzeit die Lammkeule mit einer Fleischnadel oder Fleischgabel anstechen, um zu prüfen, ob das Fleisch weich genug ist. Die Keule aus der Kasserolle herausnehmen und warm stellen. Die Sauce durch ein feines Haarsieb gießen und mit etwas Salz nachschmecken.

5

Von den Lauchzwiebeln den Wurzelansatz und den dunkelgrünen Lauch abschneiden, die äußeren Blätter entfernen. Die Lauchzwiebeln waschen. In einem möglichst breiten Topf die Butter zergehen lassen. Die Lauchzwiebeln dazugeben, mit Salz und Pfeffer würzen und kurz anrösten, bis die Butter leicht bräunt. Die Fleischbrühe angießen und zugedeckt 3 bis 4 Minuten kochen lassen. Danach sollte die Brühe einreduziert sein.

6

Die Lammkeule in etwa 1 Zentimeter dünne Scheiben schneiden und auf einer Platte anrichten. Einen Teil der Sauce über das Fleisch gießen und den Rest extra servieren. Die Lauchzwiebeln portionsweise auf den Tellern anrichten.

Dazu schmeckt Kartoffelgratin (Seite 110) oder Brotknöpfle (Seite 138).

EIERLESEN

In Baden, im Elsaß und in Teilen der Schweiz war das Eierlesen früher ein beliebtes Osterspiel, das eine Attraktion für den ganzen Ort darstellte. Die Eierläufer mußten dabei gegen die Eierleser antreten. Die Eierleser bekamen zur Aufgabe, eine große Anzahl von Eiern, die in bestimmten Abständen auf der Erde lagen, einzeln aufzulesen, zu einem Korb zu bringen und darin zu sammeln. Dabei wurden die Eierleser von lustigen Figuren und Hexen gestört. In der Zwischenzeit mußten die Eierläufer eine bestimmte Strecke laufen, vielleicht auch eine Geschicklichkeitsaufgabe lösen und wieder zurückkehren. Die Gruppe, die ihren Auftrag als erste bewältigt hatte, war Sieger und erhielt den Korb Eier.

Ostern

Die Osterwoche beginnt mit dem Palmsonntag – dem Einzug Jesu in Jerusalem. Vor allem im Schwarzwald ist dies ein sehr farbenprächtiger Festtag. In allen katholischen Gegenden Deutschlands ist es Brauch, daß am Palmsonntag Palmbüschel geweiht werden, die man dann hinter das Kruzifix in der Stube steckt. Hierzulande werden dagegen schon Tage vor dem Palmsonntag bis zu einige Meter hohe »Palmen« gebastelt, die über und über mit bunten Papierblumen geschmückt werden. Es sind überaus kunstvolle Gebilde, die nach der Palmprozession und dem Gottesdienst vor dem Haus ausgestellt werden und noch wochenlang zu bewundern sind.

Am Gründonnerstag »verreisen« nach katholischer Sitte die Glocken nach Rom und erklingen erst wieder in der Osternacht, wenn die Auferstehung Jesu Christi gefeiert wird. Die Aufgabe, die Gläubigen in die Kirche zu rufen, übernehmen in dieser Zeit die »Rätschebuben«, die mit Klappern oder Rätschen durch die Straßen ziehen und so den Beginn des Gottesdienstes ankündigen. Dafür erhalten sie schon die ersten Ostereier.

Am Ostersonntag kam auf vielen badischen Höfen früher ein Milchzickel auf den Tisch – ein fünf bis acht Wochen altes Zicklein. Früher scheint im Bodenseegebiet auch ein Kalbsbraten oder Ochsenfleisch zum traditionellen Osteressen gehört zu haben, da vielfach an Ostern von den Metzgern geschmückte Schlachtochsen oder Osterkälber durch die Straßen geführt wurden.

Eier färben mit Gemüse

Die Ostereier »natürlich« zu färben macht vor allem Kindern viel Spaß und dauert nicht lange. Blaue Farbtöne erhalten Sie durch gehobelten Rotkohl, gelbe durch ungeschälte Zwiebelstücke oder Kümmel, grüne durch Sauerampfer oder Spinat und rote durch Rahnen (rote Bete).

Sie setzen für jede Farbe etwa 200 Gramm Gemüse mit einem halben Liter kaltem Wasser an und bringen es langsam zum Kochen. Lassen Sie den Sud 15 Minuten bedeckt auf kleiner Flamme ziehen. Nach dem Abkühlen fangen Sie das Gemüse in einem feinen Sieb ab. Nun geben Sie die Eier in den Farbsud, dazu etwas Essig, damit die Farben leuchtender werden, und kochen sie in 10 bis 15 Minuten hart.

Gitzibraten

Für 4 Personen
Besonders typisch

1 Gitzirücken (Zicklein)
1 Keule (beim Metzger ausgelöst bestellen)
Salz, Pfeffer, 80 g Fett, 400 g Knochen und Parüren (Sehnen) vom Gitzi
1 Zwiebel, 2 Gelberüben (Möhren), 30 g Tomatenmark

1

Den Backofen auf 220 Grad (Umluft 200 Grad, Gas Stufe 4 bis 5) vorheizen. Rücken und Keule mit Salz und Pfeffer würzen, in einer Kasserolle mit dem Fett von allen Seiten anbraten und in den Ofen schieben. Ab und zu mit dem Bratfett begießen. Knochen und Parüren kleinhacken und nach 20 Minuten in die Kasserolle geben.

2

Nach weiteren 10 Minuten nur den Gitzirücken aus dem Ofen nehmen, in Alufolie wickeln und warm stellen. Zwiebel und Gelberüben schälen, in walnußgroße Stücke schneiden und als Röstgemüse in die Kasserolle geben. Bei zu starker Krustenbildung die Hitze etwas verringern. Nach weiteren 20 Minuten auch die Keule entnehmen und in Folie gewickelt warm stellen.

3

Die Kasserolle auf den Herd stellen. Das Tomatenmark zufügen und Knochen, Parüren und Gemüse noch 5 Minuten weiterrösten, dabei mehrmals mit etwas Wasser ablöschen und wieder einreduzieren. Einen Liter kaltes Wasser aufgießen und alles 20 Minuten kochen lassen. Die Bratensauce mit ein wenig Salz und Pfeffer würzen, durch ein Sieb passieren und auf etwa 300 bis 400 Milliliter einreduzieren.

4

Das Rückenfleisch entlang dem Rückgrat vom Knochen lösen und ebenso wie die Keule in 2 Zentimeter dicke Scheiben schneiden. Die Sauce extra servieren und dazu Bäckerinkartoffeln (Seite 112) oder neue Kartoffeln sowie Frühlingszwiebeln (Seite 109) reichen.

Gefüllte Schnitzelröllchen

Für 4 Personen
Raffiniert

150 g Pfifferlinge, 1/2 Zwiebel
1 EL Butter, Salz, Pfeffer aus der Mühle
1 EL gehackte Petersilie, 2 EL Weißbrotbrösel
2 Eigelb, 4 dünne Kalbsschnitzel à 150 g
8 hauchdünne Scheiben Schwarzwälder Schinken
40 g Butterschmalz oder Pflanzenöl
1/8 l Fleischbrühe (aus dem Glas)
100 ml Weißwein, 1 TL Mondamin
100 g süße Sahne

1

Die Pfifferlinge waschen, putzen und in kleine Stücke schneiden, die Zwiebel fein hacken. Die Butter in einer ofenfesten Pfanne erhitzen, Pilze und Zwiebelwürfel darin andünsten, salzen und pfeffern und in eine Schüssel geben. Petersilie, Brösel und Eigelbe daruntermischen.

2

Die Kalbsschnitzel von beiden Seiten mit Pfeffer und Salz würzen und mit je 2 Scheiben Schinken belegen. Die Pilzmasse darauf verteilen. Die Schnitzel zusammenrollen und mit einem Zahnstocher fixieren.

3

Den Backofen auf 200 Grad (Umluft 180 Grad, Gas Stufe 3 bis 4) vorheizen. Das Fett in der ofenfesten Pfanne erhitzen, das Fleisch rundum anbraten und 15 Minuten im Ofen fertiggaren.

4

Die Röllchen herausnehmen und die Pfanne auf den Herd stellen. Die Fleischbrühe und den Weißwein zum Bratfond gießen und aufkochen lassen. Das Mondamin mit wenig Wasser anrühren, die Sauce damit abbinden und mit der Sahne sowie Salz und Pfeffer abschmecken.

5

Die Schnitzelröllchen in je 3 bis 4 Scheiben schneiden und auf einer Platte oder auf Tellern anrichten. Die Sauce extra dazu reichen. Dazu passen Teigwaren und Gemüse, im Sommer besser ein bunter Salat und Brot.

Frühlingszwiebeln

Für 4 Personen
Ganz einfach, geht schnell

24 Stangen Lauchzwiebeln
60 g Butter, Zucker, Salz, Pfeffer
100 ml Fleischbrühe, 2 EL gehackte Petersilie

1

Die Wurzeln, die äußere Hautschicht und die dunkelgrünen Teile der Lauchzwiebeln entfernen. Größere Lauchzwiebeln der Länge nach halbieren und gründlich waschen. Den Backofen auf 200 Grad (Umluft 180 Grad, Gas Stufe 3 bis 4) vorheizen.

2

Ein Backblech mit der Butter einstreichen. Die Lauchzwiebeln auf das Blech legen, mit wenig Zucker, Salz und Pfeffer würzen und mit der Fleischbrühe übergießen. Das Blech mit Alufolie abdecken und etwa 10 Minuten in den Ofen schieben, bis die Flüssigkeit komplett einreduziert ist. Die Lauchzwiebeln auf einem großen Teller anrichten und mit der Petersilie bestreuen.

Grüne Bohnen

Für 4 Personen
Ganz einfach

1 kg grüne Stangenbohnen, 1 Zweig frisches Bohnenkraut
1 Zwiebel, 100 g Schwarzwälder Schinken, 30 g Butter
1/4 l Gemüsebrühe, Salz, Pfeffer, Knoblauchpulver

1

Die Bohnen putzen und waschen. Das Bohnenkraut waschen, abzupfen und hacken. Die Zwiebel schälen und fein schneiden. Den Schinken in feine Streifen schneiden.

2

Die Butter in einem Topf zerlassen, die Zwiebel darin anschwitzen. Bohnen, Bohnenkraut, Schinkenstreifen und die Gemüsebrühe hinzufügen und bei mittlerer Hitze in etwa 30 Minuten gar dünsten. Die Bohnen mit Salz, Pfeffer und etwas Knoblauchpulver würzen.

Kartoffelgratin

Für 4 Personen
Preiswert, braucht etwas Zeit

1 kg Kartoffeln, 1 Knoblauchzehe
Salz, Pfeffer aus der Mühle, 200 g geriebener Greyerzer Käse
2 Eier, 1/4 l Milch, 125 g süße Sahne, Muskat

1

Die Kartoffeln schälen, mit dem Gurkenhobel in dünne Scheiben schneiden und mit Küchenkrepp abtupfen. Die Knoblauchzehe schälen und halbieren.

2

Eine flache, feuerfeste Gratinform gut mit dem Knoblauch einreiben und mit einer Schicht Kartoffelscheiben fächerartig auslegen. Etwas Salz, Pfeffer und Käse darüberstreuen. Kartoffeln und Käse abwechselnd lagenweise einschichten, bis die Kartoffelscheiben aufgebraucht sind. Jede Lage leicht salzen und pfeffern. Die oberste Kartoffelschicht reichlich mit dem restlichen Käse bedecken.

3

Den Backofen auf 180 Grad (Umluft 160 Grad, Gas Stufe 2 bis 3) vorheizen. Eier, Milch und Sahne in einer Schüssel gut miteinander verquirlen, mit Salz, Pfeffer und Muskat würzen und über das Gratin gießen. Das Gratin 90 Minuten im Ofen backen. Die Form eventuell gegen Ende der Garzeit mit Alufolie abdecken, wenn die Oberfläche zu braun wird.

Der Badener liebt seine Kartoffeln – ob als Gschwellte oder Brägele, im Kartoffelsalat oder in Form von Schupfnudeln aus Kartoffelteig.

Bäckerinkartoffeln

Für 4 Personen
Raffiniert, preiswert

600 g festkochende Kartoffeln
1 große Zwiebel, 1 Knoblauchzehe
50 g Butter, Salz, Pfeffer, 500 ml Fleischbrühe
50 ml Weißwein, 1 Lorbeerblatt
1 kleines Petersiliensträußchen

1

Die Kartoffeln und die Zwiebel schälen und in 1/2 Zentimeter dicke Scheiben schneiden. Die Kartoffeln in ein Küchensieb geben und unter fließendem Wasser waschen. Die Knoblauchzehe abziehen und fein zerreiben.

2

Eine Auflaufform mit einem Teil der Butter ausstreichen und den Ofen auf 180 Grad (Umluft 160 Grad, Gas Stufe 2 bis 3) vorheizen. Die Kartoffel- und Zwiebelscheiben in einer Schüssel mischen, mit Salz, Pfeffer und dem geriebenen Knoblauch würzen und in die Backform geben. Die Fleischbrühe und den Weißwein angießen. Lorbeerblatt und Petersilie zwischen die Kartoffel-Zwiebel-Mischung stecken und die restliche Butter in Flöckchen obenauf setzen.

3

Die Bäckerinkartoffeln etwa 40 Minuten im Ofen backen, so daß die Flüssigkeit einreduziert ist, aber die Kartoffeln noch saftig sind. Lorbeerblatt und Petersiliensträußchen entfernen und die Bäckerinkartoffeln in der Form servieren.

RHABARBERKUCHEN

Für 10 bis 12 Stücke
Preiswert

Für den Kuchen:
1 kg Himbeerrhabarber
130 g Zucker, 80 g Butter, 1 Ei
1/2 geriebene unbehandelte Zitronenschale
Salz, 250 g Mehl, 1 TL Backpulver
50 ml Milch, Fett für die Springform
3 EL Paniermehl
Für den Guß:
200 g süße Sahne, 4 Eier, 80 g Zucker

1

Den Rhabarber waschen, schälen und in etwa 3 Zentimeter lange Stücke schneiden. Die Stücke in ein Sieb geben und mit kochendem Wasser überbrühen. Den Rhabarber in eine Schale geben, mit 50 Gramm Zucker bestreuen und beiseite stellen.

2

Den Backofen auf 175 Grad (Umluft 160 Grad, Gas Stufe 2 bis 3) vorheizen. Die Butter in einer Schüssel mit dem Handmixer schaumig rühren, nach und nach den restlichen Zucker und das Ei unterrühren, die Zitronenschale und eine Prise Salz zugeben. Das Mehl in eine Schale sieben, mit dem Backpulver mischen und abwechselnd mit der Milch in kleinen Mengen unter den Teig rühren.

3

Für den Guß Sahne, Eier und Zucker gut miteinander verrühren. Eine Springform von 28 Zentimeter Durchmesser fetten, den Rührteig hineinfüllen und mit dem Paniermehl bestreuen. Den gezuckerten Rhabarber gleichmäßig dicht auf den Teigboden legen. Den Guß über die Fruchtstücke gießen und den Kuchen 75 Minuten auf der zweiten Schiebeleiste von unten backen.

Ostertorte

Für 12 Stücke

Braucht etwas Zeit, läßt sich vorbereiten

Für den Biskuit:
5 Eier, Salz, 175 g Zucker, 75 g Mehl, 50 g Speisestärke
100 g geriebene Haselnüsse, 1 1/2 TL Backpulver, Fett für die Springform
Für die Füllung:
1/2 l Milch, 4 Eigelb, 120 g Zucker, 40 g Speisestärke, Salz, 1 Vanilleschote
250 g weiche Butter, 125 g Aprikosenmarmelade, 150 g Mandelblättchen
Als Dekoration:
12 farbige Gelee-Eier, 1 Marzipanhase

1

Die Eier trennen. Die Eiweiße steif schlagen, dabei eine Prise Salz zufügen. Die Eigelbe in einer Schüssel mit 4 Eßlöffel warmem Wasser und dem Zucker weißschaumig aufschlagen. Das Mehl in eine Schale sieben, mit der Speisestärke, den Haselnüssen und dem Backpulver mischen.

2

Den Backofen auf 175 Grad (Umluft 160 Grad, Gas Stufe 2 bis 3) vorheizen. Den Eischnee vorsichtig unter die Eigelbmasse heben, dann die Mehl-Nuß-Mischung unterziehen. Eine Springform von 28 Zentimeter Durchmesser einfetten und den Teig einfüllen. Den Biskuitboden auf der zweiten Schiebeleiste von unten 35 Minuten backen und auf einem Kuchengitter mindestens 4 Stunden, besser über Nacht auskühlen lassen.

3

Einen Achtelliter Milch in einem Schälchen mit den Eigelben, 40 Gramm Zucker, der Speisestärke und einer Prise Salz verquirlen. Die restliche Milch mit dem restlichen Zucker in einem Topf aufsetzen. Die Vanilleschote der Länge nach aufschlitzen, das Mark herauskratzen und beides in den Topf geben. Wenn die Milch kocht, die Vanilleschote herausnehmen und die verquirlte Stärkemilch mit einem Schneebesen einrühren. Die Vanillecreme unter ständigem Rühren nochmals aufkochen lassen, dann in eine mit Wasser ausgespülte Schüssel gießen.

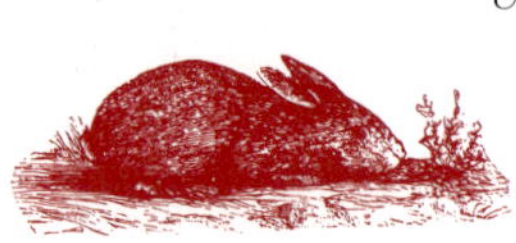

4

Die Vanillecreme erkalten lassen, dabei immer wieder umrühren, damit sich keine Haut bildet. Die weiche Butter schaumig rühren und die erkaltete Vanillecreme löffelweise unter die Butter rühren. Beide Zutaten müssen die gleiche Temperatur haben, damit die Buttercreme nicht gerinnt. Die Aprikosenmarmelade in einem kleinen Topf etwas erwärmen. Die Mandelblättchen in einer Pfanne ohne Fett leicht anrösten.

5

Den Biskuit zweimal waagerecht durchschneiden. Den untersten Boden auf eine Tortenplatte legen und mit der Aprikosenmarmelade und einem Drittel der Vanillecreme bestreichen. Den zweiten Boden darauflegen und leicht andrücken. Das zweite Drittel der Creme daraufstreichen, mit einem Drittel der Mandelblättchen bestreuen. Schließlich den dritten Boden darauflegen und andrücken.

6

Vom letzten Drittel der Vanillecreme für die Dekoration 3 bis 4 Eßlöffel abnehmen und beiseite stellen. Die Torte mit der restlichen Creme rundherum bestreichen. Den Rand der Torte mit den restlichen Mandelblättchen garnieren.

7

Mit einem Messer 12 gleich große Tortenstücke markieren. Die zurückbehaltene Vanillecreme in einen Spritzbeutel füllen und jedes Tortenstück mit einer Girlande, die in eine Rosette ausläuft, garnieren. Jede Rosette mit einem Gelee-Ei verzieren. Den Marzipanhasen in die Mitte der Torte setzen.

Sollte die Buttercreme gerinnen, geben Sie 1 Teelöffel Eiswasser an den Schüsselrand und schlagen Sie mit einem Holzlöffel etwas Buttercreme darunter. Wenn diese Menge glattgerührt ist, können Sie mehr von der übrigen Creme darunterschlagen.

VARIANTEN: Eine Schokoladenbuttercreme erhalten Sie, wenn Sie 2 Eßlöffel Kakaopulver unter die schaumige Butter rühren. Für eine Moccabuttercreme geben Sie bei der Zubereitung der Vanillecreme 2 Eßlöffel Instantkaffee in die kochende Milch. Für die Dekoration können auch selbstgefertigte Marzipanhasen und -eier verwendet werden. Verkneten Sie hierfür 200 Gramm Marzipanrohmasse mit 50 Gramm Puderzucker und eventuell 1 Tropfen Speisefarbe.

Erdbeer-Rhabarber-Grütze

Für 4 Personen
Geht schnell

250 g Rhabarber
120 g Erdbeeren, 60 g Zucker
1 Päckchen Vanillezucker
3 EL Weißwein, 10 g Speisestärke

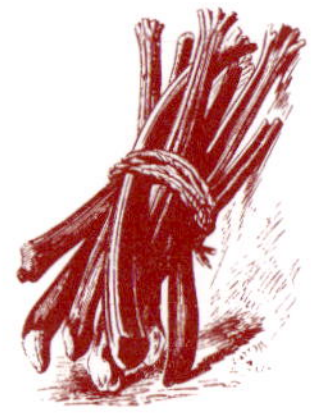

1

Die äußere Haut vom Rhabarber abziehen, die dickeren Stangen der Länge nach halbieren. Den Rhabarber waschen und in etwa 2 Zentimeter lange Stücke schneiden. Die Erdbeeren waschen, den Strunk herausziehen und die Früchte vierteln oder halbieren.

2

In einem möglichst breiten Topf den Rhabarber mit Zucker, Vanillezucker und Weißwein kurz dünsten, so daß er noch bißfest ist. Die Erdbeeren dazugeben und ebenfalls kurz mitdünsten. Die Stärke mit ein wenig Wasser anrühren, die aufkochende Grütze damit abbinden, mit einem Kochlöffel vorsichtig umrühren und noch 1 bis 2 Minuten köcheln lassen. Die Grütze ist fertig, wenn der Rhabarber im Kern gerade noch bißfest ist.

Rhabarberkompott

Für 4 Personen
Ganz einfach, preiswert

750 g Himbeerrhabarber
250 g Erdbeeren, 150 g Zucker

1

Den Rhabarber waschen, schälen und schräg in 3 bis 4 Zentimeter lange Stücke schneiden. Die Erdbeeren waschen und entstielen. Aus einem Achtelliter Wasser und dem Zucker unter Rühren eine Zuckerlösung kochen. Den Rhabarber hineingeben, 5 Minuten kochen, die Erdbeeren zufügen und das Kompott in nochmals etwa 5 Minuten fertig garen. Die Früchte sollen dabei nicht gänzlich zerfallen.

Attilas Grab

Unweit von Freiburg, in Niederrimsingen, einer kleinen Gemeinde am Tuniberg, gibt es ein Weingebiet mit dem Namen Attilafelsen. Attila, der große Hunnenkönig, starb hier – so erzählt es die Sage – im Jahre 453 nach der Hochzeitsfeier mit einer Burgundertochter, die ihn ermordet haben soll. Jedoch wußte niemand, wo man ihn begraben hatte. Da machte 1955 plötzlich die Nachricht die Runde, das Grab des Hunnenkönigs sei gefunden worden. Der Bürgermeister von Niederrimsingen behauptete, er hätte es unweit des Attilafelsens in seiner Gemeinde entdeckt.

Fieberhaft wurde nun von Schatzgräbern und Gelehrten gesucht und geforscht, da man im Grab des Hunnenkönigs einen Goldschatz vermutete – noch bis vor wenigen Jahren haben sich Wissenschaftler nach dem Attilagrab in Niederrimsingen erkundigt. Bei der ganzen Aufregung, die diese Meldung damals verursachte, hatte man allerdings nicht darauf geachtet, wann die »Entdeckung« publik gemacht worden war – am 1. April in einer geselligen Weinrunde des Bürgermeisters mit seinen Freunden.

Heute erinnert in Niederrimsingen am Tuniberg nur der Attilafelsen, der Wein und ein großer Steinkopf mit seinen Gesichtszügen an den Hunnenkönig.

Menü des Monats

Forellenrahmsuppe
Lammkeule mit Lauchzwiebeln und Bäckerinkartoffeln
Erdbeer-Rhabarber-Grütze

Grauer Burgunder Spätlese

Die Küche

Waldmeister und vor allem der Spargel prägen den Wonnemonat. In manchen Regionen Badens verkaufen die Bauern ihren Spargel direkt vom Hof. Zum günstigen Preis gibt es hier meist noch ein nettes Wort.

IM MAI

Jetzt hält der frische Spargel Einzug – in Begleitung von Schwarzwälder Schinken, Sauce und Kratzede. In guten badischen Lokalen muß man schon Tage vorher einen Tisch bestellen, um diese Spezialität genießen zu können.

Was es im Mai

Erdbeeren

Schon die alten Germanen kannten die kleine aromatische Walderdbeere, die seit jeher in den gemäßigten Breiten Europas wächst. Im Mittelalter galt die Erdbeere – die botanisch zu den Rosen zählt – als Speise der Seligen, zugleich aber auch als Sinnbild der Verlockung und weltlichen Lust. Unsere heutige große Gartenerdbeere entstand erst durch Kreuzung mit südamerikanischen Sorten. Gestartet wurde die steile Karriere der Gartenerdbeeren im Schwarzwald, genauer gesagt in Staufenberg im Murgtal: Hier wurden ab 1840 die großen Erdbeeren gewerbsmäßig angebaut und vertrieben.

Spargel

Vom Norden bei Schwetzingen bis zum Süden bei Müllheim im Markgräflerland wachsen in Baden die Spargel – oder besser gesagt »Spargeln«, wie sie hier heißen. Die Spargelsaison dauert insgesamt acht Wochen, aber den meisten Spargel gibt es im Mai. Wie ein weißes Meer leuchten jetzt die Marktstände mit den Steigen voller Spargeln. Am Sankt-Johannis-Tag, dem 24. Juni, ist allerdings Schluß. Dann dürfen sich die Pflanzen bis zur nächsten Saison erholen. Die Spargeln sind außerordentlich gesund: eiweiß-, mineralien- und vitaminreich, stoffwechselfördernd und auch kalorienarm – wenn es da nur nicht diese köstlichen Beilagen gäbe …

Waldmeister

Er gehört zum Mai wie der Maibaum und der Maitanz. Man kann den Waldmeister selber sammeln – in lichten Buchenwäldern, aber auch im Nadelwald findet man ihn leicht. Als Bodendecker unter Bäumen und Sträuchern wird der duftende Waldmeister sogar im Garten angebaut. Vornehmlich wird er als Bowlenzutat verwendet. Um sein Aroma zu intensivieren, sollte man ihn leicht anwelken lassen, bevor er in die Maibowle kommt.

ALLES GUTES GIBT...

ERBSEN

Im Mittelalter aß man von Erbsen ausschließlich die Samenkörner und selbst diese nur in getrockneter Form. Der Genuß der unreifen grünen Samen ist erst seit dem 17. Jahrhundert verbreitet. Heute gelten die ganz jungen Zuckererbsen oder Kaiserschoten als besonders fein. Nur sehr junge Erbsen kann man auch roh essen – wenn sie älter werden, schmecken sie mitunter leicht bitter und können nur noch als Kochgemüse verwendet werden.

MAIMORCHELN

Im Frühjahr brechen die ersten Morcheln durch den Waldboden. Aber auch im pilzreichen Schwarzwald sind sie mittlerweile selten geworden. Aus diesem Grund gibt es fast nur noch gezüchtete Morcheln zu kaufen. Morcheln lieben sandige und kalkreiche Böden. Deshalb kann es schon einmal passieren, daß es beim Essen leicht knirscht, wenn einige Sandkörner beim Putzen hartnäckig geblieben sind.

TYPISCH FÜR DEN MAI

Erdbeeren	*Erdbeereis*	*Seite 140*
Spargel	*Spargeltaschen*	*Seite 124*
Waldmeister	*Waldmeisterbowle*	*Seite 144*
Erbsen	*Frische Erbsle in weißer Buttersauce*	*Seite 133*
Maimorcheln	*Maimorcheln mit Hechtfarce gefüllt*	*Seite 130*

Badische Festtagssuppe

Für 4 Personen
Besonders typisch

Für die Grießklößle:
30 g Butter, 1 Ei, 60 g Grieß
Salz, Muskat
Für den Eierstich:
70 g Milch, 1 Ei, Salz, Muskat
Außerdem:
800 ml Fleischbrühe
8 Markklößchen (Seite 66)
100 g Flädle, 2 EL frische Schnittlauchröllchen

1

Für die Grießklößle die Butter in einer Schüssel schaumig rühren, das Ei hineinschlagen und beides zusammen sehr schaumig rühren. Den Grieß unterziehen und mit Salz und wenig Muskat würzen. Den Teig mit zwei Kaffeelöffeln zu Nocken formen und in kochendem Salzwasser garen, indem man die Löffel mit dem Klößchen ins Wasser hält, bis sich das Klößchen löst. Die Grießklößle etwa 3 Minuten leicht sieden lassen, mit einer Schöpfkelle herausnehmen und beiseite stellen.

2

Für den Eierstich die Milch mit dem Ei in einem Schälchen vermengen, mit Salz und Muskat würzen und durch ein Küchensieb gießen. Die Eiermilch in einen hitzefesten Plastikschlauch füllen und den Schlauch luftdicht mit einer Küchenschnur abbinden. Die Eiermilch etwa 30 Minuten in beinahe kochendem Wasser pochieren. Den Schlauch aufschneiden und den fertigen Eierstich in 2 bis 3 Zentimeter große Rauten schneiden.

3

Die Fleischbrühe in einem Topf zum Kochen bringen. Markklößchen, Grießklößle und Eierstich kurz in Salzwasser aufkochen, mit einer Schöpfkelle herausnehmen und mit den Flädle auf 4 Suppenteller verteilen. Die kochende Fleischbrühe darübergießen und die Suppe mit den Schnittlauchröllchen bestreut servieren.

SPARGELCREMESUPPE

Für 4 Personen
Ganz einfach, preiswert

10 g Sellerie, 20 g weißer Lauch, 40 g Butter, 40 g Mehl
1 l Spargelfond, 70 ml Weißwein, Salz, Zucker, 200 g süße Sahne
4 Stangen gekochter Spargel, 2 EL Schnittlauchröllchen

1

Sellerie und Lauch putzen, waschen und in kleine Würfelchen schneiden. Die Butter in einem Topf erhitzen und Sellerie und Lauch darin farblos andünsten. Das Mehl darüberstäuben, gut umrühren, den kalten Spargelfond zugeben und immer weiter rühren, damit das Mehl nicht am Topfboden ansetzt. Den Fond etwa 10 Minuten kochen lassen.

2

Den Weißwein zugeben, die Suppe mit Salz und Zucker abschmecken, aufkochen lassen und am Schluß die Sahne unterrühren. Die Spargelstangen in 1 Zentimeter lange Stücke schneiden und auf Suppenteller verteilen. Die Spargelcremesuppe darübergeben und mit dem Schnittlauch garnieren.

HOCHZEITSMENÜ

Eine traditionelle Speisenfolge bei einer Hochzeit am Bodensee sah folgendermaßen aus:

Rindfleischsuppe mit Nudeln oder Flädle oder Klößchen

Gekochtes Rindfleisch mit »Herdöpfelschnitz« (mit Zwiebeln abgeschmelzte Salzkartoffelscheiben), gekochtem Wirsing, Rahnensalat, Meerrettichbrei und eingemachten Preiselbeeren

Kalbs- oder Schweinebraten mit Gemüsen und Salaten

Gugelhupf oder Bisquit

SPARGELTASCHEN

Für 4 Personen
Braucht etwas Zeit

1 Paket Blätterteig (450 g)
18 dicke Spargelstangen, 10 g Butter
1/2 TL Zucker, 1 EL Salz
Mehl zum Ausrollen
6 Scheiben gekochter Schinken
1 Eigelb

1

Den Blätterteig rechtzeitig auftauen. Die Spargeln waschen und sorgfältig mit einem Sparschäler oder Spargelschäler vom Kopf zum Stangenende hin schälen, das Ende dabei etwas dicker abschälen und etwa 1 Zentimeter abschneiden. Die Spargelstangen quer halbieren.

2

Reichlich Wasser in einem Topf aufsetzen. Butter, Zucker und Salz ins kochende Wasser geben, den Spargel einlegen und 15 bis 20 Minuten sieden lassen. Die Spargeln herausnehmen und etwas abkühlen lassen.

3

Den Backofen auf 225 Grad (Umluft 200 Grad, Gas Stufe 4 bis 5) vorheizen. Die Blätterteigscheiben auf einer leicht bemehlten Fläche in 12 Quadrate von 10 Zentimeter Seitenlänge ausrollen. Die Schinkenscheiben halbieren und jeweils 3 Spargelstangen darin einwickeln. Die Schinkenrollen gerade auf die Teigquadrate legen, die Enden mit etwas Wasser bestreichen und zusammenlegen.

4

Die Spargeltaschen auf ein mit kaltem Wasser bespritztes oder mit Backpapier ausgelegtes Backblech legen, mit dem Eigelb bestreichen und in 20 bis 25 Minuten im Ofen goldbraun backen.
Dazu Cumberlandsauce servieren.

Gekochter Stangenspargel mit Sauce Hollandaise

Für 4 Personen
Geht schnell

2 kg frischer weißer Spargel
15 g Butter, 1 TL Zucker, 1-2 EL Salz
Für die Sauce:
220 g Butter, 6 Eigelb, 3 EL Weißwein
Salz, weißer Pfeffer

1

Den Spargel waschen und sorgfältig mit einem Sparschäler oder Spargelschäler vom Kopf zum Stangenende hin schälen, das Ende dabei etwas dicker abschälen und etwa 1 Zentimeter abschneiden. Reichlich Wasser in einem hohen Topf aufsetzen. Wenn es kocht, Butter, Zucker und Salz zufügen, die Spargeln hineingeben und 15 bis 20 Minuten sieden lassen.

2

Für die Sauce die Butter in einem Topf zerlassen und gleich vom Herd nehmen. Die Eigelbe, 1 Eßlöffel Wasser, den Weißwein sowie je eine Prise Salz und Pfeffer im Wasserbad mit den Quirlen des Handrührgerätes schaumig aufschlagen. Die Molke von der flüssigen Butter entfernen und die Butter tröpfchenweise unter ständigem Rühren unter den Eierschaum rühren, bis eine cremige Sauce entsteht. Die Sauce darf nicht aufkochen, da sie sonst gerinnt.

3

Die Spargeln vorsichtig aus dem Wasser nehmen, abtropfen lassen und auf einer Platte anrichten. Sofort mit der fertigen Sauce sowie mit Kratzede (Seite 127), rohem und gekochtem Schinken servieren.

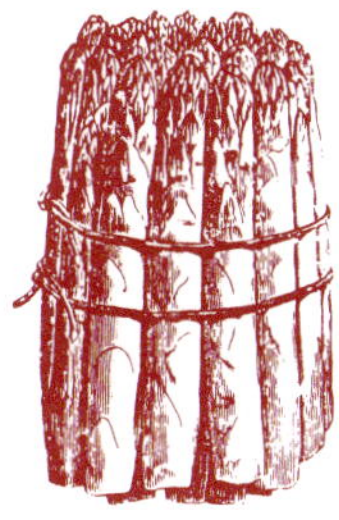

Opfinger Spargelsalat

Für 4 Personen
Raffiniert, läßt sich vorbereiten

Für die Marinade:
125 ml Walnußöl
60 ml frisch gepreßter Orangensaft
1 EL geriebene unbehandelte Orangenschale
1 EL Zucker, Salz, schwarzer Pfeffer, Dijonsenf
Für den Salat:
600 g gekochte Spargelstangen, 1 reife Avocado
2 EL gehackte Pistazien oder Walnußkerne
2 EL gehackter frischer Fenchel

1
Für die Marinade Öl, Orangensaft und -schale, Zucker sowie je eine Messerspitze Salz, Pfeffer und Senf in einer Schüssel gut miteinander verrühren. Den gekochten Spargel hineinlegen, abdecken und etwa einen halben Tag durchziehen lassen.

2
Die Avocado halbieren, den Kern herausdrehen, das Fleisch auslösen und in kleine Würfel schneiden. Die Spargelstangen auf Tellern anrichten. Die Avocadowürfel mit den Pistazien oder Walnüssen sowie dem Fenchel vermengen und über dem Spargel verteilen.

Kratzede

Die Kratzede haben sich mittlerweile überall in Baden zur klassischen Beilage zum Spargel entwickelt. Ursprünglich kommen sie jedoch aus der Spargelregion um den Tuniberg und Kaiserstuhl. Im nordbadischen Raum dagegen wurden zum Spargel eher Eierpfannkuchen oder Salzkartoffeln mit gebräunter Butter serviert. Kratzede sind mit der Gabel zerrissene, »zerkratzte« Pfannkuchen und waren eigentlich ein Armeleuteessen. Es gab sie oft zu den Hauptmahlzeiten – morgens und abends mit Kaffee, mittags dagegen mit Apfelmus, gekochtem Frisch- oder Dörrobst oder mit Salat. Mit diesen Beilagen wurden die Kratzede später auch zu einem typischen Freitagsgericht.

KRATZEDE

Für 4 Personen
Besonders typisch

6 Eier, 250 g Mehl
knapp 1 TL Zucker, Salz, 200 ml Milch
200 ml Mineralwasser mit Kohlensäure
Öl zum Ausbacken

1

Die Eier trennen. Das Mehl in eine Schale sieben. Eigelbe, Zucker und Salz in einer Schüssel mit den Quirlen des Handrührers verrühren, abwechselnd das Mehl und die Flüssigkeit (zunächst die Milch, dann das Mineralwasser) portionsweise unterrühren. Den Teig 10 Minuten stehen lassen. Die Eiweiße mit einer Prise Salz steif schlagen und unterheben.

2

In einer Pfanne etwas Öl erhitzen und soviel Teig hineingeben, daß der Boden der Pfanne 1 Zentimeter hoch bedeckt ist. Den Pfannkuchen von beiden Seiten goldbraun backen und mit zwei Gabeln in 2 bis 3 Zentimeter große Stücke zerreißen. Den gesamten Teig auf diese Weise ausbacken, die fertigen Kratzede jeweils warm stellen.

VARIANTE: Die Kratzede können Sie auch im Backofen zubereiten. Hierzu 300 g Mehl mit 300 ml Milch zu einem glatten Teig verrühren, mit Salz und Muskat würzen. Die Eier trennen, Eiweiße zu Schnee schlagen, Eigelbe unter den Teig rühren und den Eischnee darunterziehen. Butter in einer ofenfesten Pfanne erhitzen und den Kratzedeteig etwa 1 cm dick eingießen. Die Pfanne in den auf 180 Grad vorgeheizten Backofen stellen. Wenn der Teig gestockt ist, den Pfannkuchen umdrehen. Wenn er gut aufgegangen ist, die Pfanne herausnehmen, den Kuchen mit einer Gabel in Stücke zerreißen und diese mit etwas Butter goldgelb braten.

Markgräfler Spargelkuchen

Für 10 Stücke
Raffiniert, braucht etwas Zeit

Für den Mürbeteig:
250 g Weizenmehl, 1 Prise Salz, Pfeffer aus der Mühle
125 g kalte Butter, 1 Eigelb, Butter für die Form
Für den Belag:
100 ml Spargelfond, 200 g süße Sahne, 500 g gekochter Spargel
6 Eier, Salz, je 2 EL Kerbel und Petersilie frisch gehackt

1

Alle Zutaten für den Mürbeteig sowie 80 Milliliter Wasser in eine Schüssel geben, mit den Knethaken des Küchenmixers zu einem glatten Teig verkneten und etwa 30 Minuten kühl stellen. Den Spargelfond mit der Sahne in einem Töpfchen auf 200 Milliliter einreduzieren und ebenfalls kühl stellen.

2

Die Spargelköpfe 5 Zentimeter lang abschneiden und längs halbieren, die Spargelenden schräg in 1 Zentimeter dicke Scheiben schneiden. Die Eier zum Spargelfond geben, kräftig verquirlen, mit Salz abschmecken und die Kräuter dazugeben.

3

Den Backofen auf 170 Grad (Umluft 150 Grad, Gas Stufe 2) vorheizen. Eine Springform mit 28 Zentimeter Durchmesser gut ausfetten. Den Mürbeteig ausrollen und in die Form legen. Die Spargelscheiben und die halbierten Spargelköpfe darauf verteilen und mit der Eiersauce begießen. Den Kuchen etwa 40 Minuten im Ofen backen und noch warm servieren.

Fassadenspruch in Schwetzingen

»Laßt die Spargel munter schießen,
laßt die Buttersoße fließen,
taucht die Spargel flugs hinein,
doch laßt keinen holzig sein.«

König der Gemüse

Bereits vor 4000 Jahren soll der Spargel von den Ägyptern als Delikatesse gezüchtet worden sein. In einem Pharaonengrab bei Theben aus dieser Zeit glaubt man, einige Abbildungen als Spargel identifizieren zu können. Die alten Griechen schrieben dem Spargel aphrodisierende Wirkung zu, und Hippokrates erwähnte ihn um 400 v. Chr. als Heilpflanze. Von den Römern, die den Spargel über die Alpen gebracht haben sollen, kennt man aus der Zeit um Christi Geburt ein erstes Spargelrezept von Apicius. Von Kaiser Augustus ist der Spruch überliefert: »Tue es schneller, als der Spargel gekocht ist!«, und Diocletian hat 304 n. Chr. das erste Spargeldekret erlassen.

Das deutsche Wort Spargel, das sich vom griechischen »asparagios« ableitet, ist zuerst 1516 in Augsburg nachgewiesen. In Deutschland ist der Spargelanbau erstmalig 1585 urkundlich erwähnt. Im nordbadischen Schwetzingen wurde ab 1658 Spargel angebaut – im Garten des Schwetzinger Schlosses. Seit 1850 nennt sich das kleine Städtchen »Spargelweltstadt mit Herz«. Hier beginnt auch die Badische Spargelstraße, die bis nach Bruchsal führt, wo jedes Jahr Europas größter Spargelmarkt stattfindet.

Der Spargel blickt somit wie ein echter König auf eine lange Geschichte und Tradition zurück.

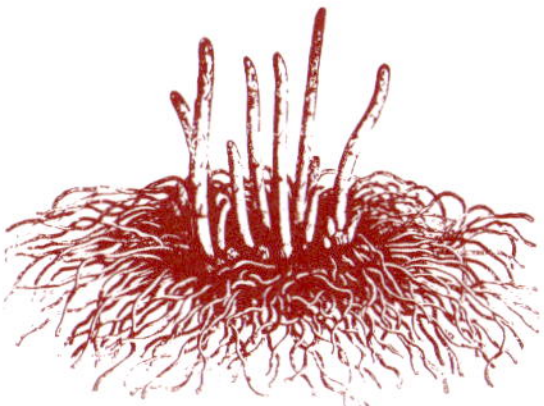

Spargel schmeckt am besten, wenn er frisch ist. Er sollte noch am gleichen Tag gegessen werden, an dem er morgens gestochen wurde. Frischen Spargel erkennt man an seiner glänzenden Schale, an einer hellen Schnittstelle und daran, daß die Stangen knackig und saftig sind – allerdings brechen sie auch leicht. Wenn Sie Spargel nicht sofort essen wollen, wickeln Sie die Stangen ungeschält in ein leicht feuchtes Küchenhandtuch und legen sie ins Gemüsefach in den Kühlschrank. So hält sich Spargel bis zu vier Tagen. Wer die Spargelsaison zuhause um einige Monate verlängern möchte, kann das »weiße Gold« auch einfrieren. Jedoch verliert der Spargel dabei einen Teil seiner Nährstoffe und hält auch im Tiefkühlfach nur maximal vier bis sechs Monate. Zum Einfrieren werden die Stangen geschält, an den Enden abgeschnitten, gewaschen und trockengetupft. Dann gibt man den Spargel am besten in längliche Gefrierdosen, bedeckt ihn mit Wasser, verschließt die Dosen und stellt sie ins Gefrierfach. Wenn Sie den Tiefkühlspargel zubereiten wollen, geben Sie ihn einfach unaufgetaut in den Sud.

Maimorcheln mit Hechtfarce gefüllt

Für 4 Personen
Raffiniert, geht schnell

24-28 schöne große Morcheln
400 g Hechtfarce (Seite 69), 50 g Schalotten
30 g Butter, 2 cl Cognac
200 g Fischfond (Seite 96 oder aus dem Glas)
100 g süße Sahne, 2 Eigelb
Salz, Pfeffer

1

Die Morcheln unter fließendem Wasser außen und innen gründlich reinigen. Die Hechtfarce in einen Spritzbeutel geben und die Morcheln damit füllen. Die Schalotten fein schneiden.

2

Die Butter in einem großen Topf erhitzen, die Schalotten farblos andünsten und die gefüllten Morcheln 4 Minuten mitdünsten. Den Cognac über den Morcheln verteilen und sofort anzünden. Wenn die Flamme erloschen ist, den Fischfond zugießen und etwa 5 Minuten leicht köcheln lassen. Die Morcheln herausnehmen und warm stellen.

3

Den Garfond um ein Drittel einreduzieren lassen. Die Sahne mit den Eigelben in einem Schälchen verrühren und damit den Garfond abbinden, der jetzt nicht mehr kochen darf. Die Sauce mit Salz und Pfeffer abschmecken, die gefüllten Morcheln hineingeben und mit Reis oder Nudeln servieren.

Zu einem feinen Spargelmenü gehört ohne Frage auch ein edler Weißwein. Oft wird ein Silvaner als besonders gute Begleitung zum Spargel empfohlen.

ZANDER IN RIESLING GEDÜNSTET

Für 4 Personen
Geht schnell

800-900 g Zanderfilets
Saft von 1/2 Zitrone, Salz, 50 g Butter, 1/2 Zwiebel
100 g kleine Gemüsewürfel (Lauch, Gelberübe, Sellerie)
1/4 l Riesling, 150 g süße Sahne, 2 Eigelb

1

Die Zanderfilets mit dem Zitronensaft beträufeln und salzen. Die Butter in einer Pfanne mit hohem Rand erhitzen. Die Zwiebel fein hacken und zusammen mit den Gemüsewürfeln in der Pfanne farblos andünsten. Die Zanderfilets dazugeben und den Riesling angießen. Den Fisch mit einem Deckel oder Alufolie abgedeckt 4 bis 5 Minuten leicht dünsten, aber nicht kochen, da er sonst trocken wird.

2

Die Filets aus der Pfanne nehmen und auf einer Platte anrichten. Die Sahne mit den Eigelben in einem Schälchen verrühren und damit den Garfond abbinden. Die Sauce unter ständigem Rühren erhitzen, aber nicht mehr kochen, und mit dem Gemüse über die Zanderfilets geben.

Dazu passen hausgemachte Nudeln (Seite 326) oder Reis oder Pellkartoffeln.

Frische Erbsle in weisser Buttersauce

Für 4 Personen
Raffiniert, ganz einfach

2 kg frische Erbsen
(mit der Schote)
30 g Butter, Zucker
Salz, 1 EL Mehl
2 EL süße Sahne
weißer Pfeffer
1/2 Bund Petersilie

1

Die Erbsen aus den Schoten lösen und waschen. Die Butter in einem großen Topf zerlassen, die Erbsen zusammen mit 100 Milliliter Wasser, einer Prise Zucker und etwas Salz hineingeben und in 15 Minuten gar dünsten.

2

Das Mehl in einem Schälchen mit 2 Eßlöffel Wasser glattrühren, zu den garen Erbsen geben und diese nochmals aufkochen lassen. Die Sahne unterrühren und die Erbsen mit Salz und Pfeffer abschmecken. Zum Schluß die Petersilie fein wiegen und darüberstreuen.

Kalbssteaks in Weissburgundersauce

Für 4 Personen
Geht schnell

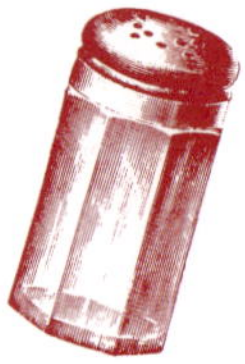

4 Kalbssteaks
gewürzter Pfeffer
edelsüßer Paprika, Knoblauchpulver
2 EL Butterschmalz, Salz
100 ml Weißburgunder
30 g Butter

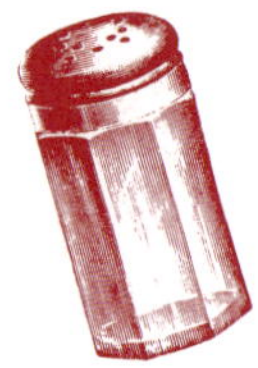

1

Die Kalbssteaks mit Küchenkrepp trockentupfen, mit Pfeffer, Paprika- und Knoblauchpulver würzen. Das Butterschmalz in einer Pfanne schmelzen. Die Steaks bei guter Hitze 4 bis 5 Minuten braten, bis der Fleischsaft durchtritt, wenden und auf der anderen Seite bei etwas geringerer Hitze in weiteren 4 bis 5 Minuten fertigbraten. Das Fleisch soll innen saftig bleiben und auf leichten Druck noch elastisch reagieren.

2

Die Steaks aus der Pfanne nehmen, salzen und zum Warmhalten in Alufolie einschlagen. Den Bratensatz mit dem Weißwein und 30 Milliliter Wasser ablöschen und etwas einkochen lassen. Den aus den Steaks austretenden Fleischsaft zugeben. Die Butter stückchenweise einrühren, die Sauce nicht mehr aufkochen lassen und mit Salz und Pfeffer abschmecken.

Dazu schmecken frische Erbsle in weißer Buttersauce (Seite 133) und feine Bandnudeln.

Lammschulter mit Honig-Ingwer-Sauce

Für 4 Personen
Raffiniert, läßt sich vorbereiten

1 kg ausgebeinte Lammschulter
300 g Zwiebeln
50 g frischer Paprika
3 Knoblauchzehen
2 Msp. Ingwerpulver
120 g Honig
Saft von 1/2 Zitrone
Speisestärke, Salz, Pfeffer
100 g weiche Butter

1

Die Lammschulter von Sehnen und Fett befreien. Die dicken Stellen der Lammschulter flach einschneiden und aufklappen, so daß eine möglichst große ebene Fläche entsteht. Die Zwiebeln abziehen und fein hacken. Den Paprika waschen und in Würfel schneiden. Die Knoblauchzehen abziehen und zerreiben.

2

Zwiebeln, Paprika, Knoblauch, Ingwer, Honig, Zitronensaft und 20 Gramm Speisestärke in eine Schüssel geben, mit Salz und Pfeffer würzen, miteinander verrühren und die Butter darunterarbeiten. Die Füllung gleichmäßig auf der Lammschulter verteilen, diese einrollen und mindestens einen halben Tag durchziehen lassen.

3

Den Backofen auf 200 Grad (Umluft 180 Gard, Gas Stufe 3 bis 4) vorheizen. Die gerollte Lammschulter mit Salz und Pfeffer würzen und in Alufolie wickeln. Den Braten in einer feuerfesten Form 1 Stunde in den Ofen schieben, nach der halben Garzeit auf 180 Grad (Umluft 160 Grad, Gas Stufe 2 bis 3) zurückschalten.

4

Die Lammschulter aus dem Ofen nehmen und die Alufolie entfernen. Den Bratensaft mit 1 Tasse Wasser aufkochen und mit etwas angerührter Speisestärke abbinden. Das Fleisch in Scheiben schneiden und auf einer Platte anrichten, die Sauce extra servieren. Dazu passen Bäckerinkartoffeln (Seite 112) oder Kartoffelgratin (Seite 110).

Ragout vom Rehbock

Für 4 Personen
Braucht etwas Zeit, läßt sich vorbereiten

1 kg Ragoutfleisch
(ausgebeinte Schulter) vom Rehbock
Für die Beize:
100 g Gelberüben (Möhren), 50 g Sellerie, 200 g Zwiebeln
1 Knoblauchzehe, 10 Pfefferkörner, 2 Lorbeerblätter
8 Wacholderbeeren, 2 Nelken, 1 Thymianzweig, 1 l Rotwein
Zum Braten:
50 g Butterschmalz, 2 EL Tomatenmark, 40 g Mehl
Salz, Pfeffer aus der Mühle, Zucker

1

Das Fleisch von Haut und Sehnen befreien und in 3 Zentimeter große Würfel schneiden. Gemüse und Zwiebeln schälen und in walnußgroße Würfel schneiden. Den Knoblauch reiben. Die Gemüsewürfel, alle Gewürze, das Ragoutfleisch und den Rotwein in eine große Schüssel geben, abdecken und über Nacht stehen lassen. Am nächsten Tag alles in ein Sieb gießen und die Marinade auffangen. Die Fleischwürfel mit einer Gabel herausnehmen.

2

Die Fleischwürfel in einem großen Topf mit dem Butterschmalz scharf anbraten, das Gemüse und die Gewürze aus dem Sieb beigeben und eine Viertelstunde bei schwacher Hitze mitrösten. Nach 5 Minuten das Tomatenmark hinzugeben, mehrmals etwas Marinade zugießen und wieder einreduzieren. Das Ragout mit dem Mehl bestäuben, 1 1/2 Liter Wasser aufgießen und etwa 1 Stunde köcheln lassen. Mit einer Nadel prüfen, ob das Fleisch weich ist.

3

Die Fleischwürfel mit einem Schaumlöffel und einer Gabel aus der Sauce heraussortieren. Die Sauce mit Salz, Pfeffer und einer Prise Zucker abschmecken, durch ein Sieb passieren und das Fleisch wieder zugeben. Das Ragout kurz aufkochen und mit Spätzle (Seite 269) und Wildpreiselbeeren (Seite 244) servieren.

VARIANTE: Frische Pilze (Champignons, Pfifferlinge, Steinpilze, Austerseitlinge) putzen, waschen, in Scheiben schneiden, in Butter anbraten, mit Salz und Pfeffer würzen und über das Rehragout geben.

Grossmutters Gelberübensalat

Für 6 bis 8 Personen
Preiswert

1 kg Gelberüben (Möhren)
1/2 Bund glatte Petersilie
1/2 Bund Schnittlauch
6 Blättchen Basilikum, 1/2 Zwiebel
4 EL Obstessig, 3 EL Sonnenblumenöl
1 Prise Zucker, 1/2 TL Salz
frisch gemahlener Pfeffer

1

Die Gelberüben waschen, in kochendem Salzwasser 15 Minuten oder im Dampfdrucktopf 5 Minuten garen. Nach dem Garen die Schale abziehen und die Gelberüben in dünne Scheiben schneiden.

2

Die Kräuter leicht abwaschen, mit Küchenkrepp trockentupfen und die groben Stiele entfernen. Die Kräuter und die halbe Zwiebel sehr fein hacken und vermischen. Essig und Öl in einem Schälchen gut miteinander verschlagen, Zucker, Salz, Pfeffer und die Kräuter-Zwiebel-Mischung unterrühren. Die Gelberüben in einer Salatschüssel mit der Kräutersauce vermengen, den Salat eine halbe Stunde durchziehen lassen.

Als Gewürzkraut sollten Sie vorzugsweise glatte Petersilie verwenden. Sie ist wesentlich intensiver und aromatischer im Geschmack als die krause Petersilie, die dafür beim Garnieren schöner aussieht.

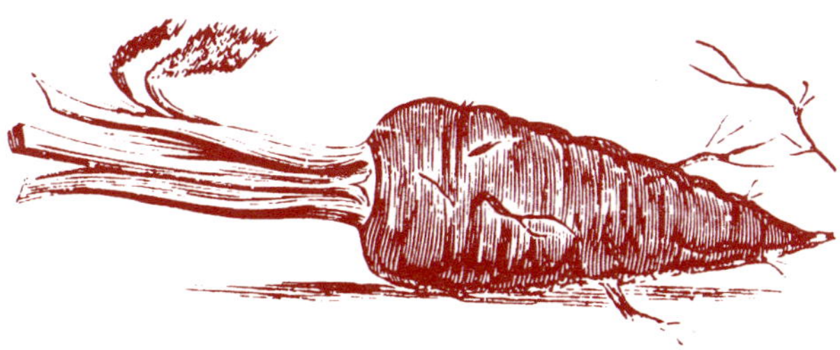

BROTKNÖPFLE

Für 4 Personen
Besonders typisch

200 g Mehl
4 Eier, 200 g Toastbrot
1/2 Zwiebel, 50 g Petersilie
Butter zum Braten
Salz, Muskat
50 ml Milch

1

Das Mehl und die Eier in eine Schüssel geben und mit einem Kochlöffel solange schlagen, bis der Teig Blasen wirft. Die Rinde vom Toastbrot abschneiden, das weiße Brot in 1/2 Zentimeter große Würfel schneiden und beides separat beiseite stellen. Die halbe Zwiebel in feine Würfel schneiden, die Petersilie grob hacken.

2

Etwas Butter in einer Pfanne erhitzen, Zwiebeln und Petersilie darin anbraten. Die Toastbrotrinde dazugeben und alles zusammen durch die feine Scheibe des Fleischwolfs drehen. Das Püree unter den Teig rühren und mit Salz und Muskat abschmecken. Die Milch in einem Töpfchen zum Kochen bringen. Die Weißbrotwürfel mit der Milch übergießen und vorsichtig mit einem Kochlöffel unter den Teig arbeiten.

3

Reichlich Salzwasser in einem großen Topf zum Kochen bringen. Den Teig teelöffelweise abstechen und die Brotknöpfle 3 bis 4 Minuten im Salzwasser kochen lassen. Genügend Butter in einer großen Pfanne schmelzen. Die fertigen Knöpfle mit einem Schaumlöffel aus dem Wasser nehmen, abtropfen lassen und in der Butter goldgelb braten.

Spätzle und Knöpfle

Die einen meinen, Spätzle hätten mit Knöpfle nichts zu tun – Spätzle seien eine schwäbische, Knöpfle eine badische Spezialität. Andere wiederum erklären, beide Bezeichnungen stünden für dasselbe Teiggericht, das in Schwaben Spätzle heiße, in Freiburg, im Schwarzwald und am Bodensee dagegen Knöpfle. Auf jeden Fall sind beide Gerichte alemannische Spezialitäten – und zum alemannischen Raum gehören Badener wie Schwaben.

Es besteht jedoch tatsächlich ein Unterschied: Spätzle auf traditionelle Weise zuzubereiten erfordert Geschick und viel Übung. Ein spezielles Spätzlebrett, das vorne an der Kante abgeschrägt ist, wird angefeuchtet. Darauf trägt man eine kleine Menge Spätzleteig dünn auf und schabt mit einem Messer die Spätzle in langen dünnen Fäden von der Kante in kochendes Wasser.

Knöpfle dagegen sind fester und rundlich. Vielleicht liegt hierin auch der Grund für alle Mißverständnisse: Mit ihrer kugeligen Form erinnern die Knöpfle viel eher an kleine freche Spatzen als die Spätzle. Allerdings läßt sich nicht beweisen, daß die kleinen Vögel die Namensgeber für das schwäbische Nationalgericht waren.

Den Knöpfleteig formte man früher zu Knödeln, kochte diese und zerteilte sie dann mit dem Wiegemesser in kleine Kügelchen. Inzwischen gibt es einen Knöpflehobel, mit dem man einfach den Knöpfleteig direkt ins kochende Wasser hobelt.

Ebenso wie die Spätzle sind Knöpfle eine hervorragende Beilage zu vielen Fleisch- und Wildgerichten. Am Bodensee spricht man dann von »näckigen« Knöpfle. Sie geben jedoch ohne weiteres eine Hauptmahlzeit ab. Früher wurden sie vielfach abgeschmälzt mit Salaten, insbesondere Kartoffelsalat, gegessen. Beliebt waren sie auch gebraten oder als Käsespätzle beziehungsweise -knöpfle. Außerdem gab man sie als Einlage in Rindfleischsuppen oder servierte sie mit süßen Kompotten.

Die alte Hosannaglocke im Freiburger Münsterturm – die hundert Zentner schwere »Susanna« – muß sich bis zum heutigen Tag den Spitznamen »Knöpflesglocke« gefallen lassen. Da sie jeden Freitag um elf Uhr vormittags geläutet wurde, hieß es, sie solle die Freiburger Köchinnen und Hausfrauen daran erinnern, daß es nun Zeit wäre, die Knöpfle für das fleischlose Freitagsessen vorzubereiten.

ERDBEEREIS

Für 8 bis 10 Personen
Ganz einfach, läßt sich vorbereiten

500 g Erdbeeren
200 g Zucker, 250 g süße Sahne
Für die Dekoration:
etwa 10 große Erdbeeren
Schokoladenspäne

1

Die Erdbeeren waschen, entstielen, in kleine Stücke schneiden und in eine Schüssel geben. Die Früchte mit einer Gabel zerdrücken und den Zucker zugeben.

2

Die Fruchtmasse mit den Quirlen des Handrührgerätes solange schaumig schlagen, bis der Zucker aufgelöst ist und die Masse glänzt. Die Sahne steif schlagen und unter das Fruchtpüree ziehen. Die Erdbeersahne in eine kleine Kastenform füllen und mindestens 6 Stunden in die Gefriertruhe stellen.

3

Die Form 10 Minuten vor dem Servieren herausnehmen. Die Dekorationserdbeeren waschen und mitsamt Kelchblättern in Scheiben schneiden. Die Form einen Augenblick in heißes Wasser tauchen und den Inhalt auf ein Schneidebrett stürzen. Das Eis in 1 Zentimeter dicke Scheiben schneiden, auf Dessertteller legen und mit den Erdbeerscheiben und Schokoladenspänen garnieren.

VARIANTE: Die in Scheiben geschnittenen Dekorationserdbeeren in 10 kleine Puddingförmchen legen, die Erdbeersahne einfüllen, mit Alufolie abdecken und gefrieren. Die übrige Masse in Frischhaltedosen füllen.

Buchholzer Erdbeeren in Rotwein

Für 6 bis 8 Personen
Raffiniert, läßt sich vorbereiten

800 g Erdbeeren
200 ml Rotwein
1 Zimtstange
80 g Zucker
2 cl Cognac
150 g süße Sahne

1

Die Erdbeeren waschen, vom Strunk befreien, je nach Größe halbieren oder vierteln und in eine Schüssel geben. Die Zimtstange hinzufügen und den Rotwein darübergießen. Die Erdbeeren etwa einen Tag lang abgedeckt im Kühlschrank ziehen lassen.

2

Den Rotwein von den Erdbeeren abgießen und beiseite stellen. In einem Topf den Zucker erhitzen und hellbraun karamelisieren. Den Cognac zugeben und sofort entzünden, anschließend den Rotwein aufgießen und damit den Karamel loskochen, bis sich dieser aufgelöst hat. Die Erdbeeren dazugeben und kurz mitkochen lassen. Die Sauce sollte etwas dickflüssig werden.

3

Die Sahne steif schlagen. Die Erdbeeren mit der Rotweinsauce noch warm auf 4 Suppenteller verteilen und je einen großen Klecks Schlagsahne obenauf setzen.

Erdbeermarmelade

Für 5 bis 8 Gläser
Geht schnell, läßt sich vorbereiten

1 kg Erdbeeren
900 g Gelierzucker
1 EL Zitronensaft

1

Die Erdbeeren waschen, abzupfen, halbieren, in eine Schüssel geben und mit dem Schneidstab des Handrührgerätes pürieren. Gelierzucker und Zitronensaft daruntermischen und alles 2 Stunden durchziehen lassen.

2

5 bis 8 saubere Marmeladengläser mit kochendheißem Wasser füllen. Die Deckel heiß abwaschen und abtrocknen. Die Fruchtmasse in einem Topf zum Kochen bringen und genau 4 Minuten unter ständigem Rühren sprudelnd kochen lassen. Den sich eventuell bildenden Fruchtschaum abschöpfen.

3

Das heiße Wasser aus den Gläsern gießen und diese sofort mit der heißen Marmelade randvoll füllen. Die Deckel fest zudrehen, die Gläser umdrehen und einige Minuten auf dem Kopf stehen lassen, um den Inhalt luftdicht abzuschließen.

Jetzt gibt es Erdbeeren auf dem Markt
– ihr Anblick verführt viele dazu,
statt des Mittagessens ein Schälchen
der beliebten Früchte zu genießen.

WALDMEISTERBOWLE

Für 4 bis 6 Personen
Ganz einfach

2 Bund frisch gepflückter Waldmeister vor der Blüte
1 l kalter Müller-Thurgau, 50 g Zucker, 1 Flasche kalter Winzersekt

1

Die Waldmeisterbüschel leicht anwelken lassen, waschen, abtropfen und an einen langen Faden binden. Den Wein mit dem Zucker in ein Bowlengefäß geben. Die Waldmeisterbündel kopfüber nur so weit in den Wein hängen, daß die Stiele noch herausschauen, weil die Bowle sonst bitter wird. Den Waldmeister nach 2 Stunden entfernen, den Sekt aufgießen und die Bowle kalt servieren.

DIE STRAUSSEN

Im Frühjahr und im Herbst ist in Baden die Zeit der Straußwirtschaften. Mit Papierbändern geschmückte Reisigbesen weisen überall zu Landwirtschaftshöfen und Weinbauern, wo man in einer Scheune oder auch unter freiem Himmel auf einfachen Bänken das genießen kann, was der Hof produziert. Viele »Straußen« haben ihre eigenen Spezialitäten. Da gibt es einmal eine spezielle Winzerpastete, ein andermal eine frische Bratwurst aus eigener Schlachtung, Flammenkuchen, Zwiebelkuchen, Spargel ... Und dazu trinkt man selbstverständlich ein Viertele Wein, eine Schorle oder im Herbst den neuen Wein – den »neuen Süßen«. Ein sonniger Sonntag, den man zu einer Wanderung durch die Weinberge genutzt hat, kann nicht schöner ausklingen.

Diese Idylle ist jedoch genau reglementiert – die Gaststättenverordnung des Landes Baden-Württemberg enthält strenge Vorschriften für Straußwirtschaften. So dürfen die Straußen insgesamt nur maximal vier Monate im Jahr geöffnet haben und nur eigene Produkte verkaufen. Eine Straußwirtschaft darf nicht in eigens dafür angemieteten Räumen betrieben werden und nicht mehr als 40 Sitzplätze aufweisen.

Typisch deutsch, mag man da sagen – nichts, was wir nicht durch Paragraphen und Verbote kaputt machen können. Doch bieten diese Regelungen auf der anderen Seite einen sinnvollen Schutz für die eingesessenen Wirtsleute und Gastronomen. Die Straußwirtschaften sollen ihnen nämlich keine Konkurrenz machen, sondern dem Landwirt und Weinbauern die Möglichkeit bieten, zu bestimmten Zeiten seine Produkte frisch und direkt an den Mann zu bringen.

Dadurch lebt auch der badische Stadtmensch noch ein wenig im Lauf der Jahreszeiten und freut sich jedesmal wieder auf die neue Saison, wenn die Straußen wieder öffnen und frisch das anbieten, was in unserer Gegend wächst und gedeiht.

Menü des Monats

Spargelcremesuppe
Kalbssteaks mit frischen Erbsle in weißer Buttersauce
Buchholzer Erdbeeren in Rotwein

Kerner QbA halbtrocken

Die Küche

Die Sträucher und Bäume sind jetzt übervoll mit Johannisbeeren, Himbeeren und Kirschen. Und wer selber keinen Garten hat, bekommt Früchte vom Nachbarn geschenkt, weil dieser den ganzen Reichtum oft gar nicht verwerten kann.

IM JUNI

Baden und der Schwarzwald blühen nun um die Wette. In den Städten im Rheintal fühlt man sich wie in Italien – Palmen und Oleander zieren die Straßen. Die Bergwiesen leuchten in allen Farben, und überall steht der Flieder in voller Pracht.

Was es im Juni

Süsskirschen

Wenn ein bestimmtes Obst typisch für den Schwarzwald ist, dann die Süßkirsche – schließlich wird aus ihr das berühmte Schwarzwälder Kirschwasser hergestellt. Die Süßkirschen kommen früher auf den Markt als die Sauerkirschen, ihre Saison dauert aber nur wenige Wochen. In dieser Zeit sollte man seinen Hunger nach frischen Kirschen stillen, denn die Sauerkirschen verwendet man doch lieber zum Einkochen.

Sauerkirschen

Die Sauerkirschen, die in Baden auch Weichselkirschen oder Ammele genannt werden, sind wesentlicher Bestandteil der legendären Schwarzwälder Kirschtorte. Die wohl bekannteste Sauerkirschsorte ist die Schattenmorelle, die nicht etwa im Schatten gedeiht, sondern ihren Namen vom Château Morel erhalten hat – einem französischen Schloß, wo sie angeblich gezüchtet wurde. Sauerkirschen sind in der Regel heller als Süßkirschen und eignen sich wegen ihres intensiven Geschmacks besser für Marmelade oder Konserven.

Johannisbeeren

Johannisbeeren sollen nach einem alten Aberglauben den Liebsten wieder zurückholen. Ob dies aber in jedem Fall gelingt, ist fraglich: Während die einen für frische Johannisbeeren alles liegen- und stehenlassen, mögen andere den leicht säuerlichen Geschmack weniger. Die Saison der Johannisbeeren beginnt ungefähr mit dem Sankt-Johannis-Tag am 24. Juni, dem sie auch ihren Namen verdanken. Am meisten verbreitet sind die roten Johannisbeeren, gefolgt von den schwarzen, die noch mehr Vitamin C enthalten, und den weißen.

Alles Gutes gibt...

Kohlräble

Sie sehen zwar aus wie kleine zarte Rüben – aber die Kohlräble zählen zu der großen Kohlfamilie, auch wenn sie in der Form etwas aus der Art geschlagen sind. Im Juni und Juli kommen die frischen Kohlräble auf den Markt. Früher hat man sie gern als Gemüse gekocht, dann einfach als Rohkost gehobelt. Heutzutage verfeinert man sie gern für Salate und Beilagen.

Juni

Schwarzwaldforelle

Neben Schäufele, Schinken und Kirschtorte zählt die Schwarzwaldforelle zu den bekanntesten Spezialitäten der Region. Es gibt sogar einen Verein eigens zum Schutz ihrer Herkunftsbezeichnung – den »Schwarzwaldforelle e.V.« mit Sitz in Freudenstadt. Die echte Schwarzwaldforelle ist eine Bachforellenart, die man an kleinen roten Punkten erkennen kann. Im Frühsommer wird sie zum Angeln in den Bächen des Schwarzwalds freigegeben. Meistens bekommt man jedoch Zuchtforellen vorgesetzt, denn viele Gasthöfe haben eigene Zuchtbassins für diese Spezialität.

Typisch für den Juni

Süßkirschen	*Kirschplotzer*	*Seite 162*
Sauerkirschen	*Schwarzwälder Kirschtorte*	*Seite 168*
Johannisbeeren	*Johannisbeertorte*	*Seite 172*
Kohlräble	*Kohlräblesalat*	*Seite 152*
Schwarzwaldforelle	*Forelle »Müllerin Art«*	*Seite 154*

Neue Gemüsesuppe

Für 4 Personen
Ganz einfach, braucht etwas Zeit

500 g Kohlrabi
250 g Gelberüben (Möhren)
1/2 Knolle Sellerie, 1 Petersilienwurzel
200 g Buschbohnen, 250 g frische Erbsen
1 kleine Zwiebel, 1 Knoblauchzehe
30 g Butter, 1 1/2 l Gemüsebrühe
Salz, 2 cl trockener Sherry
Schnittlauch, Petersilie
Liebstöckel nach Belieben

1
Kohlrabi, Gelberüben, Sellerie und Petersilienwurzel waschen, schälen und in Stifte schneiden. Die Buschbohnen putzen, waschen und halbieren. Die Erbsen aus den Schoten palen. Zwiebel und Knoblauch pellen und fein hacken.

2
In einem großen Topf die Butter zerlassen, Zwiebel und Knoblauch darin glasig dünsten. Das vorbereitete Gemüse zufügen und mit der Gemüsebrühe ablöschen. Die Suppe 25 Minuten bei mäßiger Hitze köcheln lassen, mit Salz abschmecken und den Sherry zufügen. Die Kräuter waschen, fein hacken und über die Suppe geben.

Kalte Gemüsesuppe

Für 4 Personen
Ganz einfach, preiswert

300 g Kartoffeln
150 g Staudensellerie, 100 g weißer Lauch
800 ml fettlose Fleischbrühe, Salz, Pfeffer, Muskat
100 g süße Sahne, 2 EL Schnittlauchröllchen

1

Die Kartoffeln schälen. Den Sellerie, die Kartoffeln und den Lauch gut waschen, in Würfel schneiden und in der Fleischbrühe weichkochen. Die Suppe mit einem Mixstab pürieren und durch ein Küchensieb drücken. Mit Salz, Pfeffer und Muskat abschmecken.

2

Die Suppe und 4 Suppenteller eine Viertelstunde in den Kühlschrank stellen. Vor dem Servieren den Rahm unter die Suppe rühren und den Schnittlauch darüberstreuen.

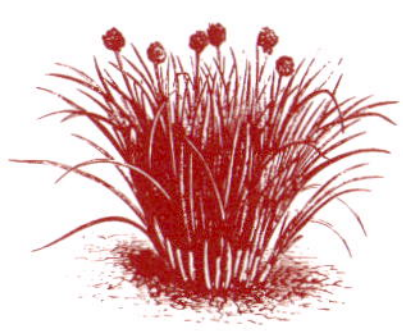

Das Bachheimer Nudlefescht

Am 29. Juni, dem Festtag Peter und Paul, wird in Bachheim, einem Ort auf halber Strecke zwischen Titisee und Donaueschingen, traditionell das »Nudlefescht« gefeiert. Dazu verhalf der kleinen Gemeinde einst eine gedankenlose Bauersfrau. Sie hatte den hohen kirchlichen Feiertag vergessen und Nudelteig angerührt, ihn zu »Nudelplätz« ausgewellt und diese wie Kochwäsche zum Trocknen auf die Wäscheleine gehängt. Als nun die kirchliche Festprozession vorbeizog, wunderten sich die Leute nicht wenig über den seltsamen Hausschmuck. Es war nämlich damals wie heute üblich, an Peter und Paul die Häuser festlich zu schmücken.

Aus diesem Mißgeschick entwickelte sich das Bachheimer »Nudlefescht«: Nach wie vor zieht die Prozession an jedem 29. Juni durch die Straßen des Örtchens. Danach wird bei Blasmusik und Bier überall im Ort eine kräftige Nudelsuppe aufgetragen, die – wie die Bachheimer Hausfrauen sagen – die beste der Welt ist.

Kohlräblesalat

Für 4 Personen
Preiswert, geht schnell

3 zarte junge Kohlrabiknollen
1 Apfel, 1 TL Zitronensaft, 125 g süße Sahne
2 EL Weißweinessig, Zucker, Salz, 1/2 Bund Schnittlauch
einige Blättchen Zitronenmelisse

1

Den Kohlrabi waschen und schälen, dabei den Strunk großzügig entfernen, und auf der Haushaltsreibe grob raffeln. Den Apfel schälen, vom Kernhaus befreien, ebenfalls grob raffeln und mit dem Zitronensaft beträufeln.

2

Für die Marinade Rahm, Essig, eine Prise Zucker, Salz und die kleingehackten Kräuter in einem Schälchen gut miteinander verquirlen. Die Marinade in einer Salatschüssel mit den Kohlrabi- und Apfelscheiben vermengen.

Mistkratzerle

Um Pfingsten herum gab es im Alemannischen früher eine Delikatesse, die man heute fast nur noch in der Schweiz auf der Speisekarte findet – die Mistkratzerle. So nennt man Hähnchen, die speziell gemästet und schon sehr jung geschlachtet werden. Ihr Name rührt daher, daß sie in ihrem kurzen Leben mit ihren Stummelflügeln und Ständern im Misthaufen des Bauernhofes nach Zusatznahrung für ihre Körnermast kratzen. Die Mistkratzerle werden wie größere Hähnchen einfach im Ofen oder in einer Kasserolle gebraten.

Bunter Spinatsalat

Für 4 Personen
Raffiniert, geht schnell

150 g Spinat
125 g Champignons
1 EL Zitronensaft, 1 kleine Zucchini
2 Tomaten, 2 EL Walnußessig
3 EL Olivenöl, Salz
frisch gemahlener Pfeffer

1

Den Spinat verlesen und entstielen, größere Blätter in Teile zupfen, sorgfältig waschen und trockenschwenken. Die Champignons putzen, kurz waschen, in dünne Scheiben schneiden und mit dem Zitronensaft beträufeln. Zucchini und Tomaten waschen und in kleine Würfel schneiden.

2

Für die Marinade Essig, Öl, Salz und Pfeffer in einem Schälchen gut miteinander verquirlen. Die Sauce mit den Salatzutaten vermischen und den Spinatsalat auf großen Tellern als Vorspeise anrichten.

Forelle gebacken nach »Müllerin Art«

Für 4 Personen
Besonders typisch

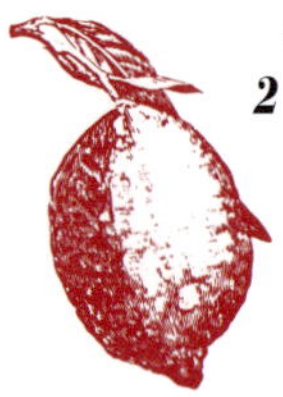

4 ausgenommene Forellen à 250 g
2 Zitronen, Salz, 50 g Butterschmalz
Mehl zum Wenden
Butter zum Braten
100 g Butter
4 EL gehackte Petersilie

1

Die Bauchhöhlen der Forellen unter fließendem Wasser gut säubern und die Fische mit Küchenkrepp vollständig trockentupfen. Die Forellen innen und außen mit dem Saft einer Zitrone beträufeln und salzen. Die andere Zitrone schälen und in Scheiben schneiden.

2

Das Butterschmalz in einer großen Pfanne zerlassen. Die Forellen in Mehl wenden und in der Pfanne auf jeder Seite etwa 5 Minuten braten. Zur Garprobe mit einem Messer dicht am Rückgrat einstechen. Das Butterschmalz abgießen und etwas frische Butter in die Pfanne geben. Die Forellen darin kurz nachbraten, wenden und auf einer vorgewärmten Platte oder auf Tellern anrichten.

3

Die Butter in einem kleinen Topf bei starker Hitze zerlassen und die gehackte Petersilie hineingeben. Die Butter muß so heiß sein, daß sie beim Zugeben der Petersilie aufschäumt. Die heiße Petersilienbutter über die Forellen geben und die Zitronenscheiben obenauf legen.

Dazu kann man sowohl Salz- als auch Pellkartoffeln essen.

Forelle Blau

Für 4 Personen
Ganz einfach, geht schnell

4 frisch geschlachtete Forellen
1 unbehandelte
oder geschälte Zitrone
1 Spickzwiebel
(1 halbe Zwiebel
mit 1 Lorbeerblatt
und 1 Nelke gespickt)
50 ml Essig, 3 EL Salz
10 Pfefferkörner
1 Thymianzweig
100 g Butter

1

Die Forellen ausnehmen und säubern wie auf Seite 98 beschrieben. Einen großen Topf mit 5 Liter Wasser aufsetzen, die halbierte Zitrone, die Spickzwiebel und die übrigen Gewürze hineingeben. Wenn der Garsud kocht, die Forellen hineingeben und in 10 Minuten auf kleiner Flamme gar ziehen lassen.

2

Die Forellen mit einem Schaumlöffel vorsichtig herausnehmen und auf eine vorgewärmte Platte oder auf Teller setzen. Die Butter in einem Töpfchen zerlassen und extra servieren. Dazu mit frischer Petersilie bestreute Dampfkartoffeln reichen.

Nicht erschrecken, wenn das Fleisch der Forellen beim Garen reißt – das ist nur ein Zeichen dafür, daß sie ganz frisch sind!

Geschnetzelte Nierle

Für 4 Personen
Geht schnell

700 g Schweinenieren
(beim Metzger vorbestellen)
150 g Butter, Salz, Pfeffer
1 kleine Zwiebel, 50 ml Essig
100 ml Weißwein
500 ml gebundene Bratensauce

1

Die dünnen Häutchen von den Schweinenieren abziehen. Die Nieren längs halbieren. Mit einem scharfen Messer die Gefäßeingänge und die Harnwege flach abtrennen, die man deutlich erkennen kann, da sie heller als das Fleisch sind. Die Nieren gut abwaschen, mit Küchenkrepp trockentupfen und quer in möglichst feine Scheiben schneiden.

2

Eine Pfanne stark erhitzen und 50 Gramm Butter zugeben. Sofort die Hälfte der Nierenscheiben in die Pfanne geben, scharf anbraten, mit Salz und Pfeffer würzen und in einem Topf warm stellen. Die restlichen Nieren ebenso schnell in frischer Butter anbraten und warm stellen.

3

Die Zwiebel abziehen, fein hacken und in einem Topf mit 50 Gramm Butter anbraten. Essig und Weißwein zugeben und fast vollständig einkochen lassen, dann die Bratensauce aufgießen und nochmals kräftig durchkochen. Die geschnetzelten Nieren mit der Sauce übergießen und servieren.

Die Nierle werden in zwei Portionen angebraten, da sonst die Pfanne zu viel Hitze verliert – dann beginnen die Nierle zu kochen und werden zäh.

Speckeier

Für 4 Personen
Geht schnell

40 g Butter
200 g kleingewürfelter Schwarzwälder Speck
oder Räucherschinken
8 Eier, Salz

1

Die Butter in einer großen Pfanne zerlassen, den Speck oder Schinken darin verteilen und glasig braten. Die frischen Eier vorsichtig aufschlagen und in die Pfanne gleiten lassen. Das Eiweiß mit etwas Salz würzen. Die Eier bei mittlerer Hitze braten, bis das Eiweiß fest ist. Mit einem Pfannenwender 4 gleich große Portionen mit je 2 Eidottern abtrennen und die Speckeier auf Tellern anrichten.
Dazu Bauernbrot reichen.

Ortenauer Bauerngemüse

Für 4 Personen
Preiswert, ganz einfach

500 g Kohlrabi
500 g Gelberüben (Möhren)
1 Schalotte, 50 g Butter, 100 g süße Sahne
Salz, Pfeffer aus der Mühle
1/2 Bund krause Petersilie

1

Den Kohlrabi waschen, schälen und in 1 Zentimeter dünne Scheiben schneiden. Die Gelberüben waschen, schälen und in Stifte schneiden. Die Schalotte abziehen und fein hacken.

2

Die Butter in einem Topf zerlassen, die Schalottenwürfel darin glasig dünsten. Das Gemüse sowie 50 Milliliter Wasser zugeben und etwa 15 Minuten dünsten, so daß es noch bißfest ist. Nach der Hälfte der Garzeit die Sahne zugießen und im offenen Topf einkochen lassen. Das gare Gemüse mit Salz und Pfeffer würzen. Die Petersilie waschen, hacken und darüberstreuen.

Rinderrouladen in Sauerkirschsauce

Für 4 Personen
Raffiniert, braucht etwas Zeit

100 g Speckscheiben
100 g Zwiebelringe, 30 g Butter
4 dünne Fleischscheiben aus der Rinderkugel geschnitten (beim Metzger vorbestellen)
Salz, Pfeffer, 2 EL mittelscharfer Senf
100 g Gewürzgurkenscheiben
50 g Karotten, 1 kleine Zwiebel
50 g Butterschmalz
1 EL Tomatenmark
100 ml Rotwein, 30 g Mehl
1/2 Glas Schattenmorellen (Kirschen und Saft, 360 ml)
1 l fertige Bratensauce
2 cl Kirschwasser

1

Den Speck in Streifen schneiden und zusammen mit den Zwiebelringen in einer Pfanne in der Butter glasig dünsten. Das Fleisch mit Salz und Pfeffer würzen und mit dem Senf einreiben. Die Speckzwiebeln und Gurkenscheiben in die Mitte der Fleischscheiben geben, diese auf beiden Seiten ein wenig einschlagen, zusammenrollen und mit Rouladennadeln fixieren.

2

Die Karotten gut waschen und den Strunk abschneiden, die Zwiebel schälen und beides in nußgroße Würfel schneiden. Die Rouladen auch von außen mit Salz und Pfeffer würzen. Das Butterschmalz in einem großen Topf zerlassen, die Rouladen darin rundum gut anbraten.

3

Zwiebeln und Karotten zum Mitrösten dazugeben, die Rouladen herausnehmen und beiseite stellen, um das Gemüse besser wenden zu können. Das Tomatenmark zufügen und das Gemüse nach und nach mit dem Rotwein ablöschen. Nach 10 Minuten das Mehl darüberstäuben, umrühren und den Kirschsaft und die Bratensauce zugießen. Die Rindsrouladen wieder hineingeben und etwa 40 Minuten köcheln lassen, verkochende Flüssigkeit immer wieder durch Wasser ersetzen.

4

Gegen Ende der Garzeit mit einer Fleischnadel prüfen, ob das Fleisch gar ist. Die fertigen Rouladen herausnehmen, auf einer Platte mit hohem Rand anrichten und warm stellen. Die Sauce bei stärkerer Hitze etwa 5 Minuten einreduzieren lassen und durch ein Küchensieb in einen zweiten Topf passieren.

5

Die Schattenmorellen dazugeben, nochmals aufkochen lassen, das Kirschwassser einrühren und die fertige Sauce über die Rouladen gießen. Dazu Kartoffelbrei oder Knöpfle (Seite 290) servieren.

Vom roten und schwarzen Kirschwasser

»Am meisten war ich auf das Glotterthäler Kirschwasser begierig. Es verdient aber auch in der Tat, daß man viel davon redet und daß es bis in die großen Franzosenstädte Lyon und Paris verführt wird. Es gibt Bauern, die 500 Mass im Vorrath haben. Die rothen Kirschlein sind fast lauter Stein und haben nicht viel mehr als rothe Haut darüber. Davon macht man das rothe Kirschwasser, wiewohl es weiß wie anderes ist. Die schwarze Kirsche ist fleischiger, größer und schmackhafter. Das Kirschwasser hiervon ist um einige Groschen theurer als das rothe und vortrefflich die Augen zu stärken.«

Aus dem »Lahrer hinkenden Boten« von 1823

Kirschwasserparfait mit Schattenmorellen

Für 8 Personen
Raffiniert, läßt sich vorbereiten

Für das Parfait:
500 g süße Sahne, 100 g weiße Kuvertüre
6 Eigelb, 3 Eier, 80 g Zucker
3 cl Kirschwasser
Für die Kirschsauce:
100 g Zucker, 200 ml Kirschsaft, 200 ml Rotwein
1 Vanilleschote, 1 Zimtstange, 15 g Speisestärke
600 g entsteinte Schattenmorellen

1

Die Sahne steif schlagen und kalt stellen. Die Kuvertüre mit einem Messer kleinschneiden und in einer Schüssel im Wasserbad schmelzen. Die Eigelbe und die ganzen Eier in einen Schlagkessel geben, mit dem Zucker verrühren und über einem Topf mit kochendem Wasser mit einem Schneebesen aufschlagen, bis eine sämige Masse entsteht. Den Schlagkessel vom Herd nehmen und die Masse weiterschlagen, bis sie erkaltet ist.

2

Die geschmolzene Kuvertüre unter die Eiermasse rühren, das Kirschwasser dazugeben und die geschlagene Sahne vorsichtig unterheben, damit möglichst wenig vom Volumen verloren geht. Das Parfait in Förmchen füllen und mindestens 8 Stunden einfrieren.

3

Den Zucker für die Kirschsauce in einem Topf hellbraun karamelisieren. Den Karamel mit Kirschsaft und Rotwein ablöschen und aufkochen lassen. Die Vanilleschote längs halbieren und das Mark auskratzen. Vanillemark, Vanilleschote und Zimtstange in den Topf geben. Die Speisestärke mit etwas Wasser anrühren und die Kirschsauce damit binden. Schließlich die Schattenmorellen dazugeben, kurz mitkochen lassen und die Vanille- und Zimtstange herausnehmen.

4

Die Förmchen mit dem Kirschwasserparfait vor dem Anrichten kurz in eine Schüssel mit warmem Wasser halten und auf einen Teller stürzen. Die Kirschsauce warm oder kalt extra servieren.

Medizin für Leib und Seele

Ein französisches Buch aus dem 19. Jahrhundert über den Schwarzwald trug den Titel »Le Pays du Kirschwasser« – das Kirschwasserland. Schon damals also gehörten Schwarzwald, Baden und Kirschwasser zusammen. Und daran hat sich bis heute nicht viel geändert. Dabei ist das »Chriesewässerle«, wie die Badener sagen, nur der bekannteste der vielfältigen Brände aus Baden und dem Schwarzwald. Alle möglichen Obstsorten werden zu hochprozentigen Wässerle verarbeitet. Eine besondere Spezialität ist der »Zibärtle«, ein Schnaps aus einer Wildpflaume. Auf vielen Höfen zwischen Karlsruhe und Lörrach liegen uralte Brennrechte, die heiß begehrt sind. Dabei war Schnaps in den Augen der alten Bauern nicht nur ein Genuß-, sondern auch ein Heilmittel. Sogar die Kühe haben mitunter bei Bauchgrimmen ihren Kirsch bekommen.

Neben den Obstwässern werden in Baden jedoch noch eine Reihe anderer Schnäpse gebrannt, die nicht zu verachten sind. Außerhalb Badens kaum bekannt ist der Topinamburschnaps, der hier auch Rossler genannt wird und in Nord- und Mittelbaden fast so populär ist wie in Norddeutschland der Korn. Sein Geschmack erinnert etwas an Enzianschnaps, und er ist für den Magen äußerst wohltuend. Topinambur ist eine Knollenpflanze, die im Volksmund auch Roßkartoffel heißt – davon hat sich der Name Rossler abgeleitet.

Ein Hausmittel gegen alle möglichen Wehwehchen war früher in Südbaden der Hefeschnaps. Er wird aus der Weinhefe gewonnen, die beim Abstich des Weines unten im Faß verbleibt. Früher war der »Hefe« derb und wirklich nur zu medizinischen Zwecken zu verwenden, mit der Zeit wurde er jedoch verfeinert und ist heute ein wohltuendes Verteilerle nach dem Essen.

Aus Weintrauben wird auch der Trester gewonnen. Bislang gilt badischer Tresterbrand nur als Geheimtip, doch braucht er sich qualitativ nicht mehr hinter einem guten französischen Marc oder italienischen Grappa zu verstecken.

Kirschplotzer

Für 4 Personen
Besonders typisch

1 kg schwarze Süßkirschen
3/8 l Milch
1 Paket Zwieback (225 Gramm)
4 Eier, 90 g Butter
50 g Zucker, 50 g geriebene Mandeln
1 Msp. Zimt
2 cl Kirschwasser
Fett für die Form
50 g Mandelblättchen

1

Die Kirschen waschen, entstielen und abtropfen lassen. Die Milch in einem Töpfchen erhitzen. Den Zwieback zerbröckeln, mit der heißen Milch übergießen und einweichen. Die Eier trennen, die Eiweiße steif schlagen.

2

60 Gramm Butter in einer Schüssel schaumig rühren, abwechselnd die Eigelbe und den Zucker unterrühren. Geriebene Mandeln, Zimt, Kirschwasser und den eingeweichten Zwieback dazugeben, schließlich den Eischnee unterheben. Die Kirschen unter den fertigen Teig ziehen.

3

Den Backofen auf 200 Grad (Umluft 180 Grad, Gas Stufe 3 bis 4) vorheizen. Den Teig in eine gefettete Auflaufform gießen. Die restliche Butter und die Mandelblättchen darüber verteilen. Den Kirschplotzer 1 Stunde im Ofen backen, sofort mit Vanillesauce (Seite 31) servieren.

In Baden wird der Kirschplotzer als vollwertige warme Hauptmahlzeit gegessen. Als Dessert reicht er für 6 bis 8 Personen. Sie können den Kirschplotzer aber auch – in dicke Scheiben geschnitten – kalt essen.

*Noch vor wenigen Wochen ist man unter
den blühenden Bäumen spazierengegangen
– nun tragen sie schwer unter der Last
von süßen und sauren Kirschen.*

Schwarzwälder Kirschbowle

Für 4 bis 6 Personen
Raffiniert, ganz einfach

750 g entsteinte reife Kirschen
1/8 l Kirschwasser, 3 EL Zucker
1 Päckchen Vanillezucker
1 l leichter badischer Rotwein
3/4 l Kirschsaft
1 Flasche kalter trockener Sekt

1

Die Kirschen in eine Schüssel geben, mit Kirschwasser, Zucker und Vanillezucker marinieren und 2 Stunden kalt stellen. Rotwein und Kirschsaft dazugießen, kurz vor dem Servieren mit dem Sekt auffüllen.

Besonders hübsch sieht es aus, wenn Sie auf die gefüllten Gläser ein Pärle Kirschen und/oder ein Blättchen Zitronenmelisse setzen.

GRIESSFLAMMERIE

Für 4 Personen
Läßt sich vorbereiten

4 Blatt Gelatine
1/4 l Milch, 1 Vanilleschote
1 abgeriebene unbehandelte Zitronenschale
25 g Hartweizengrieß, 3 Eigelb
65 g Zucker, 240 g süße Sahne

1

Die Gelatineblätter in kaltes Wasser einlegen. Die Milch in einem Topf erhitzen. Die Vanilleschote längs halbieren. Das Mark ausschaben und zusammen mit der Zitronenschale in die Milch geben. Die Milch aufkochen und den Grieß unter Rühren zugeben, nochmals kurz aufkochen lassen und vom Feuer nehmen. Die eingeweichte Gelatine ausdrücken und in den Grießbrei einrühren.

2

Die Eigelbe in einer Schüssel gut mit dem Zucker verrühren und den heißen Grießbrei unter ständigem Rühren dazugeben. Den Grießbrei an einem kühlen Ort stehen lassen und ab und zu umrühren, bis die Masse zu stocken beginnt. Die Sahne steif schlagen und unter die abgekühlte Masse heben.

3

Kleine Förmchen oder Portionsschälchen kurz mit kaltem Wasser ausschwenken, den Grießflammerie hineinfüllen und mindestens 3 Stunden im Kühlschrank fest werden lassen. Die Förmchen zum Anrichten kurz in heißes Wasser halten und auf Teller stürzen.

Der Grießflammmerie läßt sich sehr gut mit Früchten, Fruchtsaucen und allerlei Kompotten kombinieren. Besonders fein schmecken Rumtopffrüchte oder in Rotwein, Cassis und Zucker gegarte Birnen oder auch Zwetschgenkompott.

Milchreis mit Johannisbeeren

Für 4 Personen
Preiswert

350 g Milchreis
1 1/2 l Milch, 1 Prise Salz
2 Päckchen Vanillezucker
1 kg rote Johannisbeeren
100 g Zucker, 1 Ei
2 Eiweiß
100 g Mandelblättchen

1

Den Reis waschen. Die Milch in einem Topf zum Kochen bringen, Reis, Salz und Vanillezucker zufügen. Den Milchreis einmal aufwallen lassen und im geschlossenen Topf 30 Minuten quellen lassen, dabei ab und zu umrühren.

2

In der Zwischenzeit die Johannisbeeren waschen, abzupfen und in eine Schüssel geben. Den Zucker darüberstreuen. Das Ei trennen und das Eigelb beiseite stellen. Die 3 Eiweiße steif schlagen.

3

Den fertig gegarten Reis vom Herd nehmen, das Eigelb einrühren und den Eischnee unterheben. Den Topfinhalt mit der Hälfte der Mandelblättchen zu den Johannisbeeren geben. Alles vorsichtig miteinander vermengen, mit den restlichen Mandelblättchen garnieren und noch warm servieren.

Die angegebenen Mengen ergeben eine Hauptmahlzeit für 4 Personen – als Nachtisch reicht der Milchreis für doppelt so viele Leute.

Johannisbeerkuchen

Für 10 bis 12 Stücke
Braucht etwas Zeit, läßt sich vorbereiten

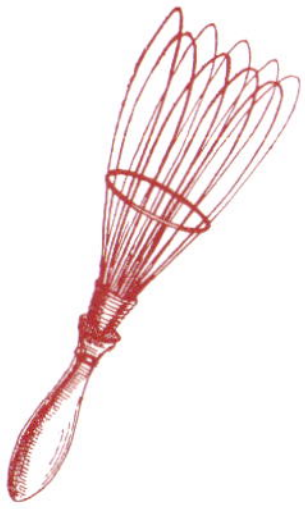

Für den Mürbeteig:
200 g Mehl
1 TL Backpulver
1 EL Zucker, Salz, 1 Ei
1 EL Maraschino oder Rum
100 g kalte Butter
Butter für die Springform
Mehl zum Ausrollen
Für die Füllung:
750 g Johannisbeeren
3 Eier, 50 g Zucker
1 Päckchen Vanillezucker
50 g gemahlene Haselnüsse

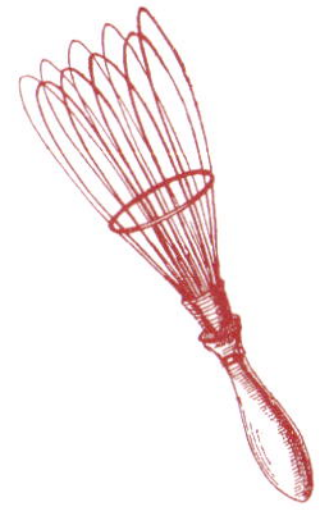

1

Das Mehl auf die Tischplatte sieben und mit Backpulver, Zucker und einer Prise Salz mischen. Eine Vertiefung in die Mitte drücken, das Ei und den Maraschino oder Rum hineingeben. Die kalte Butter in kleinen Stücken an den Mehlrand setzen und alle Zutaten schnell zu einem glatten Teig verarbeiten. Den Teig mindestens 1 Stunde kalt stellen.

2

Die Johannisbeeren waschen und abzupfen. Die Eier trennen und die Eiweiße steif schlagen. Die Eigelbe mit Zucker und Vanillezucker in einer Schüssel schaumig schlagen und die gemahlenen Haselnüsse unterrühren. Schließlich den Eischnee unterheben und die Masse vorsichtig mit den Johannisbeeren vermengen.

3

Den Backofen auf 180 Grad (Umluft 160 Grad, Gas Stufe 2 bis 3) vorheizen. Eine Springform von 28 Zentimeter Durchmesser mit etwas Butter einfetten. Den Mürbeteig auf einer leicht bemehlten Fläche kreisrund ausrollen und Boden und Rand der Springform damit belegen. Die Johannisbeerfüllung auf dem Teig verteilen. Den Kuchen auf der zweiten Schiebeleiste von unten 1 Stunde im Ofen backen.

Schwarzwälder Kirschtorte

Für 12 Stücke
Besonders typisch, raffiniert

Für den Biskuitboden:
5 Eier, 160 g Zucker
100 g halbbittere Kuvertüre
75 g Mehl, 30 g Speisestärke
1/2 Päckchen Backpulver
75 g geriebene Mandeln
Fett für die Springform
Für die Füllung:
1 kg frische Sauerkirschen
120 g Zucker, 30 g Speisestärke
400 g süße Sahne, 20 g Kakaopulver
1 Päckchen Vanillezucker, 2-4 EL Kirschwasser
Schokoladenblätter und -blättchen zur Dekoration

1

Die Eier trennen und die Eiweiße steif schlagen. Die Eigelbe mit 4 Eßlöffel lauwarmem Wasser in einer Schüssel verrühren, den Zucker zufügen und die Masse weißschaumig aufschlagen, schließlich den Eischnee unterheben. Die Kuvertüre auf der Haushaltsreibe oder in einer Mandelmühle fein reiben. Das Mehl in eine Schale sieben, mit Speisestärke, Backpulver, Mandeln und der geriebenen Kuvertüre mischen und vorsichtig unter die Eimasse ziehen.

2

Den Backofen auf 175 Grad (Umluft 160 Grad, Gas Stufe 2 bis 3) vorheizen. Eine Springform einfetten, den Teig einfüllen und auf der zweiten Schiebeleiste von unten 35 Minuten backen. Den Biskuit auf einem Kuchengitter mindestens 4 Stunden, besser über Nacht auskühlen lassen.

3

Die Sauerkirschen waschen, abtropfen lassen und entsteinen. Die Kirschen in einer Schüssel mit dem Zucker mischen und Saft ziehen lassen, anschließend in ein Sieb schütten und den Kirschsaft auffangen. Den Saft in einen Meßbecher gießen und mit Wasser auf einen Viertelliter Flüssigkeit auffüllen.

4

5 Eßlöffel vom Kirschsaft abnehmen und damit die Speisestärke anrühren. Den restlichen Saft in einem Topf zum Kochen bringen, die Speisestärke einrühren und kurz aufkochen lassen. Die Kirschen hineingeben, nochmals aufkochen und das Kompott auskühlen lassen. Aus dem fertigen Kompott 12 Kirschen für die Dekoration beiseite legen.

5

Die Sahne steif schlagen. Das Kakaopulver und und den Vanillezucker mit 1 Eßlöffel Wasser verrühren und unter die Schlagsahne mischen. Den ausgekühlten Biskuit zweimal waagerecht durchschneiden.

6

Einen der drei Teigböden auf eine Tortenplatte legen, mit der Hälfte des Kirschwassers beträufeln. Die Hälfte des Kirschkompotts daraufgeben und mit knapp einem Viertel der Schokoladensahne bestreichen. Den zweiten Boden daraufsetzen, leicht andrücken und mit dem restlichen Kirschwasser beträufeln. Das restliche Kirschkompott gleichmäßig darauf verteilen und das zweite Viertel der Schokoladensahne darüberstreichen. Den dritten Boden obenauf setzen und leicht andrücken.

7

3 bis 4 Eßlöffel Schokoladensahne für die Dekoration in einen Spritzbeutel füllen und die Torte mit der übrigen Sahne rundherum bestreichen. Den Rand der Torte mit den Schokoladenblättchen garnieren. Mit einem Messer 12 gleich große Tortenstücke markieren. Jedes Tortenstück mit einer Sahnerosette garnieren. Jede Rosette mit einer Kirsche und die Mitte der Torte mit den Schokoladenblättern verzieren.

Die klassische Schwarzwälder Kirschtorte wird nur mit Schlagsahne – also ohne Kakaopulver – zubereitet. Die in diesem Rezept vorgestellte Variante ist interessanter und etwas herber im Geschmack.

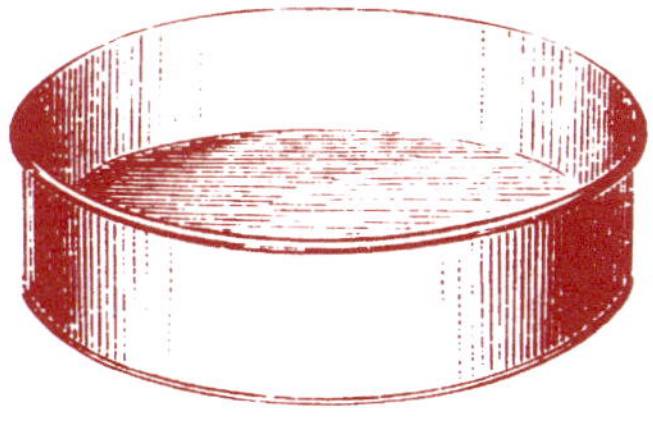

Holderküchle mit Vanillesauce

Für 4 Personen
Raffiniert

Für die Vanillesauce:
5 Eigelb, 80 g Zucker
1,5 l Milch
1 Vanilleschote
Für die Holderküchle:
130 g Mehl
1/8 l Weißwein
1 Ei, 20 g Zucker
1 kg Fett zum Ausbacken
8 schön aufgeblühte Holunderblütendolden
Puderzucker zum Bestäuben

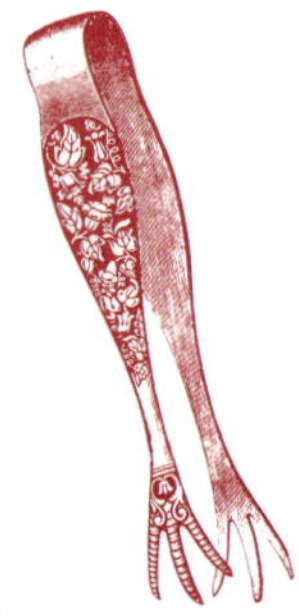

1

Für die Vanillesauce Eigelbe und Zucker in einer Schüssel schaumig verquirlen. Die Milch in einem Topf erhitzen. Die Vanilleschote aufschlitzen und das Mark mit einem Messer ausschaben. Schote und Mark zur Milch geben und aufkochen lassen. Die kochende Milch unter ständigem Rühren zur Eigelbmischung geben.

2

Die Vanillesauce über einem Wassserbad erwärmen und dabei immer weiter rühren, damit sie nicht am Boden gerinnt. Wenn die Vanillesauce dickflüssig wird, die Schüssel vom Herd nehmen und noch eine Weile weiterrühren, bis die Sauce etwas abgekühlt ist.

3

Für die Holderküchle das Mehl mit dem Wein in einer Schüssel zu einem festen Teig verrühren. Das Ei trennen und das Eigelb unter den Teig rühren. Das Eiweiß steif schlagen, den Zucker einrieseln lassen und den Eischnee vorsichtig unter den Teig heben.

4

Das Ausbackfett in einem Topf oder noch besser in einer Friteuse auf 170 Grad erhitzen. Die Holunderblüten am Stiel nehmen, mit der Blüte in den Teig tauchen und im Fett ausbacken, bis der Teig goldgelb wird. Die Küchle auf einem Tuch oder Küchenkrepp abtropfen lassen, auf einem großen Teller anrichten und mit Puderzucker bestreuen. Die Vanillesauce extra servieren.

Dies ist ihr klassisches Outfit – weiße Sahne auf dunklem Teig. Noch feiner schmeckt die Schwarzwälder Kirschtorte allerdings mit einer Schokosahne.

Johannisbeertorte

Für 12 Stücke
Läßt sich vorbereiten

Für den Biskuitboden:
5 Eier, 160 g Zucker
125 g Mehl, 50 g Speisestärke
1 TL Backpulver, Fett für die Form
Für den Belag:
1/2 l Milch, 4 Eigelb, 120 g Zucker
40 g Speisestärke, Salz, 1 Vanilleschote
500 g rote Johannisbeeren
3 Blatt weiße Gelatine
200 g rotes Johannisbeergelee
100 g süße Sahne zum Verzieren

1

Die Eier für den Biskuitteig trennen und die Eiweiße steif schlagen. Die Eigelbe in einer Schüssel mit 4 Eßlöffel lauwarmem Wasser verrühren, den Zucker zufügen und die Masse weißschaumig aufschlagen. Den Eischnee unterheben. Das Mehl in eine Schale sieben, mit Speisestärke und Backpulver mischen und vorsichtig unter die Eimasse ziehen.

2

Den Backofen auf 175 Grad (Umluft 160 Grad, Gas Stufe 2 bis 3) vorheizen. Eine Springform von 28 Zentimeter Durchmesser einfetten und den Teig einfüllen. Den Biskuit auf der zweiten Schiebeleiste von unten 35 Minuten backen und auf einem Kuchengitter mindestens 4 Stunden, noch besser über Nacht auskühlen lassen.

3

Für den Belag einen Achtelliter Milch mit den Eigelben, 40 Gramm Zucker, der Speisestärke und einer Prise Salz in einer Schüssel verquirlen. Die übrige Milch mit dem Zuckerrest in einem Topf aufsetzen. Die Vanilleschote der Länge nach aufschlitzen, das Mark herauskratzen, Schote und Mark in die Milch geben.

4

Wenn die Milch kocht, die Vanilleschote herausnehmen und die angerührte Speisestärke mit einem Schneebesen einrühren. Die Vanillecreme unter ständigem Rühren nochmals aufkochen lassen, in eine mit Wasser ausgespülte Schüssel gießen und erkalten lassen, dabei immer wieder umrühren, damit sich keine Haut bildet.

5

Die Johannisbeeren waschen und von den Rispen streifen. Die Gelatine in kaltem Wasser einweichen. Das Johannisbeergelee in einem Topf aufkochen, die eingeweichte Gelatine ausdrücken und im Gelee auflösen. Die Johannisbeeren dazugeben und die Fruchtmasse etwas abkühlen lassen, dabei ab und zu durchrühren.

6

Den Biskuit einmal waagerecht durchschneiden. Einen Teigboden auf eine Tortenplatte legen, den anderen Boden anderweitig verwenden. Einen Tortenring um den Boden legen und die abgekühlte Vanillecreme aufstreichen. Die Johannisbeermasse gleichmäßig auf der Vanillecreme verteilen und mit einem Messer glattstreichen. Die Torte etwa 2 Stunden kalt stellen. Vor dem Servieren die Sahne steif schlagen und die Torte damit verzieren.

Menü des Monats

Bunter Spinatsalat
Rinderrouladen in Sauerkirschsauce
Holderküchle mit Vanillesauce

Spätburgunder Weißherbst
Kabinett halbtrocken

DIE KÜCHE

In der Sommerhitze ist leichte Kost gefragt: Gschwellte und Bibbeleskäs sind gesund und verhindern, daß der Magen zu sehr »ins Schwitzen« kommt.

IM JULI

Nicht nur die Badener, auch viele Gäste genießen jedes Jahr die schönen Sommer im Südwesten Deutschlands – ob in der Stadt, an einem der Seen oder auf den Schwarzwaldbergen. Und ein schattiges Plätzchen zum Erfrischen findet man hier überall.

Was es im Juli

Kretzer

Außerhalb Badens trägt der Kretzer den Namen Flußbarsch. Er ist aber sowohl in Flüssen als auch in Seen zuhause. Der badische Kretzer kommt vor allem aus dem Bodensee, wo er nur über die Grenze schwimmen muß, um seinen Namen zu ändern: Die Schweizer kennen diesen kleinen, edlen Süßwasserfisch als Egli und haben das Eglifilet zu einem ihrer Nationalgerichte gemacht. Man erhält den Kretzer in der Regel bereits filetiert.

Brombeeren

Auf dem Markt kann man im Sommer schon bald Kulturbrombeeren kaufen. Aber es macht natürlich mehr Spaß, mit dem Körbchen in den Wald zu gehen und die Brombeeren selbst zu pflücken, die man dann zu Gelee, Marmelade und Saft verarbeitet oder einfach frisch genießt. Brombeeren sind überall dort zu finden, wo es viel Sonne gibt. Aber Vorsicht beim Pflücken: Brombeersträucher sind dornig. Wer Althochdeutsch versteht, weiß dies schon aus dem Namen, denn »bramo« heißt Dornenstrauch. Im Mittelalter hat man Brombeeren übrigens vorwiegend gekeltert und zu Wein verarbeitet.

Himbeeren

Zum Hit auf den Märkten entwickeln sich immer mehr die Himbeeren. Leider sind sie auch in der Hochsaison relativ teuer und verderben schnell – wohl dem, der seine eigenen Himbeersträucher im Garten hat. Außer den roten gibt es auch gelbe Himbeeren, die heute jedoch nur noch selten zu finden sind. Himbeere und Brombeere sind nahe Verwandte, wobei die Himbeere genügsamer und nicht so sonnenhungrig ist und somit auch in höheren Regionen noch gedeiht. Der Tee aus getrockneten Himbeer- oder Brombeerblättern wird übrigens wegen seiner beruhigenden Wirkung sehr geschätzt.

ALLES GUTES GIBT...

SCHINKEN

Der Schinken hat im Schwarzwald eine lange Tradition und war bei den Schwarzwaldbauern immer vorrätig. Noch heute kann man erahnen, wie wertvoll er einmal war, wenn man beobachtet, mit welcher Liebe ihn alte Schwarzwälder für die Veschper in feine Streifen schneiden. Ein guter Schwarzwälder Schinken braucht fast ein Vierteljahr, bis er seinen vielgerühmten typischen Geschmack annimmt. Mehrfach wird er mit einer Gewürzsalzmischung eingerieben und geräuchert, dann muß er noch an der Luft reifen. Für den Schinken in Brotteig nimmt man übrigens gekochten Schinken oder ein Schäufele aus der Schweineschulter.

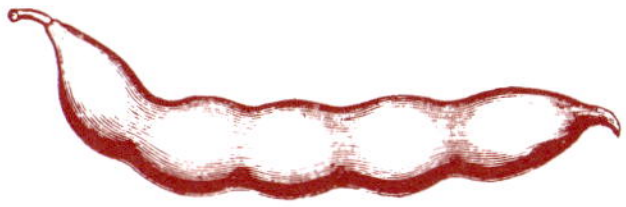

BOHNEN

Von Juni bis September dauert die Zeit der frischen Bohnen, die früher eine Fastenspeise waren. Heute gibt es eine Vielzahl von Bohnensorten auf den Märkten. Die schmaleren Buschbohnen und die aromatischen Stangenbohnen ißt man ganz und schneidet nur die Enden ab. Sie sind eine klassische Beilage zu jedem Sonntagsbraten und lassen sich auch hervorragend für den Winter einmachen. Die Haute Cuisine bedient sich oft der Keniabohne, die bei uns jedoch nicht zu Hause ist.

TYPISCH FÜR DEN JULI

Kretzer	*Kretzerfilets*	*Seite 183*
Brombeeren	*Beerengratin*	*Seite 196*
Himbeeren	*Himbeerrolle*	*Seite 194*
Schinken	*Schäufele im Brotteig*	*Seite 186*
Bohnen	*Bohnen-Tomaten-Salat*	*Seite 182*

Winzerpastete

Für 6 bis 8 Personen
Raffiniert, braucht etwas Zeit

Für den Pastetenteig:
300 g Mehl, 1 TL Salz
1 Ei, 125 g Butter
Für die Farce:

160 g Schnecken aus der Dose
2 Knoblauchzehen, 2 Schalotten
40 g Butter, 2 EL Calvados
100 ml Kalbsgelee, Salz, weißer Pfeffer, Thymian
1 Scheibe gekochter Schinken ohne Fett (80 g)
2 Scheiben rindenloses Weißbrot, 1/2 Eiweiß
1 EL süße Sahne, 125 g mageres Kalbsschnitzel
40 g gehackte Pistazien, Fett für die Form
Mehl zum Ausrollen, 1 Eigelb zum Bestreichen

1

Für den Teig das Mehl auf die Tischplatte sieben, mit dem Salz mischen, in die Mitte mit der Faust eine Vertiefung drücken und das Ei hineingeben. Die kalte Butter in kleinen Stücken an den Mehlrand setzen und alle Zutaten schnell zu einem glatten Teig verarbeiten. Den Pastetenteig mindestens 1 Stunde kalt stellen.

2

Für die Farce die Schnecken aus der Dose abgießen und die Flüssigkeit auffangen. Die Schnecken halbieren. Die Knoblauchzehen pellen und durchpressen, die Schalotten pellen und fein hacken. Die Butter in einem Topf zerlassen, die Schalotten darin glasig dünsten und die Hälfte davon herausnehmen und beiseite stellen.

3

Die Schalotten im Topf mit dem Calvados ablöschen, Schneckensaft und Kalbsgelee, je eine Prise Salz, Pfeffer und Thymian sowie den Knoblauch zufügen und alles dickflüssig einkochen lassen, anschließend durch ein Sieb streichen. Den Schinken in kleine Würfel schneiden, zusammen mit den halbierten Schnecken in die durchpassierte Flüssigkeit geben und die Mischung auskühlen lassen.

4

In der Zwischenzeit die Weißbrotscheiben in eine Schüssel geben. Das Eiweiß mit der Sahne verquirlen und über das Brot gießen. Das Kalbsschnitzel völlig von Fett und Hautresten befreien und in Streifen schneiden. Das Fleisch mit den zurückgestellten Schalotten, dem eingeweichten Weißbrot und je einer Prise Salz und Pfeffer im Mixer pürieren. Das Kalbspüree so lange über Eiswürfeln rühren, bis es glänzt.

5

Den Backofen auf 220 Grad (Umluft 200 Grad, Gas Stufe 4 bis 5) vorheizen. Das Kalbspüree mit der abgekühlten Schneckenmischung und den gehackten Pistazien gründlich vermischen. Eine ovale Pastetenform von etwa 20 Zentimeter Länge leicht einfetten.

6

Zwei Drittel des Pastetenteiges auf einer leicht bemehlten Fläche so dünn ausrollen, daß sich Boden und Seitenwände der Form damit bedecken lassen. Den Teig in die Form legen, die Farce einfüllen und glattstreichen. Das letzte Teigdrittel ausrollen, die Pastete damit abdecken und leicht andrücken.

7

Das Eigelb verquirlen, die Pastete damit bestreichen und nach Belieben mit Teigresten verzieren. Mit einem Messer zwei kleine Löcher in den Teigdeckel schneiden, damit der Dampf beim Garen entweichen kann. In die Löcher einen »Kamin« aus Alufolie stecken, damit der austretende Fleischsaft die Oberfläche der Pastete nicht unansehnlich macht.

8

Die Pastete 40 Minuten im Ofen backen, nach der Hälfte der Garzeit die Temperatur auf 180 Grad (Umluft 160 Grad, Gas Stufe 2 bis 3) herunterschalten.

Ochsenmaulsalat

Für 4 Personen
Preiswert, geht schnell

600 g Ochsenmaulsülze (vom Metzger)
1 große Zwiebel, 80 ml Weißweinessig
40 ml Sonnenblumenöl, Salz, Pfeffer aus der Mühle
4 EL feine Schnittlauchröllchen

1

Die Sülze in feine Streifen schneiden. Die Zwiebel schälen und fein hacken. Essig, Öl, Salz und Pfeffer in eine Salatschüssel geben und zu einer Vinaigrette rühren, abschmecken und mit Sülze und Zwiebeln mischen. Den Salat gut durchziehen lassen und mit Schnittlauch bestreut servieren.

Sehr fein schmecken dazu Brägele (Seite 209).

D'Veschper

Was dem Bayern seine Brotzeit, ist dem Badener seine Veschper. Früher, als man noch Zeit hatte, wurde am Tag sogar zweimal geveschpert: »z'Nüni« und »z'Vieri«, wie in Baden die Veschper mitunter auch genannt wird – also um neun Uhr morgens und nachmittags um vier.

Heute, wo man glaubt, keine Zeit mehr zu haben, hat sich die Veschper nach wie vor erhalten. Jedes Schulkind nimmt in Baden statt Pausenbroten eine Veschper mit in die Schule, und im Büro hat man für den Hunger zwischendurch natürlich auch seine Veschper dabei.

Doch die Veschper beschränkt sich nicht nur auf Wurst- und Käsebrote. Fast jedes Gasthaus und Restaurant hat eigens eine umfangreiche Veschperkarte, die zeigt, wie ausgiebig hier »g'veschperet« wird: Hofsgrunder Käsle, Münsterkäse, saure oder geröstete Leberle, Bibbeleskäse, Ochsenmaulsalat oder einfach nur Schwarzwälder Speckstreifen mit Brot. Dazu trinkt der Badener ein – und nur ein – badisches Viertele Wein.

Elsässer Wurstsalat

Für 4 Personen
Ganz einfach

400 g Lyoner
200 g Schweizer Emmentaler Käse
1 kleine Zwiebel, Salz
3 EL Weißweinessig
2-3 EL Maiskeimöl
Senf, Pfeffer

1

Die Lyoner in feine Scheiben, den Käse in dünne Streifen schneiden. Die Zwiebel pellen, sehr fein hacken und mit etwas Salz bestreuen. Wurst, Käse und Zwiebelwürfelchen in eine Salatschüssel geben.

2

Essig, Öl, 1 Eßlöffel warmes Wasser, etwas Senf, Salz und Pfeffer in einem Schälchen gut miteinander verquirlen, über die Wurst-Käse-Mischung gießen und gründlich vermischen. Den Salat 30 Minuten durchziehen lassen und kurz vor dem Servieren nochmals abschmecken.

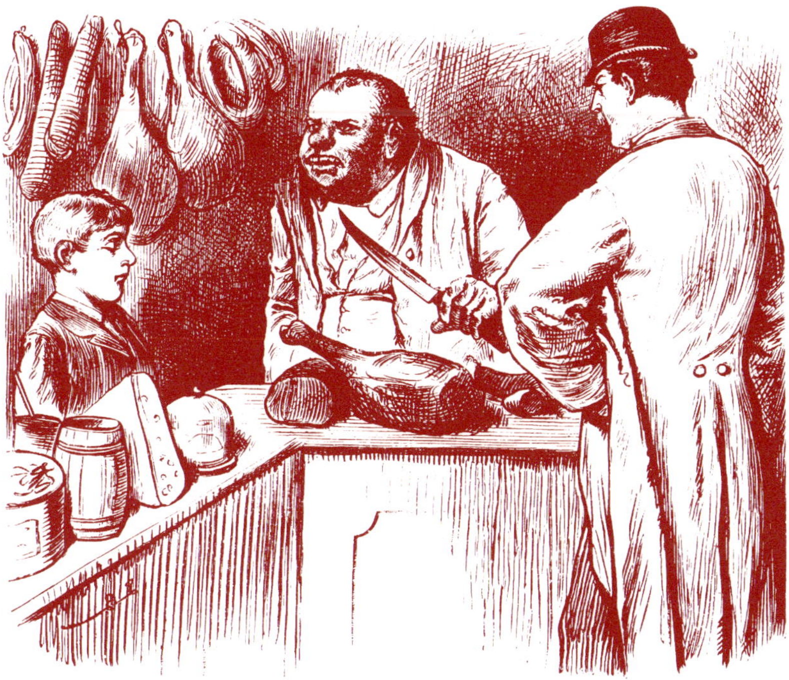

BOHNEN-TOMATEN-SALAT

Für 4 Personen
Läßt sich vorbereiten

750 g grüne Bohnen
Salz, 500 g Tomaten
1 Zwiebel, 3-4 EL Estragonessig
3 EL Maiskeimöl
Pfeffer aus der Mühle
1/2 Bund Petersilie

1

Die Bohnen putzen und waschen, die Spitzen abschneiden. Einen Topf mit Salzwasser zum Kochen bringen und die Bohnen in 20 bis 25 Minuten nicht zu weich garen. Die gekochten Bohnen in ein Sieb abgießen und abkühlen lassen. Die Tomaten waschen und vierteln, die Viertel quer halbieren. Die Zwiebel pellen, fein hacken und mit etwas Salz bestreuen.

2

Für die Marinade Essig und Öl in einem Schälchen mischen und mit Salz und Pfeffer abschmecken. Bohnen, Tomaten und Zwiebelwürfel in eine Salatschüssel geben und mit der Marinade vermengen. Den Salat 1 bis 2 Stunden gut durchziehen lassen und nochmals abschmecken. Die Petersilie fein wiegen und darüberstreuen.

Im Dampfkochtopf sind die Bohnen bereits nach 10 Minuten gar.

Kretzerfilets mit frischen Gartentomaten und Kräutern

Für 4 Personen
Raffiniert, geht schnell

1/2 Bund Schnittlauch
3 Stengel Dill
3 Stengel Basilikum
1/2 Bund Kerbel
4 frische Gartentomaten
700-800 g Kretzerfilets
Salz, 1/2 Zitrone
100 g Butter
Mehl zum Wenden

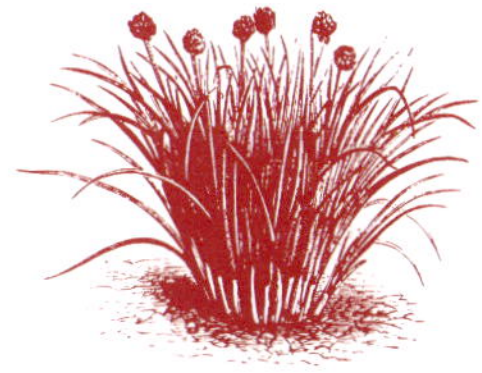

1

Einen Topf mit Wasser aufsetzen. Den Schnittlauch in feine Röllchen schneiden, die frischen Kräuter von den Stielen zupfen und fein hacken.

2

Die Gartentomaten vom Strunk befreien und kurz in das kochende Wasser eintauchen, bis sich die Schale zu lösen beginnt, anschließend in kaltem Wasser abschrecken. Die Tomaten enthäuten, vierteln, das Innere entfernen und das feste Fruchtfleisch in etwa 1/2 Zentimeter große Stücke schneiden.

3

Die Kretzerfilets auf beiden Seiten leicht salzen und mit Zitronensaft beträufeln. Die Hälfte der Butter in einer Pfanne zerlassen. Den Fisch in Mehl wenden und bei mäßiger Hitze in der Pfanne von beiden Seiten goldgelb braten.

4

Die Filets auf vorgewärmten Tellern anrichten. Die restliche Butter in die Pfanne geben, alle Kräuter und die Tomatenstücke darin erhitzen und über den Kretzerfilets verteilen.

Fleischküchle

Für 4 Personen
Ganz einfach

1 Brötchen vom Vortag
2 Zwiebeln, 1 Bund Petersilie
25 g Butter, 100 g Speckwürfel
500 g gemischtes Hackfleisch
250 g Bratwurstbrät (Schweinemett)
1 EL Semmelbrösel, 2 Eier
1 TL Salz, Pfeffer
edelsüßer Paprika
geriebene Muskatnuß
Paniermehl zum Wenden
Butterschmalz zum Braten

1

Das Brötchen in etwas kaltem Wasser einweichen. Die Zwiebeln pellen und hacken, die Petersilie waschen und fein wiegen. Die Butter in einer Pfanne zerlassen, Speckwürfel, gehackte Zwiebeln und Petersilie darin glasig dünsten.

2

Das Brötchen ausdrücken. Aus Hackfleisch, Schweinemett, Brötchen, den gedünsteten Speckzwiebeln sowie Semmelbröseln und Eiern einen Teig bereiten und mit Salz, Pfeffer, Paprikapulver und Muskat würzen.

3

Aus der Masse mit feuchten Händen kleine Fleischküchle formen und in Paniermehl wenden. In einer Pfanne etwas Butterschmalz erhitzen und die Küchle bei mittlerer Hitze etwa 8 Minuten braten, wenden und in weiteren 8 Minuten fertigbraten.

LAUBFRÖSCHLE

Für 4 Personen
Besonders typisch

2 Mangoldstangen (etwa 1 kg, ersatzweise Spinat verwenden)
Salz, 2 Brötchen vom Vortag, 1 Zwiebel
1/2 Bund Petersilie, 15 g Butter
100 g Speckwürfel, geriebene Muskatnuß
4 Eier, 1 EL Butterschmalz
100 ml Fleischbrühe
1 EL Tomatenmark
2 EL Weißwein

1

Den Mangold verlesen, waschen und entstielen. Die Blätter in einem Topf mit kochendem Salzwasser 2 bis 3 Minuten blanchieren und unter kaltem Wasser abschrecken.

2

Die Brötchen in kaltem Wasser einweichen. Die Zwiebel pellen und hacken, die Petersilie waschen und fein wiegen. Die Butter in einer Pfanne zerlassen, Speck- und Zwiebelwürfel darin glasig dünsten. Die Brötchen kräftig ausdrücken, zusammen mit der Petersilie in die Pfanne geben und 2 Minuten mitdünsten. Die Mischung mit Salz und Muskat abschmecken, in eine Schüssel geben und mit den Eiern vermengen.

3

Je 1 Eßlöffel Teig in ein Mangoldblatt füllen und das Blatt zusammenfalten. In einer breiten Pfanne das Butterschmalz zerlassen, die Laubfröschle hineinsetzen und bei mittlerer bis geringer Hitze auf beiden Seiten goldbraun anbraten. Die Fleischbrühe zugießen und die Laubfröschle bei geschlossenem Deckel 20 Minuten dämpfen.

4

Die garen Laubfröschle auf eine vorgewärmte Platte setzen. Den Bratfond mit Tomatenmark und Weißwein aufkochen, mit Salz und Pfeffer abschmecken. Die Sauce an die Laubfröschle gießen. Dazu Salzkartoffeln und Salat servieren.

Mit den Mangoldstielen können Sie beispielsweise Kruttstumpe und Dummis (Seite 214) zubereiten.

SCHÄUFELE IM BROTTEIG

Für 6 Personen
Besonders typisch, braucht etwas Zeit

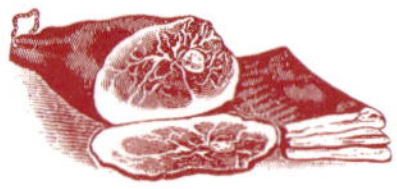

1 Schäufele ohne Knochen
oder 1 Rollschinken (etwa 2 kg)
750 g dunkles Weizenmehl
3 TL Salz, 2 EL Kümmel
1 1/2 Würfel Hefe (65 g)
Zucker, 150 ml Milch
Fett und Mehl für das Backblech

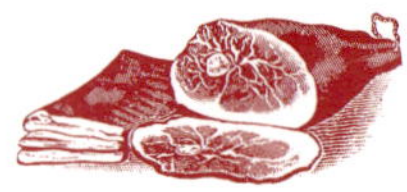

1

Einen Topf mit Wasser zum Kochen bringen und das Schäufele darin 1 Stunde ziehen lassen, anschließend herausnehmen und auskühlen lassen.

2

Inzwischen das Mehl in eine große Schüssel sieben, mit Salz und Kümmel vermischen. Mit der Hand in die Mitte eine Vertiefung drücken. Die Hefe hineinbröckeln, eine Prise Zucker zufügen und mit etwas lauwarmem Wasser verrühren. Etwas Mehl darüberstäuben und den Vorteig zugedeckt an einem warmen Ort etwa 30 Minuten gehen lassen, bis sich das Volumen der Hefe verdoppelt hat.

3

Die Milch mit 300 Milliliter Wasser mischen und zum Mehl geben. Mit den Knethaken des Handrührgerätes alles zu einem glatten Teig kneten und noch 5 Minuten weiterkneten. Die Teigkugel bemehlen und mindestens 2 bis 3 Stunden zugedeckt gehen lassen.

4

Den Backofen auf 200 Grad (Umluft 180 Grad, Gas Stufe 3 bis 4) vorheizen. Ein Backblech einfetten und mit Mehl bestäuben. Den Teig ausrollen und das Schäufele darin einschlagen, die Teigränder dabei unter das Fleisch schieben. Das Schäufele auf das Backblech legen. Auf der Oberseite kleine Quadrate ausschneiden, so daß der Dampf entweichen kann. Nochmals 15 Minuten gehen lassen, dann 60 bis 70 Minuten im Ofen backen.

Schäufele nennt man in Baden das geräucherte oder gepökelte Schulterstück vom Schwein.

Den Lieben zuhause möchte man natürlich unbedingt etwas Typisches mitbringen. Da bietet sich eine Lage geräucherter Schwarzwälder Schinken geradezu an.

Gschwellte mit Bibbeleskäs

Für 4 Personen
Preiswert, geht schnell

1 kg festkochende Kartoffeln
1 kleines Bund Schnittlauch
1 kleine Zwiebel
250 g Schichtkäse oder Quark (20% Fett)
2 EL saure Sahne
150 ml Milch, Salz
weißer Pfeffer aus der Mühle

1

Die Kartoffeln nach Belieben schälen, gut waschen und gar kochen. Während der Kochzeit den Schnittlauch in feine Röllchen schneiden und die Zwiebel fein hacken. Schichtkäse oder Quark, Sauerrahm, Milch und Zwiebelwürfel in einer Schüssel miteinander vermengen, mit Salz und Pfeffer abschmecken. Den Bibbeleskäs mit den Schnittlauchröllchen bestreuen und zu den gekochten Salz- oder Pellkartoffeln servieren.

Bibbele heißen in Baden die kleinen Hühnerküken. Da sie anfangs noch keine feste Nahrung zu sich nehmen, wurden sie früher mit Quark – also mit Bibbeleskäs – großgezogen.

Sie können den Bibbeleskäs auch selbst herstellen. Hierzu nehmen Sie 1 1/2 Liter Rohmilch, der Sie einen Eßlöffel Dick- oder Sauermilch zusetzen, und lassen sie bei Zimmerwärme 1 bis 2 Tage stocken. Stürzen Sie die Masse in ein Sieb, das mit einem durchlässigen Tuch ausgelegt ist, und lassen Sie die Molke abtropfen. Den selbstgemachten Bibbeleskäs sollten Sie gleich verzehren.

Gefülltes Hähnchen

Für 3 Personen
Braucht etwas Zeit

1 Brathähnchen (1200 g)
Salz, 1 Brötchen vom Vortag
2 Zwiebeln, 1/2 Bund Petersilie
15 g Butter, 1 Ei, Pfeffer aus der Mühle
Paprikapulver, Knoblauchpulver
2 EL Butterschmalz
1 Gelberübe (Möhre)
1/4 l Fleischbrühe

1

Das Hähnchen ausnehmen, waschen, trockentupfen und mit Salz einreiben. Das Brötchen in Wasser einweichen. Eine Zwiebel pellen, die Petersilie waschen und beides fein hacken. Hähnchenleber und -herz fein wiegen.

2

Zwiebelwürfel und Petersilie in der Butter glasig dünsten, in eine Schüssel geben und etwas abkühlen lassen. Das Brötchen ausdrücken, mit dem Ei und den Innereien in die Schüssel geben und alles gut vermischen. Mit Salz, Pfeffer und Paprika kräftig abschmecken.

3

Den Backofen auf 200 Grad (Umluft 180 Grad, Gas Stufe 3 bis 4) vorheizen. Das Hähnchen füllen, mit einem Faden zunähen und mit Salz, Pfeffer, Paprika und Knoblauch kräftig würzen. In einer Kasserolle das Hähnchen von beiden Seiten im Butterschmalz kräftig anbraten. Die zweite Zwiebel pellen und halbieren, die Gelberübe waschen und schälen, beides in die Kasserolle geben.

4

Das Hähnchen auf die Brust legen und 60 Minuten zugedeckt im Ofen schmoren. Die Hälfte der Fleischbrühe angießen und das Hähnchen öfter mit dem Bratenfond begießen. Nach der halben Zeit das Hähnchen auf den Rücken drehen, 10 Minuten vor Schluß den Deckel abnehmen.

5

Das fertige Hähnchen auf einer vorgewärmten Platte anrichten. Das Fett abgießen und den Bratensatz mit der restlichen Fleischbrühe loskochen. Die Sauce extra servieren.

Rinderrückensteak Urloffen

Für 4 Personen
Geht schnell

1/2 Stange frischer Meerrettich
4 Scheiben Toastbrot aus Weißmehl
1 Eigelb, 80 g weiche Butter
Salz, Pfeffer
4 Rumpsteaks à 180 g
Butterschmalz zum Braten

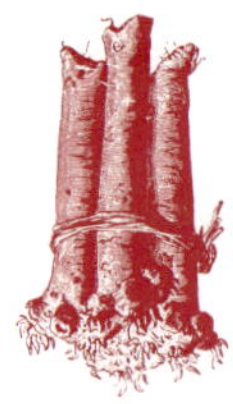

1

Die Meerrettichschale mit einem Küchenmesser abschaben und den Meerrettich mit einer feinen Küchenreibe reiben. Die Rinde des Toastbrotes knapp wegschneiden und das entrindete Brot mit einem Küchenmixer zu feinen Bröseln hacken. Meerrettich, Weißbrotkrümel, Eigelb und Butter in eine Schüssel geben, mit Salz und Pfeffer würzen und mit dem Kochlöffel zu einer einheitlichen Masse verarbeiten.

2

Die Rumpsteaks auf beiden Seiten mit Salz und Pfeffer würzen und mit etwas Butterschmalz in einer Pfanne auf beiden Seiten jeweils 1 1/2 Minuten anbraten. Die Steaks aus der Pfanne nehmen, auf ein Backblech legen, die Meerrettichmasse darauf verteilen und andrücken.

3

Die Steaks unter dem Grill des Backofens überbacken, bis die Meerrettichkruste eine goldgelbe Farbe hat. Die Rumpsteaks aus dem Ofen nehmen und mit knackigen Sommersalaten und Bratkartoffeln servieren.

Das Beerenmännlein aus dem Wiesental

Im Sommer, wenn die Beerenzeit gekommen war, sind die Frauen im Wiesental wie überall im Schwarzwald in den Wald gegangen, um Beeren zu pflücken, die dann auf dem Markt verkauft wurden. Auf diese Weise konnten sie ein bißchen Geld für die Familie hinzuverdienen. Nicht selten gingen die Pflückerinnen am Abend aber mit leeren Körben nach Hause. Sie sagten dann, das Beerenmännlein hätte alle Beeren weggenommen. Auf dem Berg Hohe Möhr im Wiesental ging seit undenklichen Zeiten der Möhrengeist um und zeigte sich mal in der Gestalt eines unheimlichen Berggeistes mit langen Haaren und struppigem Bart, mal als kleines Beerenmännlein, das den Frauen die Beeren wegnahm oder das gefüllte Körbchen umwarf.

Wieder einmal war eine arme Frau aus einem Dorf bei der Hohen Möhr in den Wald gegangen, um Heidelbeeren zu suchen. Aber soviel sie auch suchte, sie fand nicht eine einzige Beere. Als es schon Abend wurde, wollte sie die Suche aufgeben und nach Hause gehen. Plötzlich kam das Beerenmännlein aus dem Wald heraus und fragte die junge Frau, warum sie so traurig sei. Sie erzählte von ihrer Not, daß sie daheim nichts zu essen hätten und sie nun, weil sie keine Beeren gefunden habe, für ihre Kinder nichts kaufen könne. Dem Beerenmännlein tat die arme Frau leid. Sie solle einmal mit ihm kommen, sagte es, und ging ihr voraus in den Wald. Sie liefen lange gemeinsam durch den Wald, ohne daß die Frau eine einzige Beere sah. Schließlich kamen sie wieder an die Stelle, an der das Männlein die Frau getroffen hatte. Das Beerenmännlein hieß die Frau warten, bis es fort sei, dann werde sie genug Beeren finden. Es war schon Nacht, und die Frau glaubte nicht recht daran, was das Männlein gesagt hatte. Unschlüssig griff sie in die Sträucher und fand tatsächlich so viele Heidelbeeren, daß sie ihr Körbchen bald voll hatte. Freudestrahlend deckte sie ein Tüchlein über die Beeren und eilte nach Hause. Dort warteten bereits ihre Kinder. Die junge Frau stellte den Korb auf den Tisch, und als sie das Tüchlein von den Beeren nahm, waren anstatt Heidelbeeren lauter Goldkörnchen im Körbchen. Überglücklich beschloß die Frau, am anderen Morgen wieder hinauf in den Möhrenwald zu gehen, um dem Beerenmännlein zu danken. Sie fand aber weder das Männlein noch Beeren, die wieder zu Gold wurden. Doch von nun an mußten die Frau und ihre Kinder nie mehr Not leiden.

Beerenkompott

Für 4 Personen
Geht schnell

60 g Zucker, 2 EL Zitronensaft
50 ml Rotwein, 300 g gemischte Beeren
(Johannisbeeren, Kirschen, Brombeeren, Himbeeren)
150 ml Beerensaft, 15 g Speisestärke

1

Den Zucker in einen Topf geben, den Zitronensaft dazugeben und erhitzen, bis der Zucker hellbraun karamelisiert ist. Den Rotwein dazugießen und ohne Umrühren so lange aufkochen, bis sich der Karamel aufgelöst hat.

2

Die Beeren dazugeben und einen Teil Beerensaft angießen, langsam zum Kochen bringen und möglichst wenig rühren. Die Speisestärke mit dem restlichen Saft anrühren, das aufkochende Kompott damit abbinden und sofort kalt stellen.

Waffeln

Für 4 Personen
Braucht etwas Zeit

9 Eier, 300 g Butter, 1 EL Zucker, Salz, 300 g Mehl
100 g saure Sahne (20% Fett), Puderzucker zum Bestreuen

1

Die Eier trennen. Die Eiweiße mit einer Prise Salz steif schlagen und kühl stellen. Die Butter in einer Schüssel schaumig rühren, Zucker, eine Prise Salz und nach und nach Mehl und Eigelbe unterrühren. Zuletzt die saure Sahne zufügen und den Eischnee vorsichtig unterheben.

2

Das Waffeleisen fetten und vorheizen. Jeweils 2 Eßlöffel Teig einfüllen und goldbraun backen. Die fertigen Waffeln gleich mit Puderzucker bestreuen und heiß mit dem Beerenkompott servieren.

Kalte Sauerkirschsuppe

Für 10 Personen
Raffiniert

Für die Kaltschale:
40 g Speisestärke, 1/2 unbehandelte Zitrone
1 kg entsteinte Sauerkirschen
170 g Zucker, 3 cm Stangenzimt
Für die Einlage:
250 g entsteinte und halbierte Sauerkirschen
30 g Zucker, 1/4 l Weißwein
2 cl Kirschwasser

1

Das Stärkemehl mit etwas Wasser in einem Schälchen glattrühren. Die halbe Zitrone dünn abschälen. Die Kirschen in einen großen Topf geben und mit knapp 1 1/2 Liter Wasser, Zucker, Zimt und Zitronenschale weich kochen. Die Zimtstange und Zitronenschale entfernen, das Kompott im Topf mit einem Pürierstab pürieren und nochmals aufkochen lassen, schließlich mit der angerührten Stärke abbinden. Das Kompott kalt stellen.

2

Die Kirschen für die Einlage mit dem Zucker und 2 Eßlöffel Wasser in einem Topf weich dünsten. Den Weißwein dazugießen, den Topf zudecken und ebenfalls kalt stellen. Die abgekühlten Kirschen mit dem Kirschwasser abschmecken und extra zur Kaltschale reichen.

Dazu passen kleine Makronen oder Schneeballen (Seite 31).

Himbeerrolle

Für etwa 12 Stücke
Läßt sich vorbereiten

Für den Biskuitteig:
4 Eier, 125 g Zucker
75 g Mehl, 50 g Speisestärke
1 Msp. Backpulver
Zucker zum Rollen
Für die Füllung:
500 g Himbeeren, 3 EL Zucker
200 g süße Sahne
1 Päckchen Vanillezucker

1

Den Backofen auf 220 Grad (Umluft 200 Grad, Gas Stufe 4 bis 5) vorheizen. Die Eier trennen, die Eiweiße steif schlagen. Die Eigelbe mit 4 Eßlöffel lauwarmem Wasser in einer Schüssel verrühren, den Zucker zufügen und die Masse weißschaumig aufschlagen. Den Eischnee unterheben. Das Mehl in eine Schale sieben, mit Speisestärke und Backpulver mischen und vorsichtig unter die Eimasse ziehen.

2

Ein Backblech mit Backpapier auslegen, den Teig gleichmäßig darauf verteilen und auf der obersten Schiebeleiste 12 bis 15 Minuten backen. Ein Küchentuch reichlich mit Zucker bestreuen, den fertigen Biskuit daraufstürzen. Das Papier abnehmen und den Biskuit mit dem Tuch sofort einrollen, damit er nicht bricht, anschließend erkalten lassen.

3

12 schöne Himbeeren zum Garnieren beiseite legen. Die übrigen Himbeeren in eine Schüssel geben, mit einer Gabel leicht zerdrücken und mit dem Zucker bestreuen. Die Sahne mit dem Vanillezucker steif schlagen. Etwas Schlagsahne zum Garnieren in eine Spritztülle füllen. Die Biskuitrolle wieder entrollen und das Tuch entfernen. Die zerdrückten Himbeeren unter die restliche Sahne mischen und die Biskuitrolle damit füllen.

4

Die Himbeerrolle auf eine Kuchenplatte setzen, mit Sahnetupfern und den zurückbehaltenen Himbeeren garnieren und bis zum Servieren in den Kühlschrank stellen.

JULI

Einmal wieder wie ein kleines Kind in den Beerensträuchern stehen und Himbeeren essen, bis man satt ist – in Baden bleibt das kein Wunschtraum!

BEERENGRATIN

Für 10 Personen
Raffiniert

Für den Biskuitboden:
3 Eier (Gew.Kl. 2), 100 g Zucker
60 g Mehl, 30 g Speisestärke
1 Msp. Backpulver
1 EL Kakaopulver
Für die Gratinmasse:
4 Eier, 100 g Zucker
80 g Puderzucker, 500 g Mascarpone
1 EL Speisestärke, 3 EL Rum
1/2 geriebene unbehandelte Zitronenschale
250 g Johannisbeeren, 250 g Himbeeren
250 g Brombeeren, 3 EL Maraschino

1

Den Backofen auf 220 Grad (Umluft 200 Grad, Gas Stufe 4 bis 5) vorheizen. Die Eier für den Biskuitboden trennen und die Eiweiße steif schlagen. Die Eigelbe in einer Schüssel mit 3 Eßlöffel Wasser verrühren, den Zucker zufügen und die Masse weißschaumig aufschlagen. Den Eischnee unterheben. Das Mehl in eine Schale sieben, mit Speisestärke, Backpulver und Kakaopulver mischen und vorsichtig unter die Eiermasse ziehen.

2

Den Boden einer Springform von 28 Zentimeter Durchmesser mit Backpapier belegen und den Teig gleichmäßig darauf verteilen. Den Biskuitboden auf der obersten Schiebeleiste 12 bis 15 Minuten im Ofen backen und erkalten lassen.

3

Den Backofen erneut auf 220 Grad vorheizen (Gas Stufe 4 bis 5, Umluft nicht empfehlenswert). Die Eier für die Gratinmasse trennen. Die Eiweiße steif schlagen und dabei den Zucker zufügen.

4

Die Eigelbe in einer Schüssel mit dem Puderzucker weißschaumig aufschlagen, mit Mascarpone, Speisestärke, Rum und Zitronenschale verrühren und den gezuckerten Eischnee vorsichtig unter die Gratinmasse heben.

5

Die Johannisbeeren waschen, von den Rispen streifen, zusammen mit den übrigen Beeren in eine Schale geben und vermischen. Den Biskuitboden in eine passende runde Gratinform legen und mit dem Maraschino tränken. Zuerst die Beeren, dann die Gratinmasse auf dem Boden verteilen.

6

Die Gratinform auf der obersten Schiebeleiste in den Ofen stellen und 10 Minuten überbacken. Das Beerengratin sofort nach dem Herausnehmen mit Vanilleeis servieren.

Damit die Beeren möglichst wenig Saft verlieren, ist es ratsam, sie zunächst zu waschen und dann erst zu verlesen.

GRIESS-SCHNITTEN

Für 4 Personen
Preiswert

1 l Milch
200 g Grieß, Salz
1 TL Zucker, 4 Eier
Butter zum Ausbacken
Zimtzucker zum Bestreuen

1

Die Milch in einem Topf zum Kochen bringen, den Grieß unter Rühren einstreuen, eine Prise Salz und den Zucker zufügen und kurz aufkochen lassen. Den Grießbrei auf ein großes Holzbrett geben und mit einem Messer etwa 1 Zentimeter dick verstreichen. Das Messer dabei immer wieder in kaltes Wasser tauchen, damit sich der Brei gut streichen läßt. Die Masse völlig erkalten lassen.

2

Den kalten Grießbrei in etwa 5 Zentimeter große Quadrate oder Rauten schneiden. Die Eier in einem tiefen Teller verschlagen, etwas Butter in einer Pfanne zerlassen. Die Grießschnitten im Ei wenden und in der Pfanne von beiden Seiten goldbraun braten, mit Zimtzucker bestreuen und sofort servieren. Dazu schmeckt besonders gut Beerenkompott (Seite 192).

QUARKSOUFFLÉ

Für 4 Personen
Raffiniert

Butter und Zucker für die Förmchen
1 Vanilleschote
1/2 unbehandelte Zitrone
120 g Magerquark
2 Eigelb, 2 Eiweiß
30 g Zucker
1 Päckchen Vanillezucker
Puderzucker zum Bestäuben

1

4 Souffléförmchen oder hitzebeständige Kaffeetassen mit Butter ausstreichen und mit Zucker ausstreuen. Eine Fettpfanne mit einem Tuch auslegen, die Förmchen daraufsetzen und die Fettpfanne kalt stellen. Einen Topf mit etwa 3 Liter Wasser zum Kochen bringen. Den Backofen auf 250 Grad Oberhitze und 80 Grad Unterhitze (oder 190 Grad Umluft) vorheizen.

2

Inzwischen die Vanilleschote längs aufschlitzen und das Mark herauskratzen. Die Zitronenschale abreiben. Quark, Eigelbe, Vanillemark und Zitronenschale in einer Schüssel zu einer glatten Masse rühren.

3

Die Eiweiße steif schlagen, dann nach und nach Zucker und Vanillezucker einrieseln lassen und den Eischnee nochmal 1 Minute auf höchster Stufe schlagen. Erst ein Viertel des Eischnees unter die Quarkmasse rühren, dann den Rest vorsichtig unterheben.

4

Die Masse in die Förmchen füllen und das kochende Wasser in die Fettpfanne gießen, bis die Souffléförmchen zu einem Drittel im Wasser stehen. Das Quarksoufflé etwa 25 Minuten im Ofen überbacken, mit Puderzucker bestäuben und mit Fruchtkompott jeglicher Art servieren.

Die Vorbereitungen zu Anfang sind wichtig, da nachher alles sehr schnell gehen muß.

Blumegger Dinne

Für etwa 8 große Stücke
Besonders typisch

375 g Mehl
1/2 TL Salz, 1/2 Würfel Hefe (20 g)
Zucker, 50 g Butter, 750 g Äpfel (Boskop)
Saft von 1/2 Zitrone
250 g saure Sahne (20% Fett)
60 g Zucker, 2 Eier
Fett und Mehl für das Backblech

1

Das Mehl in eine große Schüssel sieben, mit dem Salz vermischen und mit der Hand in die Mitte eine Vertiefung drücken. Die Hefe hineinbröckeln, eine Prise Zucker zufügen und mit etwas lauwarmem Wasser verrühren. Etwas Mehl darüberstäuben und mit einem Küchentuch bedecken. Den Vorteig an einem warmen Ort etwa 30 Minuten gehen lassen, bis sich das Volumen der Hefe verdoppelt hat.

2

Die Butter in einem Töpfchen zerlassen und mit 200 Milliliter Wasser zum Mehl geben. Alles mit den Knethaken des Handrührgerätes zu einem glatten Teig kneten und noch 5 Minuten durchkneten. Die Teigkugel bemehlen und mindestens 1 bis 2 Stunden gehen lassen.

3

Den Backofen auf 220 Grad (Umluft 200 Grad, Gas Stufe 4 bis 5) vorheizen. Die Äpfel schälen, auf der Haushaltsreibe grob raffeln und mit Zitronensaft beträufeln. Saure Sahne, Zucker, eine Prise Salz und die Eier in einer Schüssel miteinander verquirlen und mit den Äpfeln vermischen.

4

Ein Backblech einfetten und mit Mehl bestäuben. Den Teig nochmals kurz durchkneten, ausrollen und auf das Blech legen. Die Apfelmischung gleichmäßig darüber verteilen. Die Dinne auf der zweiten Schiebeleiste von unten 25 Minuten im Ofen backen und lauwarm servieren.

VARIANTE: Für die salzige Version, die dem Elsässer Flammenkuchen ähnelt, dünsten Sie 100 Gramm gewürfelten Speck und 2 gehackte Zwiebeln glasig und mischen die Speckzwiebeln anstelle von Äpfeln und Zucker unter die saure Sahne und die Eier.

DIE DINNE

Die Dinne oder Dünne war ursprünglich ein Nebenprodukt beim Brotbacken. Um zu testen, ob der Ofen bereits heiß genug war, wurde ein Stück Teig dünn ausgerollt und in den Ofen geschoben. Die fertiggebackene Dinne holte man heraus, bestrich sie mit Schweinefett, streute Salz und Kümmel darüber und schob sie abermals kurz in den Ofen.

Später wurde die Dinne mit den verschiedensten Belagen versehen: Süß gab es sie mit Äpfeln, Zwetschgen oder gelegentlich mit Kirschen, herzhaft mit Rahm oder Käse. Am bekanntesten ist noch heute die Zwiebeldinne, die als Zwiebelkuchen im Herbst zusammen mit dem Neuen Süßen ihre Hochsaison hat.

MENÜ DES MONATS

Winzerpastete
Kretzerfilets mit frischen Gartentomaten und Kräutern
Beerengratin

Riesling Kabinett trocken

DIE KÜCHE

Prall und rot hängen die reifen Tomaten in den badischen Bauerngärten an den Stauden. Kein Import kommt ihnen an Geschmack und Aroma gleich.

IM AUGUST

Für die Bauern ist die Zeit der Ernte gekommen. An den heißesten Tagen des Jahres wird gemäht, gedroschen und die Ernte für den Winter eingelagert. So kann man auch in der kalten Jahreszeit die Früchte des Sommers genießen.

Was es im August

Heidelbeeren

Überall im Schwarzwald – besonders in den höheren Lagen – wachsen Heidelbeeren. Noch vor wenigen Jahren gingen hier viele Leute am Wochenende mit Körben zum Beerensammeln. Wegen der Verbreitung des gefährlichen Fuchsbandwurms sollte man heute lieber davon absehen, selbstgesammelte Heidelbeeren roh zu essen. Um aber nicht ganz auf frische Heidelbeeren verzichten zu müssen, kann man sich an die auf allen Märkten angebotenen Kulturheidelbeeren halten.

Pfirsiche

Pfirsiche im Freilandanbau gedeihen in Deutschland nur in ausgesprochen warmen Gegenden. Da die Blüte sehr früh beginnt, sind sie zudem sehr frostanfällig, und der Ertrag kann von Jahr zu Jahr stark schwanken. Pfirsich- und Weinanbau gehen in Baden Hand in Hand – fast jeder badische Weinbauer hat in den Weinbergen seine Pfirsichbäume für die delikaten Weinbergpfirsiche. Ob man Pfirsiche mit weißem oder gelbem Fleisch bevorzugt, ist letztlich Geschmackssache.

Mirabellen

Die Mirabelle gehört zur Familie der Pflaumen. Sie ist goldgelb, hat mitunter einige rote Flecken und schmeckt außerordentlich süß. Sie eignet sich hervorragend für Kompotte und Marmelade und wird von den Badenern überdies gern zu Schnaps verarbeitet – ähnlich wie die Reneklode von den Elsässern. Die Saison der Mirabellen ist kurz: Einheimische Früchte sind nur im August auf dem Markt zu finden.

Alles Gutes gibt...

Mangold

Der Mangold ist ein Verwandter des Spinats und war einmal eines der beliebtesten Gemüse der Deutschen. Das ist allerdings schon 300 Jahre her. Dann verdrängte der Spinat – damals ein exotisches Gemüse, das aus den arabischen Ländern eingeführt wurde – den Mangold, und dieser geriet in Vergessenheit. Mittlerweile kann man Mangold ab dem Spätsommer wieder auf den Märkten kaufen, muß allerdings mitunter nach ihm fragen. Die Mangoldblätter werden gerne wie Spinat zubereitet, eignen sich aber wegen ihrer Größe auch hervorragend zum Einwickeln von Fisch- oder Fleischfarcen.

Holder

Vom Holder, wie die Badener den Holunder nennen, gelangen sowohl die Blüten als auch die Beeren in die Küche. Die Blüten werden mit Teig überzogen zu zarten Holderküchlein, die reifen Beeren bieten verschiedene Möglichkeiten zur Weiterverarbeitung als Sirup oder Saft. Nur roh sind die dunklen kleinen Beeren ungenießbar. Der Holder wird seit jeher als vielseitige Heilpflanze geschätzt – der Saft beispielsweise ist ein altbewährtes Grippemittel.

Typisch für den August

Heidelbeeren	*Heidelbeeromeletts*	*Seite 220*
Pfirsiche	*Pochierte Weinbergpfirsiche*	*Seite 223*
Mirabellen	*Mirabellenwaie*	*Seite 225*
Mangold	*Kruttstumpe und Dummis*	*Seite 214*
Holder	*Holdersuppe*	*Seite 222*

Klare Tomatensuppe mit Frischkäseklößchen

Für 4 Personen
Raffiniert, preiswert

Für die Suppe:
700 g Tomaten, 1 Zwiebel
1 Gelberübe (Möhre), 1 Knoblauchzehe
30 g Butter, 80 g Tomatenmark
1,5 l Fleischbrühe, 1 Thymianzweig
2 Eiweiß, Zucker, Salz
frische Basilikumblättchen
Für die Frischkäseklößchen:
80 g Kräuterfrischkäse
2 Eigelb, Salz, Pfeffer
50 g Grieß

1

Die Tomaten waschen und kleinschneiden. Zwiebel und Gelberübe schälen, die Zwiebel in nußgroße Würfel, die Gelberübe in Scheiben schneiden. Den Knoblauch abziehen und zerreiben.

2

Die Butter in einem Suppentopf erhitzen, Zwiebel und Gelberübe darin glasig dünsten. Das Tomatenmark und wenig später die Tomatenstückchen dazugeben. Alles etwa 3 Minuten schmoren, die Fleischbrühe aufgießen, den Thymianzweig und den Knoblauch dazugeben. Die Tomatensuppe zugedeckt etwa 20 Minuten leicht köcheln lassen.

3

Die Suppe durch ein Küchensieb gießen und zum Klären in den Topf zurückgeben, den Rückstand im Sieb wegwerfen. Die Eiweiße kurz mit einem Schneebesen verquirlen und in die Tomatensuppe einrühren. Die Suppe aufkochen lassen und dabei vorsichtig umrühren, damit das Eiweiß sich vom Boden löst und an die Oberfläche kommt.

4

Ein Salatsieb mit einem feinmaschigen Tuch auf einen zweiten Topf setzen. Die Suppe mit einer Schöpfkelle in das Sieb geben und vorsichtig durch das Tuch passieren. Die klare Tomatenbrühe mit einer Prise Zucker und etwas Salz abschmecken.

5

Für die Klößchen einen Topf mit Salzwasser zum Kochen bringen. Den Frischkäse in einer Schüssel mit den Eigelben verühren, mit Salz und Pfeffer abschmecken und den Grieß unterrühren. Von der Frischkäsemasse mit einem Teelöffel Klößchen abstechen, ins kochende Wasser geben und etwa 10 Minuten ziehen lassen.

6

Die Klößchen auf Suppenteller oder Tassen verteilen und die heiße Tomatensuppe einfüllen. Den Basilikum in feine Streifen schneiden und die Suppe damit garnieren.

KRÄUTER

An Mariä Himmelfahrt, den 15. August, werden im Badischen wie auch in vielen anderen katholischen Gegenden die Kräuter gesegnet. An diesem »Kräuterbuscheltag« bringen die Kinder eine Vielzahl von Kräutern zur Kirche. Traditionell ist eine Zahl von neun verschiedenen Kräutern. Früher waren sie alle um eine Königskerze gebunden, die als Schutz vor Feuer galt.

Diese Vielfalt ergibt eine leckere Kräuterbutter, die sich zudem gut einfrieren läßt: 250 Gramm weiche Butter, je 2 Teelöffel frische gehackte Kräuter (Schnittlauch, Petersilie, Dill, Basilikum, Kerbel, Estragon und Pimpernelle), 4 zerriebene Knoblauchzehen, Salz, Pfeffer, Saft von einer halben Zitrone und 1 Eßlöffel Cognac – alle Zutaten einfach gründlich vermengen!

Gefüllte Tomaten

Für 6 bis 8 Personen
Ganz einfach, preiswert

1 Schweineschnitzel (100 g)
edelsüßer Paprika
Pfeffer, Öl zum Braten
8 mittelgroße Tomaten
Salz, 1/2 Apfel
1 Essiggurke
1 EL Mayonnaise
1 EL Joghurt
Petersilie zum Garnieren

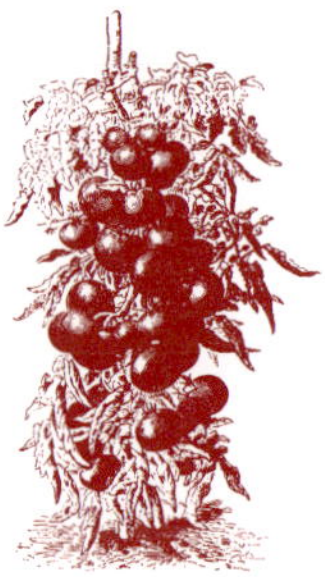

1

Das Schnitzel mit Paprikapulver und Pfeffer würzen. In einer Pfanne etwas Öl erhitzen, das Schnitzel darin auf beiden Seiten insgesamt 5 bis 8 Minuten braten und anschließend abkühlen lassen.

2

Die Tomaten waschen, den Deckel abschneiden und das Innere mit einem Löffel herauskratzen. Tomatendeckel und -inneres beiseite stellen. Die ausgehöhlten Tomaten innen mit Salz bestreuen.

3

Den halben Apfel schälen, entkernen, in kleine Stücke schneiden und in eine Schüssel geben. Das Schnitzel und die Essiggurke ebenfalls kleinschneiden und hinzufügen. Mayonnaise, Joghurt und 1 Eßlöffel des Tomateninneren untermischen und die Füllung mit Salz und Pfeffer abschmecken. Das restliche Tomateninnere anderweitig verwenden.

4

Die Tomaten mit der Mischung füllen und die Tomatendeckel wieder aufsetzen. Die gefüllten Tomaten auf einer Platte anrichten und mit Petersilie garnieren.

Tomatensalat mit nassen Käsle

Für 6 bis 8 Personen
Geht schnell

700 g kleine Tomaten, 3 kleine Zwiebeln, 1 Knoblauchzehe
2 EL Balsamicoessig, Salz, Pfeffer aus der Mühle
Zucker, 4 EL Olivenöl, 50 g Gartenkresse
6-8 kleine Bauernfrischkäsle à 100 g

1

Die Tomaten waschen, von den Stielansätzen befreien und in dünne Scheiben schneiden. Zwiebeln und Knoblauch schälen und sehr fein hacken. Essig, Salz, Pfeffer, Zucker und Öl in einem Schälchen zu einer Sauce rühren und abschmecken.

2

Die Tomatenscheiben auf einer Platte anrichten, mit den Zwiebel- und Knoblauchwürfelchen bestreuen und gleichmäßig mit der Marinade beträufeln. Den Salat etwas ziehen lassen. Die Gartenkresse waschen und darüberstreuen. Zum Schluß die Frischkäsle in Scheiben schneiden, mit wenig Pfeffer würzen und mit dem Tomatensalat anrichten. Dazu frisches Bauernbrot (Seite 304) und Butter reichen.

Brägele

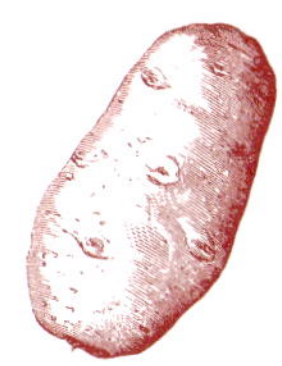

Für 4 Personen
Besonders typisch

800 g festkochende Kartoffeln vom Vortag
1 kleine Zwiebel, 50 g geräucherter Speck
50 g Schweineschmalz, 1 EL gehackte Petersilie, Salz

1

Die Kartoffeln pellen und in 2 Millimeter dünne Scheiben schneiden. Die Zwiebel in feine Würfel, den Speck in feine Streifen schneiden. Das Schmalz in einer Pfanne erhitzen. Die Kartoffelscheiben hineingeben, ab und zu wenden und so lange rösten, bis sie goldgelb sind. Erst jetzt die Zwiebeln und den Speck dazugeben und mitrösten. Zum Schluß die Petersilie darübergeben und die Brägele salzen.

F L Ä D L E S U P P E

Für 4 Personen
Besonders typisch, braucht etwas Zeit

Für die Brühe:
400 g Rinderknochen, 200 g Rindfleisch
150 g Gemüse (Gelberüben, Lauch
und Sellerie zu gleichen Teilen)
3 Pfefferkörner, 1 EL Salz
Muskat
Für den Flädleteig:
100 ml Milch, 30 g Mehl
2 Eier, 30 g Schnittlauchröllchen
30 g gehackte Petersilie, 1 Msp. Salz
Butterschmalz zum Backen

1

Reichlich Wasser in einem großen Topf zum Kochen bringen. Die Rinderknochen hineingeben, nochmals aufkochen lassen, das Wasser abschütten und die Knochen mit kaltem Wasser abwaschen. Die Knochen mit dem Rindfleisch nun in 1 1/2 Liter kaltem Wasser aufsetzen und etwa 3 Stunden leicht köcheln lassen. Dabei immer wieder Schaum und Fett von der Oberfläche abschöpfen.

2

Inzwischen das Suppengemüse säubern, waschen und grob zerkleinern. 1 Stunde vor Ende der Kochzeit das Gemüse und die Pfefferkörner in die Brühe geben. Für die Flädle die Milch in eine Schüssel geben und das Mehl unter ständigem Rühren zufügen, damit sich keine Klumpen bilden. Die Eier unterrühren, Schnittlauch, Petersilie und Salz beigeben.

3

Etwas Butterschmalz in einer Pfanne zerlassen und den Teig portionsweise zu dünnen Pfannkuchen ausbacken. Die Pfannkuchen etwas abkühlen lassen, aufrollen und in ganz feine Streifen schneiden.

4

Die fertige Brühe mit Salz und Muskat abschmecken und durch ein Geschirrtuch in einen Topf seihen. Die Flädle in eine Suppenschüssel geben, die heiße Fleischbrühe darübergießen und die Suppe mit Schnittlauch bestreut servieren. Das Rindfleisch nach Belieben gewürfelt in die Flädlesuppe geben.

Feldberger Pilzomelett

Für 4 Personen
Ganz einfach

20 g frische Petersilie
20 g Schnittlauch, 1 kleine Zwiebel
50 g durchwachsener Speck
500 g Pilze (je nach Saison)
50 g Butter, Salz, Pfeffer
10 Eier

1

Die Petersilie waschen und fein hacken, den Schnittlauch in feine Röllchen schneiden. Die Zwiebel abziehen und fein hacken. Den Speck in feine Streifen schneiden. Die Pilze säubern, vorsichtig waschen und in Scheiben schneiden.

2

Die Hälfte der Butter in einem Topf zerlassen, die Zwiebel darin andünsten. Den Speck zugeben und kurz mitdünsten lassen. Die Pilzscheiben hineingeben, anbraten und so lange weiterköcheln lassen, bis das austretende Wasser einreduziert ist. Zum Schluß den Schnittlauch und die Petersilie zufügen und mit Salz und Pfeffer abschmecken.

3

Die Eier in eine Schüssel aufschlagen, mit dem Schneebesen verquirlen und etwas salzen und pfeffern. Eine möglichst große Pfanne auf dem Herd erhitzen und die restliche Butter darin schmelzen. Die verquirlten Eier zugeben und mit einem Kochlöffel rühren, bis sie zu stocken beginnen.

4

Wenn die Eimasse wachsweich ist, die Pilze gleichmäßig auf dem Omelett verteilen. Die Pfanne schräg halten, das Omelett vom Pfannenboden lösen, einrollen und vorsichtig auf eine Platte setzen. Dazu Pellkartoffeln oder Bauernbrot (Seite 304) servieren.

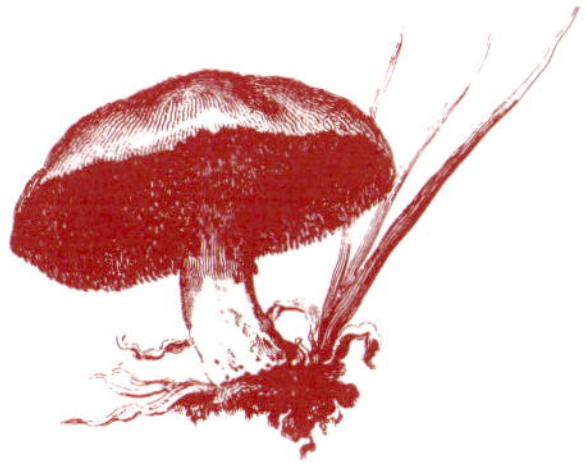

Leberle geröstet

Für 4 Personen
Geht schnell

800 g Kalbs- oder Rinderleber
(frisch vom Metzger), 1 Zwiebel
1/2 Bund Schnittlauch, 40 g Butterschmalz
Pfeffer aus der Mühle, Salz

1

Von der Leber mit einem scharfem Messer die Gefäßeingänge wegschneiden und die Oberfläche leicht einritzen. Die Haut von Hand ablösen, indem man vorsichtig mit einem Finger darunterfährt. Die Leber mit dem scharfen Messer in kurze dünne Streifen schneiden. Die Zwiebel abziehen und fein würfeln. Den Schnittlauch in Röllchen schneiden.

2

Das Butterschmalz in einer Pfanne heiß werden lassen und die Zwiebel darin andünsten. Die geschnetzelte Leber etwa 2 Minuten von allen Seiten scharf anbraten, dabei ständig wenden. Die gerösteten Leberle mit Pfeffer und etwas Salz würzen, sofort aus der Pfanne nehmen und mit den Schnittlauchröllchen bestreuen. Dazu Bauernbrot (Seite 304) und einen Blattsalat servieren.

Dieses Gericht ist sehr schnell zubereitet und wird deshalb auch gerne zur Veschper gereicht.

Saure Leberle

Für 4 Personen
Besonders typisch, geht schnell

700 g Leber (Kalb oder Rind)
1 kleine Zwiebel, 40 g Butterschmalz
Salz, Pfeffer aus der Mühle
1/4 l fertige Bratensauce
2 EL Weinessig
4 EL trockener Weißwein
1 Lorbeerblatt

1

Die Leber von Häutchen und Gefäßeingängen befreien, in 1 Zentimeter dicke Scheiben schneiden und diese wiederum in etwa 2 Millimeter dünne Streifen. Die Zwiebel abziehen und fein hacken.

2

Eine möglichst große Pfanne stark erhitzen, das Butterschmalz hineingeben und die Zwiebeln darin glasig dünsten. Die Leberstreifen zugeben und unter ständigem Wenden von allen Seiten scharf anbraten. Die Leber mit Salz und Pfeffer würzen, sofort aus der Pfanne nehmen und warm stellen.

3

Die Bratensauce mit Essig, Weißwein und Lorbeerblatt in die Leberpfanne geben und kräftig aufkochen lassen. Das Lorbeerblatt herausnehmen, die angeröstete Leber zugeben und gleich in der Pfanne servieren.

Zu den sauren Leberle ißt man traditionell Brägele (Seite 209). Bei der Veschper werden sie auch mit Bauernbrot aufgetischt.

Kruttstumpe und Dummis

Für 4 Personen
Besonders typisch

Für das Gemüse:
16 Stangen Mangold (etwa 2 kg)
Salz, 1 kleine Zwiebel, 20 g Butter
20 g Mehl, 1/4 l Milch, Pfeffer
Für den Teig:
400 g Mehl, 400 ml Milch
50 g flüssige Butter
7 Eier, 1 TL Salz
Butterschmalz zum Ausbacken

1

Den Mangold waschen. Die Blätter abzupfen und anderweitig verwenden. Die Stiele längs halbieren und in 3 Zentimeter lange Stücke schneiden. Den Mangold in Salzwasser in 3 Minuten bißfest kochen und über ein Sieb abschütten, das Kochwasser auffangen. Die Zwiebel abziehen und hacken.

2

Die Butter in einem Topf erhitzen und die Zwiebel darin glasig dünsten, mit dem Mehl bestäuben und einen Viertelliter Kochwasser sowie die Milch zugießen. Die Sauce aufkochen lassen und dabei ständig umrühren. Den Mangold dazugeben und nochmals 5 Minuten leicht köcheln lassen. Mit Salz und Pfeffer nachschmecken und die Kruttstumpe warm stellen.

3

Für den Teig Mehl, Milch und flüssige Butter in eine Schüssel geben und zu einem glatten Teig verarbeiten. Die Eier unterrühren und den Teig mit Salz abschmecken.

4

So viel Butterschmalz in einer Pfanne erhitzen, daß der Boden gerade eingefettet ist. Den Teig etwa 1/2 Zentimeter dick eingießen und bei mäßiger Hitze von beiden Seiten goldgelb braten.

5

Den fertigen Pfannkuchen in große Würfel zerschneiden und im Backofen warm stellen. Mit dem restlichen Teig ebenso verfahren. Die Dummis auf einer Platte anrichten und mit den Kruttstumpe servieren.

***D**aß Tradition und Moderne sich gut vertragen, kann man in Baden überall erleben. Man muß nur das Althergebrachte lieben und für das Neue offen sein.*

Bodensee-Saiblingfilets auf Tomatenbutter mit Estragon

Für 4 Personen
Raffiniert

4 ausgenommene Saiblinge à 250 g
Für die Tomatenbutter:
6 große Fleischtomaten
1 kleine Knoblauchzehe
1 Schalotte, 70 g Butter
2 EL Weißwein
1/4 l Fischfond
(Seite 96 oder aus dem Glas)
Salz, Pfeffer
10 g Estragonblättchen
Für den Fisch:
Saft von 1 Zitrone
3 EL Olivenöl, 30 g Butter
Mehl zum Panieren

1

Die Saiblinge genauso wie Forellen vorbereiten und filetieren (Seite 98), die Filets beiseite stellen.

2

Für die Tomatenbutter einen Topf mit Wasser zum Kochen bringen. Die Tomaten waschen und den Strunk mit einem Messer ausschneiden. Die Tomaten kurz in das kochende Wasser eintauchen, bis sich die Haut löst, und sofort in kaltem Wasser abschrecken.

3

Die Tomaten häuten, vierteln und das Innere ausschaben, so daß nur das feste Fleisch übrigbleibt. Zwei Drittel der Tomatenschnitze in kleine Würfel schneiden. Den Rest in Streifen schneiden und beiseite stellen.

4

Den Knoblauch abziehen, kleinschneiden, mit Salz bestreuen und mit einem Messerrücken fein zerreiben. Die Schalotte in feine Würfel schneiden und mit 20 Gramm Butter in einem Topf anschwitzen. Die Tomatenwürfel zugeben und mitkochen, bis eine breiige Masse entsteht. Den zerriebenen Knoblauch zum Tomatenmus geben. Das Mus mit Weißwein und Fischfond ablöschen und aufkochen lassen.

5

Die restliche Butter in Flöckchen in die Sauce geben und so lange rühren, bis sie sich aufgelöst hat. Die Sauce mit Salz und Pfeffer abschmecken, die Estragonblättchen und Tomatenstreifen als Einlage hineingeben. Die Tomatenbutter warm stellen.

6

Die vorbereiteten Saiblingfilets waschen, trockentupfen, salzen und mit dem Zitronensaft beträufeln. Olivenöl und Butter zusammen in einer Pfanne erhitzen. Die Filets in Mehl wenden und in der Pfanne auf beiden Seiten goldgelb braten.

7

Die Tomatenbutter mit einem Löffel in die Mitte von 4 Tellern geben und die Saiblingfilets darauf anrichten.

Dazu Kartoffelgratin (Seite 110), Pellkartoffeln oder Kräuterreis servieren.

Kalbshaxe

Für 4 Personen
Ganz einfach

1 ganze Kalbshaxe (etwa 1,2 kg)
Salz, Pfeffer, 2 Gelberüben (Möhren), 1 Zwiebel
2 EL Butterschmalz, 1 Lorbeerblatt, 1 Zweig Rosmarin
1/4 l Fleischbrühe

1

Den Backofen auf 180 Grad (Umluft 160 Grad, Gas Stufe 2 bis 3) vorheizen. Die Haxe waschen und mit Küchenkrepp abtupfen, eventuell noch vorhandene Häute entfernen. Das Fleisch rundum salzen und pfeffern. Die Gelberüben waschen und schälen, die Zwiebel pellen und halbieren.

2

Das Butterschmalz in einem gußeisernen Bratentopf zerlassen und die Haxe von allen Seiten bei großer Hitze braun anbraten. Gelberüben, Zwiebelhälften, Lorbeerblatt und Rosmarinzweig zugeben, mit der Fleischbrühe ablöschen. Die Kalbshaxe in den Ofen schieben und 1 Stunde bei geschlossenem Deckel garen, zwischendurch immer wieder mit der Brühe beschöpfen. 10 Minuten vor Ende der Garzeit den Deckel abnehmen, damit sich eine knusprige Kruste bildet.

3

Die Kalbshaxe aus dem Bräter nehmen, in Scheiben schneiden und auf einer Platte anrichten. Die Sauce durch ein Sieb gießen und extra servieren. Dazu Kartoffelsalat (Seite 319) oder sommerliche Salate reichen.

Der Pforzheimer Bierkönig

Vor vielen Jahren lebte in Pforzheim ein Mann, dessen große Liebe das Bier war. Als er wieder einmal durstig durch den Wald bei seiner Heimatstadt wanderte, lief auf einmal ein kleines graues Männlein neben ihm her und fragte, weshalb er denn ein solch mißmutiges Gesicht mache.

»Wie soll man denn noch fröhlich sein«, fragte der Mann zurück, »wenn einem vor Durst die Zunge am Gaumen klebt, man sich aber das Glas Bier, auf das man sich so freut, nicht mehr leisten kann, weil das Geld fehlt?« »Mache dir wegen des Geldes keine Sorgen«, antwortete das Männlein. »Geld kannst du genug bekommen, wenn du versprichst, keusch zu leben und keinen Wein oder Schnaps mehr zu trinken, sondern nur noch Bier. So lange du dieses Versprechen hälst, wirst du im kommenden Jahr jede Nacht am St. Georgsbrunnen einen Gulden finden. Ist das Jahr vorbei, triffst du mich dort wieder und wirst dann soviel Geld von mir erhalten, daß du nie mehr auf dein Bier verzichten mußt.«

Dieses Versprechen gab der Mann gerne ab, zumal er schon im fortgeschrittenen Alter war und sich aus Wein und Branntwein ohnehin nicht viel machte. Fortan erhielt er nun allabendlich einen Gulden und setzte ihn in der Schloßschänke sogleich in Bier um. Als das Jahr vergangen war, traf er das Männlein wieder. Dieses sprach: »Du hast dein Wort gehalten. Deshalb sollst du, wenn du nach Hause kommst, deinen versprochenen Lohn erhalten. Außerdem ernenne ich dich hiermit zum Bierkönig.« Damit verschwand das Männlein und wurde nie mehr gesehen.

Zu Hause angekommen, fand der Bierkönig eine Kiste mit Gold. Von nun an konnte er sich soviel Bier leisten, wie er zu trinken vermochte. Er machte seinem Namen als Bierkönig alle Ehre und war stolz darauf, daß sein Bild neben dem des Landesherrn lange Jahre in der Schänke beim Schloß hing.

Heidelbeeromeletts

Für 4 Personen
Braucht etwas Zeit

5 Eier, 375 g Mehl
70 g Zucker, Salz, 450 ml Milch
750 g Heidelbeeren, Öl zum Ausbacken

1

Die Eier trennen. Das Mehl in eine Schale sieben. In einer Schüssel die Eigelbe, 1 Teelöffel Zucker und eine Prise Salz mit dem Schneebesen verrühren, abwechselnd Mehl und Milch in kleineren Mengen unterrühren. Den Teig etwa 10 Minuten stehen lassen.

2

In der Zwischenzeit die Heidelbeeren verlesen und waschen, eventuell grüne Blättchen entfernen. Die Früchte in eine Schüssel geben und mit dem restlichen Zucker bestreuen. Erst jetzt die Eiweiße mit einer Prise Salz steif schlagen und unter den Teig heben.

3

In einer Pfanne etwas Öl erhitzen und so viel Teig hineingeben, daß der Boden der Pfanne 1 Zentimeter hoch bedeckt ist. Etwa ein Achtel der gezuckerten Heidelbeeren gleichmäßig darauf verteilen. Das Omelett bei mittlerer Hitze goldbraun backen, wenden und in 3 Minuten fertigbacken. Auf gleiche Weise etwa 8 Omeletts aus dem Teig backen.

4

Die bereits fertigen Heidelbeeromeletts auf einer großen Platte übereinanderlegen und warm stellen, nach Belieben leicht überzuckern.

Das Wenden der Omeletts ist nicht ganz einfach und geht leichter, wenn Sie sie vorher halbieren.

Heidelbeerkuchen

Für 10 bis 12 Stücke
Läßt sich vorbereiten

Für den Mürbeteig:
200 g Mehl, 1 TL Backpulver
1 EL Zucker, Salz, 1 Ei
1 EL Maraschino oder Rum
100 g kalte Butter, Butter für die Form
Mehl zum Ausrollen
Für die Füllung:
750 g Heidelbeeren
500 g Magerquark, 2 Eier
2 Eigelb, 75 g Zucker
20 g Speisestärke
2 EL Zitronensaft
30 g Paniermehl

1

Das Mehl auf die Tischplatte sieben, mit Backpulver, Zucker und einer Prise Salz mischen. Mit der Faust eine Vertiefung in die Mitte drücken und das Ei und den Alkohol hineingeben. Die Butter in kleine Stücke schneiden und an den Mehlrand setzen. Alle Zutaten schnell zu einem glatten Teig verarbeiten und den Mürbeteig mindestens 1 Stunde kalt stellen.

2

Den Backofen auf 200 Grad (Umluft 180 Grad, Gas Stufe 3 bis 4) vorheizen. Für die Füllung die Heidelbeeren verlesen und waschen, eventuell grüne Blättchen entfernen. Den Quark in einer Schüssel mit Eiern, Eigelben, Zucker, Speisestärke und Zitronensaft gut verrühren.

3

Eine Springform mit 28 Zentimeter Durchmesser mit etwas Butter einfetten. Den Mürbeteig auf einer leicht bemehlten Fläche ausrollen und Boden und Rand der Springform damit belegen. Den Teig mit dem Paniermehl bestreuen, die Heidelbeeren darauf verteilen und mit der Quarkmasse bedecken. Den Heidelbeerkuchen auf der zweiten Schiebeleiste von unten 1 Stunde im Ofen backen und eventuell gegen Ende der Backzeit mit Alufolie abdecken, falls er zu dunkel wird.

Holdersuppe

Für 4 Personen
Ganz einfach

500 g entstielte reife Holunderbeeren
1/4 l Rotwein
1 unbehandelte Zitronenschale
1 kleine Zimtstange
4 EL Zucker
2 gestrichene EL Speisestärke
Zitronenscheiben zum Garnieren

1

Die Beeren mit einem halben Liter Wasser in einem Topf aufsetzen. Rotwein, Zitronenschale, Zimtstange und Zucker dazugeben und alles etwa 30 Minuten leicht köcheln lassen. Die Stärke mit etwas Wasser zu einem Brei rühren, in die Suppe einrühren und weitere 5 Minuten köcheln lassen.

2

Die Holdersuppe nach Belieben heiß oder kalt servieren und mit Zitronenscheiben anrichten. Dazu Hefegebäck, Strudel oder Arme Ritter reichen.

Pochierte Weinbergpfirsiche mit Mandeleis und Weinschaumsauce

Für 4 Personen
Raffiniert, läßt sich vorbereiten

Für das Mandeleis:
2 Eier, 4 Eigelb, 40 g Zucker, 50 g Mandelblättchen
3 cl Amaretto (Mandellikör), 300 g süße Sahne
Für die Pfirsiche:
200 g Zucker, 4 reife Weinbergpfirsiche (mit weißem Fruchtfleisch)
Für die Weinschaumsauce:
130 ml Weißwein, 80 g Zucker, 3 Eigelb, 1 Ei, Saft von 1/2 Zitrone

1

Für das Mandeleis den Backofen auf 200 Grad (Umluft 180 Grad, Gas Stufe 3 bis 4) vorheizen. Eier, Eigelbe und Zucker in einen Schlagkessel geben und über einem Topf mit kochendem Wasser schaumig schlagen. Den Kessel vom Herd nehmen und die Masse weiterschlagen, bis sie abgekühlt ist.

2

Die Mandelblättchen auf einem Blech im Backofen mittelbraun rösten. Den Amaretto und die gerösteten Mandeln unter den Eierschaum rühren. Die Sahne steif schlagen und vorsichtig unterheben. Die Masse in eine Form umfüllen und in der Gefriertruhe über Nacht fest werden lassen.

3

Am folgenden Tag einen halben Liter Wasser mit 200 Gramm Zucker aufkochen, die Weinbergpfirsiche darin etwa 5 Minuten leicht köcheln lassen und herausnehmen. Mit einem kleinen Messer die Haut abziehen.

4

Alle Zutaten für die Weinschaumsauce in einen Schlagkessel geben und über kochendem Wasser schaumig aufschlagen. Den Kessel vom Herd nehmen und die Sauce kurz weiterschlagen, damit sie nicht gerinnt.

5

Die noch warmen Pfirsiche auf 4 Teller setzen, das Mandeleis dazugeben und die warme Weinschaumsauce extra servieren. Das Dessert nach Belieben mit Kiwis, Ananasstücken, Apfelspalten und je einem Minzeblättchen garnieren.

MIRABELLENQUARKCREME

Für 4 Personen
Preiswert, geht schnell

125 g süße Sahne
1/2 l Milch, 60 g Zucker
1 Stück unbehandelte Zitronenschale
60 g Grieß, 250 g Magerquark
1 TL Zitronensaft, 2 Eigelb
500 g Mirabellenkompott aus dem Glas
Minze zum Garnieren

1

Die Sahne steif schlagen und kühl stellen. Die Milch mit Zucker und Zitronenschale in einem Topf aufkochen, den Grieß zugeben und unter Rühren 4 bis 5 Minuten kochen. Den fertigen Grießbrei etwas abkühlen lassen und die Zitronenschale herausnehmen.

2

Quark, Zitronensaft und Eigelbe in einer Schüssel gut verrühren. Die Schlagsahne und den Grießbrei löffelweise unterheben.

3

Das Mirabellenkompott durch ein Sieb abgießen und gut abtropfen lassen. Die Früchte in Dessertschälchen verteilen, mit der Quarkcreme auffüllen und jedes Schälchen mit einigen frischen Minzeblättchen garnieren.

Mirabellenwaie

Für 10 bis 12 Stücke
Läßt sich vorbereiten

Für den Waieteig:
200 g Mehl, 1 EL Zucker
Salz, 150 g kalte Butter
Butter für die Form
Für den Belag:
750 g Mirabellen, 3 Eier
75 g Zucker, 1 Päckchen Vanillezucker
200 g saure Sahne (20% Fett)

1

Das Mehl auf die Tischplatte sieben, mit dem Zucker und einer Prise Salz mischen. Mit der Faust in die Mitte eine Vertiefung drücken, 2 Eßlöffel sehr kaltes Wasser hineingeben. Die Butter in kleinen Stücken an den Mehlrand setzen. Alle Zutaten schnell zu einem glatten Teig verarbeiten und den Teig mindestens 1 Stunde im Kühlschrank ruhen lassen.

2

Den Backofen auf 200 Grad (Umluft 180 Grad, Gas Stufe 3 bis 4) vorheizen. Für den Belag die Mirabellen waschen und entsteinen. Eier, Zucker, Vanillezucker und saure Sahne in einer Schüssel verquirlen.

3

Eine Springform mit 28 Zentimeter Durchmesser mit etwas Butter einfetten. Den Waieteig auf einer leicht bemehlten Fläche ausrollen und Boden und Rand der Springform damit belegen. Den Teig mit einer Gabel mehrfach einstechen, damit er sich beim Backen nicht wölbt, und auf der zweiten Schiebeleiste von unten 10 bis 15 Minuten vorbacken.

4

Die entsteinten Mirabellen auf dem vorgebackenen Boden verteilen und mit der Eiermasse begießen. Die Mirabellenwaie in 40 bis 45 Minuten im Ofen fertigbacken.

Schwarzwälder Heidelbeermarmelade

Für 5 bis 8 Gläser
Ganz einfach, läßt sich vorbereiten

1 kg Waldheidelbeeren
1 kg Gelierzucker

1

Die Heidelbeeren verlesen und waschen, eventuell grüne Blättchen entfernen. Die Früchte in eine Schüssel geben, mit dem Schneidstab des Handrührgerätes pürieren oder mit einer Gabel zerdrücken. Den Gelierzucker daruntermischen und die Fruchtmasse 2 Stunden durchziehen lassen.

2

5 bis 8 saubere Marmeladengläser mit kochendheißem Wasser füllen. Die Deckel heiß abwaschen und abtrocknen. Die Fruchtmasse in einem Topf zum Kochen bringen und genau 4 Minuten unter ständigem Rühren sprudelnd kochen lassen.

3

Das heiße Wasser aus den Gläsern gießen und diese sofort mit der heißen Marmelade randvoll füllen. Die Deckel fest zuschrauben, die Gläser umdrehen und einige Minuten auf dem Kopf stehen lassen, um den Inhalt luftdicht abzuschließen und Schimmelbildung zu vermeiden.

VARIANTEN: Sie können die Marmelade mit einem Gläschen klarem Schwarzwälder Obstbrand (z.B. Kirschwasser oder Mirabellenschnaps) verfeinern oder die Hälfte der Heidelbeeren durch Nektarinen ersetzen.

Wie zu Großmutters Zeiten:
Ein selbstgemachter Likör oder Wein
aus Heidelbeeren, Brombeeren oder Kirschen
ist noch immer etwas Besonderes.

HOLDERLIKÖR

Für 2,5 Liter
Raffiniert

1,5 kg entstielte reife Holunderbeeren
1 kg Zucker, 1 Vanillestange, 3/4 l Obstler

1

Die Beeren in einem großen Topf mit 2 Liter Wasser in etwa 30 Minuten weich kochen, durch ein feines Haarsieb abtropfen lassen und den Saft auffangen. Den Holdersaft wieder in den Topf gießen, den Zucker und die aufgeschlitzte Vanillestange zugeben und eine weitere Stunde zugedeckt kochen lassen.

2

Den Holdersaft abkühlen lassen, die Vanilleschote entfernen, den Obstler zugeben und den Likör in gut verschließbare Flaschen füllen.

Den Holderlikör sollten Sie nach der Zubereitung erst einmal 2 bis 3 Monate an einem dunklen Ort ruhen lassen.

EINWECKEN

Beim Einmachen oder Einwecken werden Lebensmittel in einem speziellen Deckelglas mit einem Gummiring und Klammern luftdicht abgeschlossen und im Wasserbad erhitzt. Auf diese Weise werden alle Keime und Bakterien abgetötet und die Lebensmittel haltbar.

Rudolf Rempel, ein Chemiker aus dem Ruhrgebiet, erfand Ende des 19. Jahrhunderts diese Konservierungsmethode. Seinen »Einmachapparat« ließ er sich patentieren und verkaufte ab 1892 bereits eine große Anzahl von Geräten und Einmachgläsern. Weltbekannt wurde das Einmachen jedoch durch Johann Weck. Weck, ein Naturapostel aus dem Taunus, wollte mit gesunder Ernährung gegen den Alkoholismus vorgehen. Er zählte zu den ersten Kunden von Rempels »Einmachapparat«. Nach dessen Tod erwarb er das Patent dafür, ließ sich im badischen Wehr-Öflingen nieder – eine Gegend, wo viel Glas produziert wurde – und stellte dort von 1900 an Einkochgläser her.

Das älteste Einkochglas, das noch heute im Archiv der Johann Weck GmbH steht, stammt aus dem Jahr 1897 und enthält ein ganz unbadisches Obst – eine Ananas.

Pfirsichmarmelade

Für 5 bis 8 Gläser
Geht schnell

1,5 kg gelbe Pfirsiche, 500 g Zucker und 1 Beutel Gelfix (oder 500 g Extra Gelierzucker), 2 cl Pfirsichlikör

1

Einen Topf mit Wasser zum Kochen bringen. Die Pfirsiche 2 Minuten hineintauchen und mit kaltem Wasser abschrecken. Die Pfirsiche häuten, entsteinen und in kleine Stücke schneiden. Die Fruchtstücke in einer Schüssel mit dem Schneidstab des Handrührgerätes pürieren.

2

5 bis 8 saubere Marmeladengläser mit dem kochendheißen Wasser füllen, die Deckel heiß abwaschen und abtrocknen. 2 Eßlöffel Zucker mit dem Gelfix vermischen, mit der Fruchtmasse verrühren und in einem Topf zum Kochen bringen. Den restlichen Zucker zufügen, die Marmelade unter ständigem Rühren weiter erhitzen und genau 1 Minute sprudelnd kochen lassen, dann den Pfirsichlikör unterrühren.

3

Die Gläser ausleeren und sofort mit der heißen Marmelade randvoll füllen. Die Deckel fest zudrehen, die Gläser umdrehen und einige Minuten auf dem Kopf stehen lassen.

Menü des Monats

Klare Tomatensuppe mit Frischkäseklößchen

Kalbshaxe

Pochierte Weinbergpfirsiche mit Mandeleis und Weinschaumsauce

Müller-Thurgau QbA trocken

Die Küche

Die meisten badischen Trauben werden zwar zu Wein verarbeitet, doch sind sie auch roh oder als Beilage eine Delikatesse.

IM SEPTEMBER

Bei einem Herbstspaziergang durch die Obstgärten im Rheintal leuchten einem schon von weitem die Apfelbäume mit ihren prallen Früchten entgegen – sie scheinen es gar nicht mehr erwarten zu können, endlich abgeerntet zu werden.

Was es im September

Pilze

Der Spätsommer ist die Zeit der Pilze. Wenn es warm und feucht ist, schießen sie überall im Wald aus dem Boden. In den letzten Jahren hat die Zahl der »Pilzjäger« immer mehr zugenommen – wenn man zu dieser Jahreszeit am Wochenende durch die Wälder geht, kann man sich selbst davon überzeugen. Auch im Schwarzwald sind der Steinpilz und der Pfifferling die Stars unter den Pilzen. Wer nicht selbst sammeln möchte, muß für diese Köstlichkeiten auf dem Markt tief in die Tasche greifen.

Birnen

In Baden und im Schwarzwald kommt der Birne eine besondere Bedeutung zu. Zum einen wächst hier die Williams Christbirne, die übrigens bereits 1770 in England gezüchtet und nach ihrem »Schöpfer« Williams benannt wurde. Man verwendet sie zur Herstellung des berühmten Schnapses. Zum anderen wurden seit jeher Birnen getrocknet, um an Weihnachten einen Vorrat für das typische Schwarzwälder Weihnachtsgebäck, den Birewecke, zu haben. Schon seit langem wird hier auch feiner Birnenmost vergoren, in den – für die nötige Säure – auch Äpfel kommen.

Zwetschgen

Schon die alten Griechen kannten die Zwetschge und importierten sie aus dem Vorderen Orient – aus Damaskus. Über die Römer kam die süße Frucht zu den Germanen, und diese verballhornten den Namen »Damaszener« über viele Jahrhunderte hinweg zur Zwetschge. Beim Unterschied zwischen Zwetschgen und Pflaumen scheiden sich die Geister – Pflaumen seien größer und rund, Zwetschgen dagegen kleiner und spitz. Doch wer will bei der Vielzahl von Sorten den Überblick behalten? Die berühmteste badische Zwetschgengegend ist Bühl. Die dort gezüchtete Bühler Frühzwetschge hat dieses Anbaugebiet weit über Baden hinaus bekannt gemacht.

ALLES GUTES GIBT...

PREISELBEEREN

Die Preiselbeere ist die letzte Beere, die im Jahreslauf reif wird. Sie ist besonders in den Höhenlagen des Schwarzwaldes zu finden. In der kurzen Saison muß man sich beeilen, um genügend Beeren für Preiselbeerkompott zu sammeln – eine hervorragende Beilage zu den vielen Schwarzwälder Wildgerichten. Wegen ihrer reinigenden Wirkung dienen Preiselbeeren auch schon lange als Hausmittel.

FASAN

Obwohl man ihn heute oft in freier Natur antrifft, war der Fasan ursprünglich in Mitteleuropa nicht verbreitet. Eingeführt haben ihn die Römer, später wurde er von weltlichen und geistlichen Würdenträgern als exotischer Vogel in Fasanerien gehalten. Er war jedoch nie ein regelrechtes Haustier und wurde statt dessen im Laufe der Zeit in unserer Wildbahn heimisch.

TYPISCH FÜR DEN SEPTEMBER

Pilze	*Nierle mit Pfifferlingen und Steinpilzen*	*Seite 237*
Birnen	*Birnenwaie*	*Seite 256*
Zwetschgen	*Bühler Zwetschgenkuchen*	*Seite 252*
Preiselbeeren	*Eingemachte Wildpreiselbeeren*	*Seite 244*
Fasan	*Fasan nach Kaiserstühler Art*	*Seite 247*

Rüblisuppe mit Rahm

Für 4 Personen
Besonders typisch

300 g Gelberüben (Möhren)
100 g Kartoffeln
1/2 Zwiebel
30 g Butter
1 l Fleischbrühe
100 g saure Sahne
Salz, Pfeffer
1 EL Zucker
2 EL gehackte Petersilie

1

Gelberüben und Kartoffeln schälen und in dünne Scheiben schneiden oder hobeln, die halbe Zwiebel würfeln. Die Butter in einem Topf erhitzen und die Zwiebelwürfel darin glasig dünsten. Die Kartoffel- und Gelberübenscheiben zugeben und kurz mitdünsten.

2

Mit Fleischbrühe auffüllen und das Gemüse gut weichkochen. Alles mit dem Pürierstab fein mixen und dabei den Sauerrahm zugeben, damit die Suppe eine luftige Konsistenz bekommt.

3

Die Suppe nochmals kurz aufkochen, mit Salz, Pfeffer und Zucker abschmecken und mit der gehackten Petersilie garnieren. Die Rüblisuppe heiß servieren.

NUDELSUPPE

Für 4 Personen
Ganz einfach, braucht etwas Zeit

1 kg Brustkern
2 Rinderknochen, 1 Gelberübe (Möhre)
1 Stück Sellerie, 1 Lauchstange
1 Zwiebel, 2 TL Salz
1 Lorbeerblatt, 2 Pfefferkörner
250 g Fadennudeln

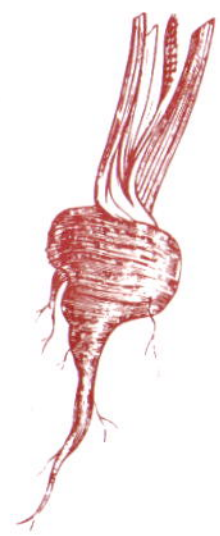

1

Das Fleisch und die Knochen waschen. Die Gelberübe und den Sellerie waschen und schälen, den Lauch putzen, die Zwiebel pellen und halbieren. Einen Suppentopf mit 2 Liter Wasser und dem Salz aufsetzen. Fleisch, Knochen, vorbereitetes Gemüse, Lorbeerblatt und Pfefferkörner hineingeben. Die Suppe zum Kochen bringen und einmal aufkochen lassen. Den Fleischschaum mit einer Kelle abschöpfen und die Suppe zugedeckt 1 1/2 Stunden leicht sieden lassen.

2

Inzwischen die Fadennudeln in einem Topf mit Salzwasser gar kochen und in einem Sieb abtropfen lassen. Die fertige Suppe durch ein Sieb gießen, die Brühe in einer Suppenschüssel auffangen. Die gekochten Nudeln in die Brühe geben und sofort servieren.

Die Nudelsuppe wird zu einer Hauptmahlzeit, wenn Sie das Rindfleisch in Streifchen schneiden und zusätzlich in die Suppe geben.

Bei diesem Rezept wird das Fleisch im kalten Wasser aufgesetzt, damit sämtliche Geschmacksstoffe in die Suppe übergehen. Im Gegensatz hierzu wird bei der gekochten Ochsbrust (Seite 239) das Fleisch erst zugegeben, wenn das Wasser kocht – dann schließen sich die Poren sofort und das Fleisch behält seinen vollen Geschmack.

Sommerauer Pfifferlinge

Für 4 Personen
Geht schnell

600 g Pfifferlinge
1 kleine Zwiebel
50 g magerer Bauchspeck
1 kleines Bund Petersilie
100 g süße Sahne, Salz, Pfeffer

1

Die Pfifferlinge putzen und waschen, die Zwiebel abziehen. Zwiebel, Speck und Petersilie fein hacken. Die Sahne steif schlagen.

2

In einem breiten Topf oder in einer großen Pfanne die Speck- und Zwiebelwürfel andünsten und die Pfifferlinge dazugeben. Den Deckel kurz aufsetzen, bis die Pilze Wasser gezogen haben, dann mit Salz und Pfeffer würzen und die ausgetretene Flüssigkeit auf die Hälfte einreduzieren.

3

Die gehackte Petersilie und die Schlagsahne zu den Pilzen geben. Nochmals kurz aufkochen und die Pfifferlinge sofort in eine Schüssel umfüllen, damit die cremige Beschaffenheit der Sauce erhalten bleibt.

Dazu Nudeln servieren oder – wenn es ganz schnell gehen soll – einfach nur Weißbrot.

Nierle mit Pfifferlingen und Steinpilzen

Für 4 Personen
Raffiniert, geht schnell

3 große Schweinenieren
1/2 Zwiebel, 20 g Speckscheiben
150 g Pfifferlinge, 150 g Steinpilze
30 g Butter, 2 EL gehackte Petersilie
100 g geriebenes Weißbrot
Salz, Pfeffer, 2 Eigelb
Butterschmalz zum Braten
100 g süße Sahne
100 ml Bratensauce

1

Die Nieren von Gefäßeingängen und Häuten befreien (Seite 156), jedoch nicht durchschneiden, sondern nur seitlich aufschneiden und zum Füllen aufklappen, anschließend waschen und trockentupfen.

2

Die halbe Zwiebel in feine Würfel, den Speck in feine Streifen schneiden. Die Pfifferlinge und Steinpilze putzen, waschen und mit einem Messer grob hacken. Zwiebeln und Speck in einer Pfanne mit der Butter andünsten, die Pilze zugeben und 3 Minuten mitdünsten. Die Petersilie und das geriebene Weißbrot dazugeben und mit Salz und Pfeffer würzen. Die Pilzpfanne vom Herd nehmen, etwas abkühlen lassen und die Eigelbe darunterrühren.

3

Den Backofen auf 160 Grad (Umluft 140 Grad, Gas Stufe 1 bis 2) vorheizen. Die Nieren mit der Pilzmasse füllen und in einer ofenfesten Pfanne mit etwas Butterschmalz von allen Seiten anbraten. Die Nieren 10 Minuten im Ofen fertiggaren, mit Salz und Pfeffer würzen und auf einer vorgewärmten Platte mit hohem Rand anrichten.

4

Die Nierenpfanne wieder auf den Herd stellen. Die Sahne zum Garfond geben und die Flüssigkeit auf die Hälfte einreduzieren. Die Bratensauce dazugeben, aufkochen lassen und die fertige Sauce über die gefüllten Nieren gießen. Dazu Reis oder Brägele (Seite 209) servieren.

RAUKESALAT

Für 4 Personen
Raffiniert

1 Bund Lauchzwiebeln
3 Handvoll Rauke
1 Knoblauchzehe
4 EL Weißweinessig
Salz, Zucker
Pfeffer aus der Mühle
6 EL Pflanzenöl
2 EL Sonnenblumenkerne
20 g Mandelblättchen
50 g Gartenkresse

1

Die Lauchzwiebeln putzen und waschen. Nur das Weiße und Hellgrüne in Ringe schneiden, den Rest entfernen. Die Rauke verlesen, waschen und in einem Sieb gut abtropfen lassen.

2

Die Knoblauchzehe schälen, fein hacken, mit Essig, Salz, Zucker, Pfeffer und Öl in einer Schüssel verrühren, die Sauce nochmals abschmecken. Die Lauchzwiebeln und die Rauke mit der Salatsauce vermischen.

3

Die Sonnenblumenkerne mit den Mandelblättchen in einer Pfanne ohne Fett hellbraun rösten und unter den Salat mischen. Die Gartenkresse darüberstreuen.

Gekochte Ochsbrust

Für 4 Personen
Besonders typisch

1 kg Hochrippe oder Bug ohne Knochen
2 TL Salz, 1 Gelberübe (Möhre), 300 g Sellerie, 200 g Lauch
1 Zwiebel, 1 Lorbeerblatt, 2 Pfefferkörner

1

Das Fleisch waschen und trockentupfen. 2 Liter Wasser mit dem Salz in einem großen Topf zum Kochen bringen. Gelberübe und Sellerie waschen und schälen, den Lauch putzen, die Zwiebel pellen und halbieren.

2

Sobald das Wasser kocht, Fleisch und Knochen, das vorbereitete Gemüse sowie Lorbeerblatt und Pfefferkörner hineingeben. Alles 1 1/2 Stunden im geschlossenen Topf leicht sieden lassen. Die Brühe darf nicht sprudelnd kochen, da das Fleisch sonst trocken wird.

3

Die fertig gegarte Ochsbrust aus der Brühe nehmen, in Scheiben schneiden und auf einer vorgewärmten Platte anrichten. Dazu Rahmkartoffeln (Seite 240), Meerrettichsauce (Seite 242) und eingemachte Wildpreiselbeeren (Seite 244) servieren.

Die Ochsbrust oder auch Hochrippe ist das traditionelle badische Samstagsgericht. Das gekochte Rindfleisch wird auf jeden Fall mit einer Meerrettichsauce serviert. Dazu gab es früher noch eine Vielzahl von Beilagen, die man heute teilweise kaum noch kennt: eingelegte Zwetschgen oder Kirschen, Gurkenstücke, rote Rahnen, Selleriesalat und Preiselbeeren.

Rahmkartoffeln

Für 4 Personen
Raffiniert

1 kg Kartoffeln, 1 Lorbeerblatt
Salz, 30 g Mehl, 70 g Butter, 100 ml Fleischbrühe
200 g saure Sahne (20% Fett), Pfeffer, 1/2 Bund glatte Petersilie

1

Die Kartoffeln schälen, waschen und in messerrückendicke Scheiben schneiden. Die Kartoffelscheiben mit dem Lorbeerblatt in kochendes Salzwasser geben und in 5 bis 10 Minuten knapp weich garen.

2

Das Mehl mit der Butter in einem breiten Topf anschwitzen, mit der Fleischbrühe ablöschen, die Mehlschwitze glattrühren und aufkochen lassen. Die saure Sahne unterrühren und mit Salz und Pfeffer abschmecken. Die Kartoffelscheiben zugeben und in der Sauce 5 Minuten durchziehen lassen. Die Petersilie waschen, hacken und über die Rahmkartoffeln geben.

Bouillonkartoffeln

Für 4 Personen
Ganz einfach, preiswert

600 g festkochende Kartoffeln, 1 kleine Gelberübe (Möhre)
150 g Sellerie, 100 g Lauch, 1 kleine Zwiebel, 50 g Butter
1/2 l Fleischbrühe, Salz, geriebene Muskatnuß, 2 EL gehackte Petersilie
1 EL gehackte Liebstöckelblätter

1

Die Kartoffeln schälen und in 1 Zentimeter große Würfel schneiden. Gelberübe und Sellerie schälen, den Lauch putzen. Das Gemüse waschen und in kleine Würfel schneiden. Die Zwiebel pellen und fein hacken.

2

Zwiebel und Gemüse in einem Topf mit der Butter andünsten. Die Kartoffelwürfel dazugeben und die Fleischbrühe angießen. Die Kartoffeln in 10 bis 15 Minuten gar kochen und mit Salz und Muskat abschmecken. Kurz vor dem Servieren die Kräuter untermischen.

Der Offenburger »Kartoffelmann«

Nur noch wenige alteingesessene Offenburger erinnern sich an ihren »Kartoffelmann«, der mehr als siebzig Jahre das Bild des Offenburger Marktplatzes prägte. Er war weit über die Stadtgrenzen hinaus bekannt und bei den Offenburgern sehr beliebt. Der »Kartoffelmann« war ein Denkmal, imponierend und würdevoll, so wie die meisten Denkmäler aus dem 19. Jahrhundert. Eigentlich stellte es den englischen Admiral Sir Francis Drake dar. Dieser hatte die Kartoffel aus Amerika nach Europa mitgebracht, wo sie bald zu einem der wichtigsten Nahrungsmittel wurde.
Daß der »Kartoffelmann« nach Offenburg kam, war allerdings Zufall. Ein Straßburger Bildhauer hatte ihn für seine Heimatstadt geschaffen, doch dort wollte man ihn nicht haben. So wurde er 1853 in Offenburg auf dem Marktplatz aufgestellt. Er würde sicher heute noch an dieser Stelle stehen, wenn er nicht einigen verblendeten Nationalsozialisten ein Ärgernis gewesen wäre, die ihn 1939 in einer Nacht-und-Nebel-Aktion zerstörten.

Zum Kartoffelmann paßt ein Ausschnitt aus dem Kartoffellied, das auf der Kirchweih oder zur Erntezeit als Ballade zur Drehorgel oder Mundharmonika gesungen wurde. Es wurde vom badischen Dorfschulmeister Samuel Friedrich Sauter aufgezeichnet.

Herbei, herbei zu meinem Sang,
Hans, Jörgel, Michel, Stoffel,
und singt mit mir das Ehrenlied
dem Stifter der Kartoffel.

Franz Drake hieß der brave Mann,
der vor zweihundert Jahren
von England nach Amerika
als Kapitän gefahren.

Und der, als er zurücke kam
von seinen weiten Reisen,
die guten Dinger mitgebracht,
die wir Kartoffel heißen!

Meerrettichsauce

Für 4 Personen
Besonders typisch

1 Stange Meerrettich
oder 1 Glas Meerrettich natur
(jeweils 150 g)
75 ml Milch, 50 g Butter
30 g Mehl, 100 ml Fleischbrühe
Zucker, Salz

1

Die Meerrettichstange waschen, schälen und mit der Küchenreibe in ein Schälchen fein reiben. Die Stange dabei gerade halten, da der Meerrettich sonst faserig wird. Den geriebenen Meerrettich sofort mit der Milch bedecken, damit er nicht schwarz wird.

2

Die Butter in einem Topf zerlassen, das Mehl darin anschwitzen und mit der Fleischbrühe unter ständigem Rühren ablöschen. Die Mehlschwitze glattrühren und aufkochen lassen. Den Meerrettich aus der Milch nehmen und abtropfen lassen. Meerrettich und eine Prise Zucker zur Mehlschwitze geben, die Sauce etwa 5 Minuten köcheln lassen und mit Salz abschmecken.

Je länger Sie die Meerrettichsauce kochen, desto mehr verliert sie an Schärfe. Geputzte Meerrettichstangen lassen sich übrigens gut einfrieren – dann können Sie sie gleich in gefrorenem Zustand hobeln.

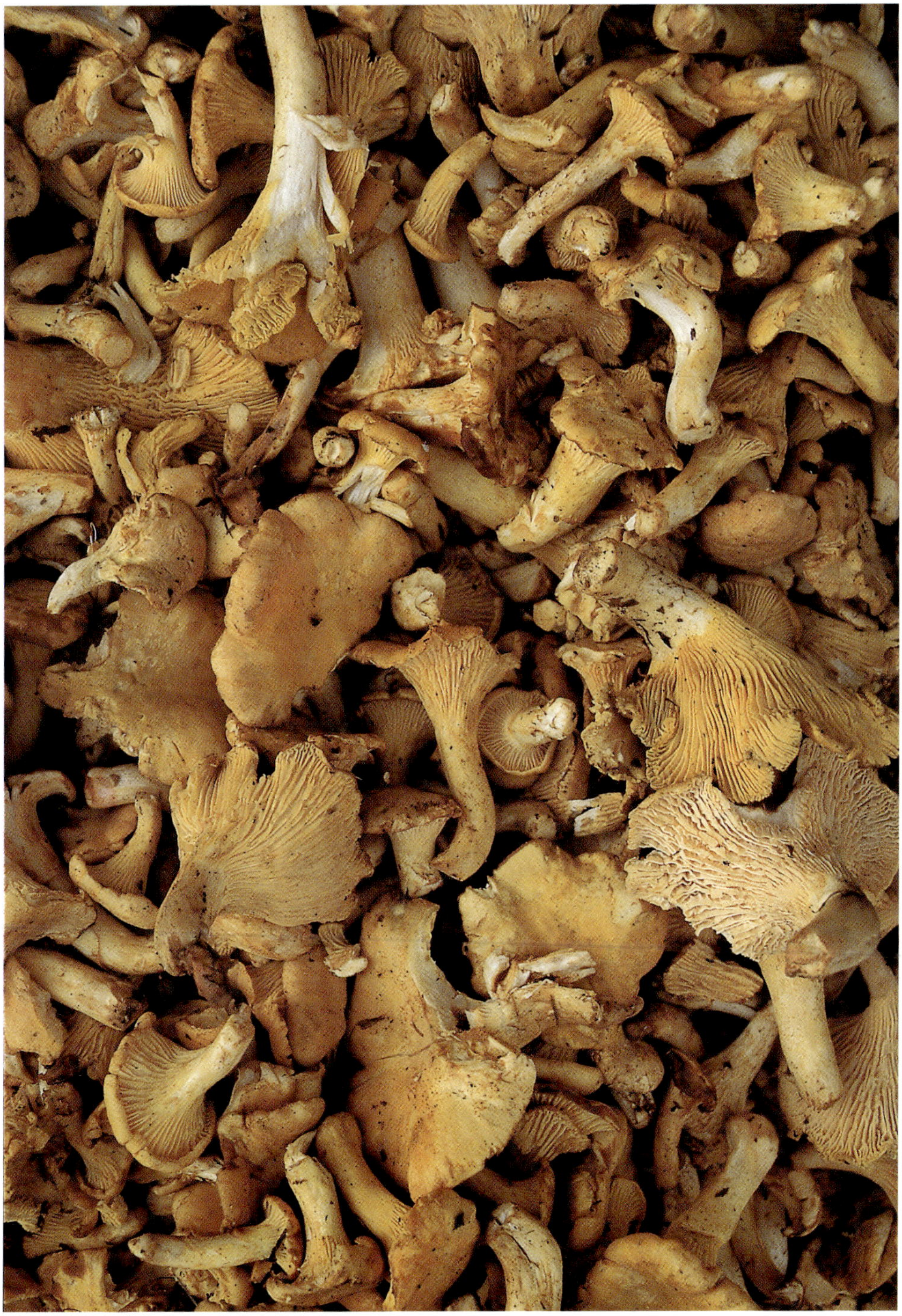

*Goldgelb leuchten die Pfifferlinge
auf dem Markt aus den Holzkörbchen.
Pilzkenner können diese Delikatesse aber
im Schwarzwald auch selber sammeln.*

Eingemachte Wildpreiselbeeren

Für einen Steinguttopf oder 5 bis 8 Gläser
Ganz einfach

1 1/2 kg Wildpreiselbeeren
1/4 l Spätburgunder
750 g Zucker

1

Die Preiselbeeren sorgfältig verlesen und waschen, dabei alle Blättchen sowie alle grünen und schwarzen Beeren entfernen. Einen sauberen mittelgroßen Steinguttopf heiß ausspülen.

2

Den Rotwein in einem großen Topf erhitzen, den Zucker zufügen und 5 Minuten rühren, bis sich der Zucker vollständig aufgelöst hat. Die Preiselbeeren hineingeben und 10 Minuten kochen lassen.

3

Die Preiselbeeren mit einem Schaumlöffel herausnehmen und in den Steinguttopf geben. Die Flüssigkeit noch 30 Minuten offen köcheln lassen und kochendheiß über die Beeren gießen. Das Preiselbeerkompott im Steinguttopf abkühlen lassen und luftdicht verschließen.

Wenn Sie die eingemachten Preiselbeeren an einem kühlen Ort aufbewahren, halten sie sich in dem Topf mindestens ein Jahr lang.

Ein Steinguttopf ist zur Aufbewahrung besser geeignet als Gläser, da die eingemachten Preiselbeeren nicht dem Licht ausgesetzt sein sollen. Wenn Sie aber keinen Steinguttopf besitzen, füllen Sie 5 bis 8 Marmeladengläser mit Schraubdeckelverschluß mit kochendheißem Wasser, waschen die Deckel ebenfalls heiß ab und trocknen sie. Wenn die Preiselbeeren fertig gekocht sind, leeren Sie die Gläser aus und machen sie mit den Beeren halbvoll. Gießen Sie den eingekochten Saft bis zum Rand auf, verschließen Sie die Gläser sofort und stellen Sie sie einige Minuten auf den Kopf. Die Gläser unbedingt kühl und dunkel aufbewahren.

SCHLACHTEN

Fleisch kam früher wesentlich seltener auf den Tisch als heute, in ärmeren Häusern sogar nur an hohen kirchlichen Feiertagen. Daher geriet das Schlachten seit alters her zu einem großen Hausfest. Üblicherweise wurde gegen Ende des Jahres geschlachtet, nur bei den reichen Familien gab es auch zu den großen Festen Kirchweih, Weihnachten, Fasnacht und Ostern frisches Fleisch. Das Schlachttier war in der Regel ein Schwein, weshalb man auch davon sprach, daß der »Sautod« umginge, wenn geschlachtet wurde. Rinder dagegen wurden im Schwarzwald nur geschlachtet, wenn ein Familienmitglied krank war, eine Notschlachtung anstand oder der Speck ausging.

An einer Schlachtung nahm die ganze Familie und die Nachbarschaft teil. Wenn der Metzger den frischen Speck aufschnitt, wurde den Anwesenden ein Kirschwasser gereicht und »Glück zum Speck« gewünscht. Das meiste Fleisch wurde geräuchert, damit es für die nächsten Monate aufgehoben werden konnte. Zum anschließenden Schlachtfest gehörte die sogenannte »Metzelsuppe«. Sie war in einigen Gegenden tatsächlich eine Brot- oder Wurstsuppe mit kleinen Kochwürsten. Andernorts beging man den Schlachttag mit einem Festmahl aus Quell- oder Kesselfleisch und einer handfesten Schlachtplatte mit Blut- und Leberwürsten, Speck und Schinken.

Ein besonderer Brauch war bei Waldkirch das sogenannte »Säckle- oder Häfelestrecken«. Junge Burschen befestigten ein Säckchen oder ein Tongefäß an einer langen Stange, legten einen Zettel hinein und steckten im Dunkeln die Stange zum Fenster des Hauses, in dem geschlachtet wurde, hinein. Auf diesem Zettel stand ein kleines Gedicht, das ungefähr so lautete:

Guten Abend, ihr liebe Metzgerslit. I han g'merkt, ihr hen g'metzgert hit.
Drum bin i mit mim Säckli kumme, un klopf bi euch am Fenschter umme.
Gen mir en Rippach, daß mirs Herz im Leibe lach,
Au en Schunke, daß i wieder heim kann klunke.
Noch e Brotwurscht, groß un krumm, dreimol um de Ofe rum
Un dann in mei Säckli nei, 's mueß e rechti Brotwurscht sei.
Gen mes aber bald, i mueß noch dur 'nen finstere Wald.
Stellt des Säckli dann in Garte, bis is hol mien ihr halt warte.
B'hüet euch Gott, un lebet wohl, jetz isch mi Briefli voll.

Den Bettlern wurde dann das Gewünschte in den Sack gelegt und sie bekamen auch frisches Fleisch. Jedoch durfte man sich beim Säcklestrecken nicht erwischen lassen, denn dann gab es weder Wurst noch Speck, sondern Schimpf und vielleicht auch Prügel.

Eingemachtes Kalbfleisch

Für 4 Personen
Raffiniert, läßt sich vorbereiten

1 kg Kalbfleisch (Schulter, Hals, Brust)
oder Kalbsgulasch, 1/2 Lauchstange
1 Gelberübe (Möhre), 1/4 Sellerieknolle
1/2 Spickzwiebel (mit Lorbeerblatt und Nelke)
Salz, 40 g Butter, 40 g Mehl
100 ml Weißwein
Zitronensaft
150 g süße Sahne
2 Eigelb

1

Das Kalbfleisch in etwa 4 Zentimeter große Würfel schneiden. Den Lauch putzen und waschen, die Gelberübe und den Sellerie schälen und waschen.

2

1 Liter Wasser in einem Topf zum Kochen bringen, die Kalbfleischwürfel zusammen mit Lauch, Gelberübe, Sellerie und der Spickzwiebel hineingeben und sieden lassen, bis das Fleisch weich ist. Die Brühe mit Salz abschmecken. Das Fleisch mit einem Schaumlöffel herausnehmen und beiseite stellen.

3

Die Butter in einem Topf zergehen lassen und mit dem Mehl verrühren. Den Weißwein zugeben, die Fleischbrühe durch ein Sieb hineingießen und die Sauce glattrühren. Die Sauce etwa 10 Minuten offen köcheln lassen und mit Salz und Zitronensaft nachschmecken.

4

Die Sahne mit den Eigelben in einem Schälchen verquirlen und damit die Sauce legieren. Zum Schluß die Kalbfleischwürfel in die Sauce geben.

Früher gab man das gekochte Kalbfleisch in Einmachgläser und bewahrte es darin auf. In Baden ißt man das »eingemachte Kalbfleisch« heutzutage sofort mit hausgemachten breiten Bandnudeln (Seite 326). Reis oder Spätzle (Seite 269) passen aber auch sehr gut dazu.

Fasan nach Kaiserstühler Art

Für 4 Personen
Raffiniert, geht schnell

Brust und Keule von 1 Fasan (bratfertig), Salz, Pfeffer
Butterschmalz zum Anbraten, 1 große Dose feines Sauerkraut (800 g)
1 Schuß süße Sahne, 50 g Weintrauben, 50 g Weißbrot
50 g Speckstreifen, Butter zum Anrösten

1

Den Backofen auf 160 Grad Umluft (ansonsten 180 Grad oder Gas Stufe 2 bis 3) vorheizen. Die Fasanenbrust und -keule mit Salz und Pfeffer würzen. Etwas Butterschmalz in einer Kasserolle zerlassen. Das Fleisch mit der Hautseite nach unten hineinlegen, auf dem Herd anbraten, wenden und mit der Hautseite nach oben in 15 bis 20 Minuten im Ofen fertiggaren.

2

Inzwischen das Sauerkraut in einem Topf erwärmen und einen Schuß Sahne hinzugeben. Die Trauben waschen, halbieren und entkernen. Das Weißbrot entrinden und würfeln, den Speck in Streifen schneiden. Etwas Butter in einer Pfanne zerlassen und das Weißbrot kurz anrösten. Speck und Trauben dazugeben und gut durchschwenken.

3

Das Sauerkraut auf einer großen vorgewärmten Platte verteilen. Den fertigen Fasan aus dem Ofen nehmen, den Bratensaft abgießen und warm stellen. Das Fleisch zwei- bis dreimal durchschneiden, auf dem Sauerkraut anrichten und den Bratenfond darübergießen. Das geröstete Brot mit Speck und Trauben darum anrichten.

Am besten schmeckt dazu Kartoffelbrei.

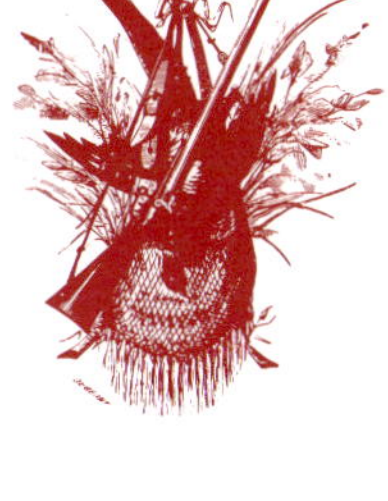

EINGELEGTE ESSIGZWETSCHGEN

Für 6 bis 8 kleine Gläser
Preiswert, geht schnell

500 g große feste Zwetschgen
100 ml Rotweinessig
200 g Zucker
1 Zimtstange
2 Gewürznelken

1

Die Zwetschgen waschen und mit einer Gabel rundherum einstechen. 300 Milliliter Wasser, Essig, Zucker, Zimt und Nelken in einen Topf geben und aufkochen. Die Zwetschgen zugeben und in 10 Minuten weich dünsten.

2

Das Kompott erkalten lassen und in saubere, heiß ausgespülte Schraubgläser füllen. Die Gläser gut verschließen.

Die Essigzwetschgen sind eine köstliche Beilage zu der gekochten Ochsbrust** **(Seite 239).

Zwetschgenknödel

Für 4 Personen
Preiswert

500 g Kartoffeln
80 g Mehl, 1 Eigelb
50 g Butter, 8 große Zwetschgen
Salz, 8 Zuckerwürfel
2 cl Zwetschgenwasser
50 g Semmelbrösel
120 g Zucker

1

Die Kartoffeln waschen, in der Schale gar kochen, noch heiß schälen und durch eine Kartoffelpresse drücken. Kartoffelbrei, Mehl, Eigelb und 10 Gramm Butter in einer Schüssel zu einem Teig verarbeiten. Die Zwetschgen waschen und entsteinen.

2

Einen großen Topf mit leicht gesalzenem Wasser aufsetzen. Den Teig zu einer dicken Rolle formen und in 8 gleich große Scheiben schneiden. Die Teigscheiben noch etwas platt drücken und in die Mitte je eine entsteinte Zwetschge legen. Den Würfelzucker mit dem Zwetschgenwasser tränken. Jede Zwetschge mit einem Zuckerstück füllen und in den Teig einhüllen, die Teigränder zusammendrücken. Die Zwetschgenknödel ins kochende Salzwasser geben und etwa 10 Minuten sieden lassen.

3

In einer Pfanne die Semmelbrösel mit der restlichen Butter hellbraun rösten und den Zucker unterrühren. Die garen Zwetschgenknödel in den Zuckerbröseln wenden und sofort servieren.

Zwetschgenstrudel

Für 14 bis 16 Stücke
Raffiniert, braucht etwas Zeit

Für den Strudelteig:
250 g Mehl, 20 ml Öl
Salz, Mehl zum Ausrollen
Für den Belag:
1 1/2 kg Zwetschgen
80 g Zwieback, 150 g Walnußkerne
1 TL Zimt, 75 g Zucker, 100 g Butter
Puderzucker zum Bestreuen

1

Das Mehl auf die Tischplatte sieben. In die Mitte mit der Faust eine Vertiefung drücken, einen Achtelliter sehr kaltes Wasser, das Öl und eine Prise Salz hineingeben und alle Zutaten zu einem glatten Teig verkneten. Den Teig dabei mit dem Handballen mehrfach auf die Tischplatte schlagen, schließlich zu einer Kugel formen und mit etwas Öl einpinseln. Die Teigkugel in eine Schüssel geben, die Schüssel mit einem Teller abdecken und den Strudelteig 2 Stunden ruhen lassen.

2

Die Zwetschgen waschen und entsteinen. Den Zwieback in einen Gefrierbeutel legen und mit einem Nudelholz fein zerdrücken. Die Walnußkerne grob hacken. Zimt und Zucker in einem Schälchen mischen. Die Butter in einem kleinen Topf zerlassen, aber nicht bräunen. Den Backofen auf 200 Grad (Umluft 180 Grad, Gas Stufe 3 bis 4) vorheizen. Ein Backblech mit Backpapier auslegen.

3

Ein Geschirrtuch auf der Arbeitsplatte ausbreiten und mit Mehl bestäuben. Den Strudelteig auf dem Tuch zu einem Rechteck von 60 x 40 Zentimetern ausrollen. Sobald die Teigplatte die Hälfte dieses Formats erreicht hat, den Teig vorsichtig mit der flachen Hand auf die volle Größe ausdehnen.

4

Die fertig ausgerollte Teigplatte mit zwei Drittel der zerlassenen Butter bestreichen und mit den Zwiebackbröseln und gehackten Walnußkernen bestreuen. Die Zwetschgen darauf verteilen und mit dem Zimtzucker bestreuen, die Teigränder dabei frei lassen.

5

Das Geschirrtuch leicht anheben und den Strudel vorsichtig aufrollen. Die Nahtstelle mit feuchten Fingern fest andrücken. Den Strudel mit der Nahtstelle nach unten auf das Backblech gleiten lassen. Die seitlichen Teigenden unter den Strudel schieben und andrücken. Ringsum mehrfach mit einer Gabel einstechen.

6

Den Zwetschgenstrudel in den Ofen schieben und auf der zweiten Schiebeleiste von unten 45 Minuten backen, während der Backzeit noch mehrmals mit der restlichen Butter einpinseln. Den fertigen Strudel etwas ruhen lassen und vor dem Servieren mit Puderzucker bestreuen.

Bühler Zwetschgenkuchen

Für 15 Stücke
Besonders typisch

Für den Hefeteig:
200 ml Milch, 25 g Hefe, 50 g Zucker
60 g Butter, 375 g Mehl, 1 Ei, Salz, Fett für das Backblech
Für den Belag:
1 1/2 kg Zwetschgen, 60 g Zucker

1

Die Milch in einem Topf anwärmen. Die Hefe in einen Kaffeebecher bröckeln, mit 1 Teelöffel Zucker und etwas Milch verrühren und 20 Minuten an einen warmen Ort stellen, bis der Vorteig den Becherrand erreicht hat.

2

Die Butter in der restlichen Milch zerlassen. Das Mehl in eine Schüssel sieben. Den Vorteig, den restlichen Zucker, das Ei und eine Prise Salz hineingeben und alles mit den Knethaken des Handrührgeräts verrühren, dabei langsam die Butter-Milch-Mischung zugeben. Den Teig so lange verkneten, bis er Blasen wirft und sich vom Schüsselrand löst. Den Hefeteig zugedeckt 45 Minuten an einem warmen Ort gehen lassen.

3

Den Backofen auf 200 Grad (Umluft 180 Grad, Gas Stufe 3 bis 4) vorheizen, ein Backblech einfetten. Den Teig nochmals gut durchkneten, auf das Format des Backblechs ausrollen und das Blech damit auslegen. Den Teig noch 15 Minuten auf dem Blech gehen lassen.

4

Die Zwetschgen waschen und entsteinen, in Reihen schuppenförmig auf den Teig setzen und leicht andrücken. Die Hälfte des Zuckers darüberstreuen, sofern die Zwetschgen nicht sehr saftig sind. Den Kuchen 30 Minuten im Ofen backen und anschließend mit dem restlichen Zucker bestreuen.

Süße Mittagessen sind in Baden nicht selten, denn Mehlspeisen waren immer preiswert und schnell zubereitet. Doch zuvor muß es etwas Kräftiges geben. Deshalb essen die Badener im Herbst gerne Kartoffelsuppe und Zwetschgenkuchen.

Zwetschgenterrine mit Sherrycreme

Für 4 Personen
Raffiniert, läßt sich vorbereiten

Für die Terrine:
600 g Zwetschgen (am besten Spätzwetschgen)
35 g Zucker, 1 Msp. Zimt, 80 ml Weißwein
4 Blatt Gelatine, 1 EL Pinienkerne, 1 EL Walnüsse
1 EL Pistazien, 1 cl Zwetschgenwasser
Für die Sherrycreme:
2 Eigelb, 30 g Zucker
50 ml Cream Sherry, 1 Blatt Gelatine
500 g süße Sahne

1

Die Zwetschgen waschen, halbieren und entsteinen. Die Früchte mit Zucker, Zimt und Weißwein in einen Topf geben, aufkochen und 10 Minuten zugedeckt ziehen lassen. Die Gelatine in kaltem Wasser einweichen.

2

Die Zwetschgen aus dem Topf nehmen, abtropfen lassen und beiseite stellen. Den Sud auf die Hälfte einreduzieren. Die eingeweichte Gelatine im Sud auflösen und die übrigen Zutaten für die Terrine hinzufügen. Die Zwetschgen wieder in den Topf geben, zusammen mit dem Sud in Terrinenformen oder Kaffeetassen abfüllen und mindestens 12 Stunden kalt stellen. Wenn die Zwetschgenmasse fest ist, die Formen kurz in warmes Wasser stellen und auf Teller stürzen.

3

Für die Sherrycreme die Gelatine in etwas Wasser einweichen und auflösen. Eigelbe, Zucker und Cream Sherry in einem Schlagkessel über einem Topf mit kochendem Wasser aufschlagen. Die aufgelöste Gelatine dazugeben. Den Kessel in Eiswasser stellen und die Masse weiterschlagen, bis sie kalt ist. Schließlich die Sahne steif schlagen und unterheben. Die fertige Sherrycreme zur Zwetschgenterrine reichen.

Traubenkuchen

Für 10 bis 12 Stücke
Läßt sich vorbereiten

Für den Mürbeteig:
200 g Mehl
1 TL Backpulver
1 EL Zucker, Salz, 1 Ei
1 EL Maraschino oder Rum
100 g kalte Butter
Mehl zum Ausrollen
Für die Füllung:
je 500 g grüne und blaue Trauben
100 g gemahlene Mandeln
1 EL Maraschino oder Rum
4 Eier, 100 g Zucker
150 g saure Sahne (20% Fett)
Puderzucker zum Bestreuen

1

Das Mehl auf die Tischplatte sieben und mit Backpulver, Zucker und einer Prise Salz mischen. Mit der Faust eine Vertiefung in die Mitte drücken und das Ei und den Maraschino hineingeben. Die Butter in kleinen Stücken an den Mehlrand setzen. Alle Zutaten schnell zu einem glatten Teig verarbeiten, den Teig mindestens 1 Stunde kalt stellen.

2

Den Backofen auf 180 Grad (Umluft 160 Grad, Gas Stufe 2 bis 3) vorheizen. Die Trauben waschen, abzupfen und halbieren. Die Mandeln in einem Schälchen mit dem Alkohol und einem Ei verrühren. Eine Springform von 28 Zentimeter Durchmesser mit etwas Butter einfetten.

3

Den Mürbeteig auf einer leicht bemehlten Fläche ausrollen und Boden und Rand der Springform damit belegen. Die Mandelmasse auf dem Boden verteilen und die Traubenhälften darauflegen. Die restlichen Eier mit dem Zucker in einer Schüssel schaumig rühren, die saure Sahne untermischen und die Creme über die Trauben verteilen.

4

Den Traubenkuchen auf der zweiten Schiebeleiste von unten 1 Stunde im Ofen backen und anschließend mit Puderzucker bestreuen.

Sie sind zwar nicht so dick wie ihre Vettern aus Italien und Spanien, aber die badischen Trauben haben dafür einen intensiveren und würzigen Geschmack.

Birnenwaie

Für 10 bis 12 Stücke
Ganz einfach

1 Paket Blätterteig (400 g)
1 kg weiche Birnen, Saft von 1 Zitrone
2 Eier, 75 g Zucker, 1 Päckchen Vanillezucker
15 g Speisestärke, 100 g süße Sahne
100 g Walnußkerne
Mehl zum Ausrollen

1

Den Blätterteig auftauen. Die Birnen schälen, der Länge nach halbieren und das Kernhaus entfernen. Die Birnenhälften in Spalten schneiden und mit dem Zitronensaft beträufeln.

2

Den Backofen auf 220 Grad (Umluft 200 Grad, Gas Stufe 4 bis 5) vorheizen. Eier, Zucker, Vanillezucker, Speisestärke und Sahne in einer Schüssel miteinander verrühren. Die Walnüsse grob hacken.

3

Eine Springform von mindestens 28 Zentimeter Durchmesser mit kaltem Wasser bespritzen oder mit Backpapier auslegen. Den Blätterteig ohne Kneten auf einer bemehlten Fläche passend ausrollen, in die Springform legen und mit einer Gabel mehrfach einstechen.

4

Die Birnenspalten kreisförmig auf den Teigboden legen. Den Eierguß darübergießen und mit den gehackten Walnüssen bestreuen. Die Birnenwaie im Ofen auf der mittleren Schiebeleiste 35 Minuten backen.

Gasthausnamen in Baden

Wer eine kulinarische Reise durch Baden unternimmt, dem fällt auf, daß die Gasthäuser in den einzelnen Ortschaften immer wieder dieselben Namen tragen. Fast überall gibt es einen Gasthof zur Sonne, zum Hirschen, Lamm, Adler, Engel ... Als Gast kann man in der Regel davon ausgehen, daß man hier in einem Haus mit Tradition und alter Geschichte eingekehrt ist. Mit dem Namen ihres Hauses wollten die Wirtsleute damals wie heute die Reisenden und Gäste anlocken, und besonders werbewirksam waren in alter Zeit eben jene Namen, die sich auf Heilige und Schutzpatrone für Reisende oder bestimmte Berufsgruppen bezogen.

So erinnern die Gasthofnamen Stern und Krone an die Heiligen Drei Könige, die zum Jesuskind in der Krippe zogen. Die Bezeichnungen Zum Lamm und Zur Sonne stehen für Johannes den Täufer, den Wegbereiter Christi. Die vier Evangelisten Matthäus, Markus, Lukas und Johannes finden sich in ihren Symbolgestalten Engel, Löwe, Ochse und Adler ebenfalls in vielen Gasthausnamen wieder, und der Hirsch steht selbstverständlich für den heiligen Hubertus, den Schutzpatron der Jäger.

Menü des Monats

Raukesalat
Fasan nach Kaiserstühler Art
Zwetschgenterrine mit Sherrycreme

Ruländer QbA halbtrocken

DIE KÜCHE

In der Jagdsaison ist Wild nicht nur günstig, sondern es schmeckt jetzt auch am besten – eine üppige Zeit für den, der einen guten Metzger seines Vertrauens kennt.

IM OKTOBER

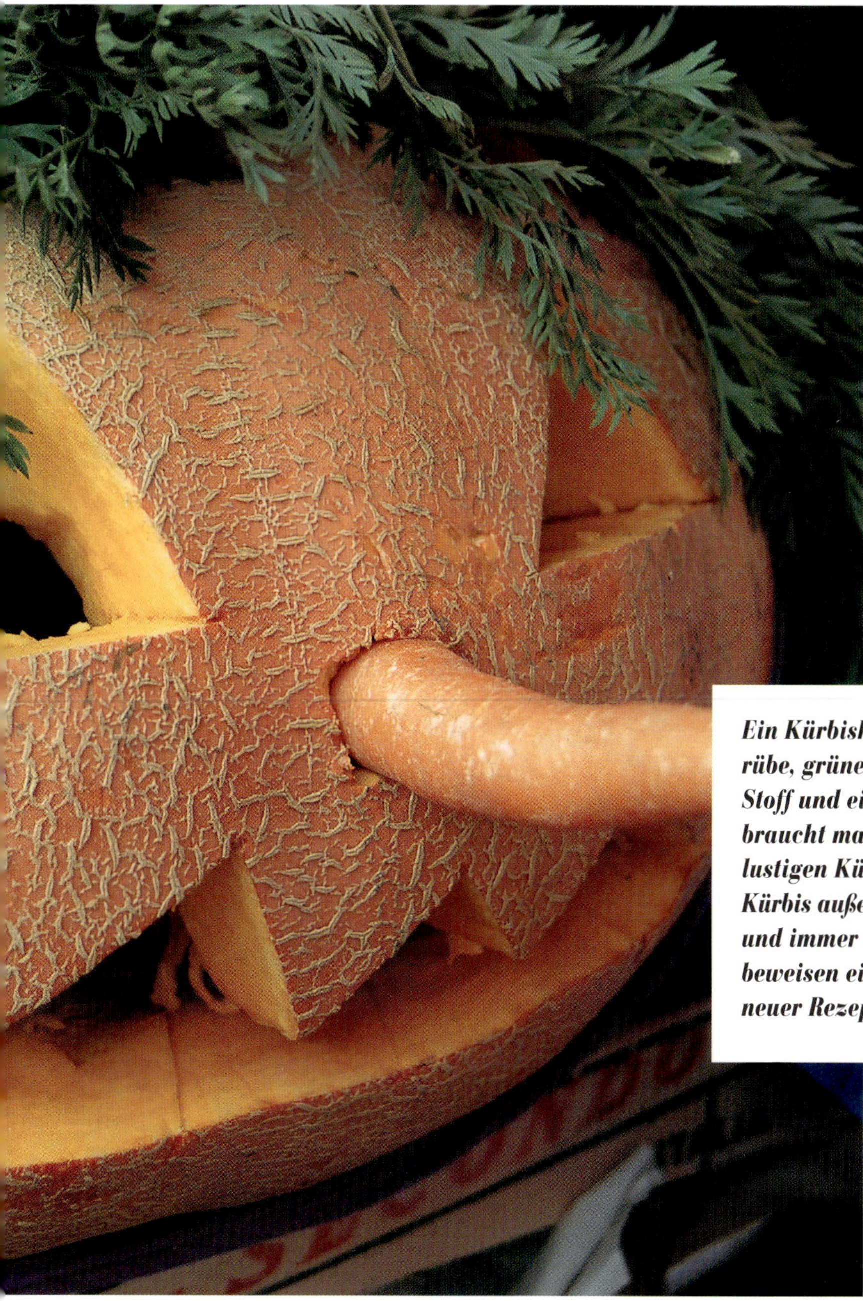

Ein Kürbiskopf, eine Gelberübe, grünes Kraut, etwas Stoff und ein Messer – mehr braucht man nicht für einen lustigen Kürbisgeist. Daß der Kürbis außerdem gut schmeckt und immer beliebter wird, beweisen eine Reihe alter und neuer Rezepte.

Was es im Oktober

Kürbis

Der Kürbis wird bei uns immer beliebter. Auf den Märkten gibt es ihn in allen Farben, Formen und Größen – vom Riesenkürbis über die kleine weiße Bischofsmütze bis hin zum bunten Zierkürbis für die Tischdekoration. In Mittelbaden ist es Tradition, im Herbst Rübengeister aus Kürbissen und Rüben zu schnitzen. An manchen Orten trifft man sogar auf überlebensgroße Spukgestalten, die den Vorbeikommenden allerdings mehr amüsieren als erschrecken sollen.

Äpfel

Die badischen Äpfel kommen vor allem aus dem Rheintal und dem Bodenseeraum. Aber auch im Schwarzwald gibt es kaum einen Hof, auf dem nicht ein paar Apfelbäume stehen. Der Apfel ist eben – und nicht nur in Baden – die absolute Nummer eins unter den Obstsorten. Durch die Vielfalt an Apfelsorten, die sich zum Teil sehr gut lagern lassen, hat man fast das ganze Jahr hindurch frische Früchte für jeden Geschmack.

Meerrettich

Der Meerrettich hat Saison in denjenigen Monaten, die ein »r« im Namen führen. Im badischen Raum wird er vor allem in Urloffen bei Appenweier angebaut. Früher bevorzugte man den scharfen wilden Meerrettich, der einem Tränen in die Augen treibt, heute gibt man sich mit dem milderen Kulturmeerrettich zufrieden. Schon wegen der obligaten Sauce zur Ochsbrust gehört der Meerrettich unbedingt zum badischen Speisezettel.

Alles Gutes gibt...

Trauben

Spricht man in Baden von Trauben, denkt man in erster Linie an den Wein. Weintrauben sind aber auch ein köstliches Frischobst, beliebt als Beilage zum Käseteller oder sogar als Kuchenbelag. Die badischen Tafeltrauben sind im Vergleich zu den Importen aus Italien und Griechenland zwar kleiner, aber gerade deshalb wesentlich aromatischer. Auf den einheimischen Märkten werden vorwiegend Muskateller- und Gutedeltrauben angeboten.

Reh

Der Schwarzwald und die Rheinebene garantieren Baden eine reiche Speisekarte an Wildgerichten. Das feinste Wildfleisch stammt vom Reh, insbesondere von bis zu drei Jahre alten Jungtieren. Im Gegensatz zum Rehbock, der bereits ab Mai gejagt werden kann, ist die Jagd für die weiblichen Rehe erst im Herbst freigegeben. Nicht vergessen: Wildfleisch muß vor dem Verzehr immer gut abgelagert sein.

Typisch für den Oktober

Kürbis	*Eingelegte Kürbisschnitz*	*Seite 263*
Äpfel	*Apfelküchle*	*Seite 277*
Trauben	*Herbstlicher Obstsalat*	*Seite 276*
Meerrettich	*Weller in Meerrettichsauce*	*Seite 266*
Reh	*Rehrücken badisch*	*Seite 272*

Kürbissuppe

Für 4 Personen
Besonders typisch

1 kleine Zwiebel
100 g Kartoffeln, 300 g rohes Kürbisfleisch
100 g Butter, 400 ml Hühner- oder Gemüsebrühe
200 ml Milch, 1 Msp. geriebene Muskatnuß, 1/2 TL Zitronensaft
Zucker, Salz, 200 g süße Sahne, 3 Scheiben Weißbrot

1

Die Zwiebel abziehen und fein hacken. Die Kartoffeln schälen und zusammen mit dem Kürbisfleisch in kleine Stücke schneiden. Die Hälfte der Butter in einem Topf schmelzen, die Zwiebelwürfel darin farblos dünsten und die Kürbis- und Kartoffelstücke zugeben. Die Brühe und die Milch in den Topf gießen und zugedeckt kochen lassen, bis die Kartoffeln weich sind.

2

Die Suppe vollständig durch ein Sieb in einen zweiten Topf streichen. Muskat, Zitronensaft und eine Prise Zucker hinzufügen, mit etwas Salz abschmecken. Schließlich die Sahne einrühren und die Suppe nochmals aufkochen lassen.

3

Die Weißbrotscheiben in Würfel schneiden. Die restliche Butter in einer Pfanne zerlassen und die Brotwürfel darin rösten. Die Croutons extra zur Kürbissuppe reichen.

Eingelegte Kürbisschnitz

Preiswert, läßt sich vorbereiten

1 großer Kürbis (etwa 4-5 kg)
1/2 l Weißweinessig zum Marinieren
Pro Kilogramm Kürbisfleisch:
500 g Zucker
1/4 l Wasser
1 Zimtstange
3 Nelken

1

Den Kürbis halbieren und mit einem Löffel das Kerngehäuse und das weiche innere Fruchtfleisch entfernen. Die Kürbishälften in Spalten schneiden, diese schälen und in 3 bis 4 Zentimeter große Würfel schneiden. Die Kürbisstücke in eine große Schüssel geben, mit dem Essig und 1 Liter Wasser bedecken und über Nacht marinieren.

2

Am folgenden Tag den Zucker mit dem Wasser in einem großen Topf aufkochen. Die Kürbisstücke aus dem Essigwasser nehmen, mit Zimt und Nelken in den Topf geben, glasig kochen und abkühlen lassen.

3

Die gekochten Kürbisstücke mitsamt dem Kochsud in Einmachgläser mit Schraubverschluß füllen, so daß das Fruchtfleisch bedeckt ist. Die zugeschraubten Gläser etwa 30 Minuten bei 75 Grad (Gas Stufe 1) in den Backofen stellen und dadurch sterilisieren.

Die süßsauren Kürbisstücke sind eine köstliche Beilage zu gekochtem Fleisch und halten sich ungeöffnet mindestens 2 Jahre.

KARTOFFELSUPPE

Für 4 Personen
Ganz einfach, preiswert

750 g Kartoffeln, 100 g Sellerie
2 Gelberüben (Möhren), 1 Lauchstange, 1 Zwiebel
20 g Butter, 1,5 l Fleischbrühe, Salz, Pfeffer, 1 Bund Petersilie
nach Belieben Schlagsahne oder saure Sahne (20% Fett)

1

Kartoffeln, Sellerie und Gelberüben waschen, schälen und in gleichmäßige Würfel schneiden. Den Lauch putzen, waschen und in Ringe schneiden. Die Zwiebel pellen und fein hacken.

2

Die Zwiebel in einem Topf mit der Butter glasig dünsten und alles vorbereitete Gemüse hineingeben. Die Fleischbrühe aufgießen und 20 Minuten kochen lassen. Die Suppe durch ein Sieb passieren oder mit dem Schneidstab des Handrührgerätes pürieren, mit Salz und Pfeffer abschmecken.

3

Die Petersilie fein wiegen. Die heiße Suppe auf 4 Teller geben und je einen Klecks Schlagsahne oder saure Sahne daraufsetzen. Die gehackte Petersilie überstreuen.

ARME-LEUTE-ESSEN

Die Badener aßen früher »drimal warm und zwimal kalt« am Tag – so hieß es. Doch die Speisenfolge war einfach, da die meisten Leute sehr arm waren. Nicht wenige Speisen, die wir heute als typische Spezialitäten genießen, sind aus der Not geboren und wurden mit den einfachsten und preiswertesten Zutaten zubereitet. Bis in die zwanziger Jahre unseres Jahrhunderts sah eine typische Schwarzwälder Speisenfolge im Alltag ungefähr so aus: Frühmorgens gab es eine Suppe, oftmals gebrannte Mehlsuppe mit Kartoffeln; »z'Nüni« – um neun Uhr – Brot und Speck; mittags Spätzle und Kraut oder Kartoffeln und Gemüse; »z'Obed« um vier Uhr einen Kaffee mit Brot. Das Nachtessen bestand wieder aus Kartoffeln oder einer Riebelesuppe.

BLUMENKOHL MIT VINAIGRETTE

Für 4 Personen
Raffiniert, geht schnell

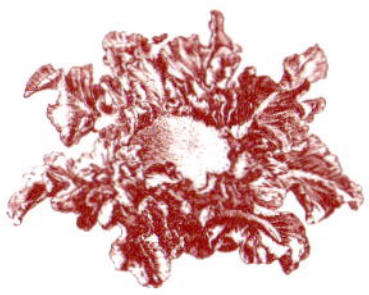

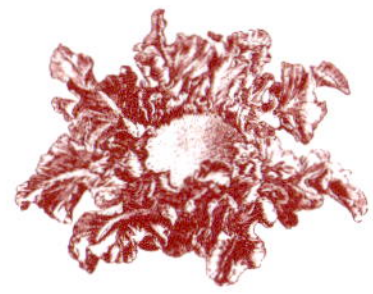

1 großer Blumenkohl, Salz, 2 Tomaten
1 hartgekochtes Ei, 50 g Kresseblättchen
Für die Vinaigrette:
1 Msp. Salz, 1 Msp. schwarzer Pfeffer, 1 TL Dijonsenf
1 TL Zucker, 100 ml Distelöl, 3 EL Estragonessig, 3 EL Weißweinessig

1

Den Blumenkohl putzen, vom Strunk befreien und in schöne Röschen teilen. Die Röschen in Salzwasser etwa 8 Minuten gut weich kochen, 1 Minute in Eiswassser geben und abgetropft auf eine Salatplatte setzen.

2

Alle Zutaten für die Vinaigrette in einer Schüssel kräftig durchrühren. Die Tomaten vierteln, das Innere entfernen und das feste Fleisch in feine Würfel schneiden. Das Ei pellen und fein hacken. Die Kresseblättchen, das gehackte Ei und die Tomatenwürfel über den Blumenkohlröschen verteilen und mit der Vinaigrette begießen.

ENDIVIENSALAT

Für 4 Personen
Geht schnell

1 Kopf Endiviensalat, 1 Zwiebel, 3 EL Rotweinessig, 3-4 EL Walnußöl
1 TL Salz, 1 Prise Zucker, Pfeffer aus der Mühle

1

Den Salat putzen und waschen, die Blätter in feine Streifen schneiden und trockenschleudern. Die Zwiebel pellen und fein wiegen. Für die Marinade die restlichen Zutaten in einem Schälchen gut miteinander verquirlen. Salat und Zwiebelwürfel kurz vor dem Servieren mit der Marinade vermengen.

Wenn Sie den kleingeschnittenen Endiviensalat nochmals kurz in lauwarmem Wasser waschen, verliert er seinen leicht bitteren Beigeschmack.

Weller in Meerrettichsauce

Für 4 Personen
Raffiniert

Für die Sauce:
1 kleine Zwiebel, 100 ml Weißwein
3 EL Noilly Prat, 1/2 l Fischfond (Seite 96 oder aus dem Glas)
30 g geriebener frischer Meerrettich, 250 g süße Sahne, 30 g kalte Butter
Für den Fisch:
800 g Wellerfilet, Salz, Zitronensaft, Butter zum Braten
Mehl zum Wenden

1

Die Zwiebel pellen, in feine Scheiben schneiden und in einen Topf geben. Weißwein und Noilly Prat zugießen, die Flüssigkeit aufkochen lassen und fast ganz einreduzieren. Erst jetzt den Fischfond zugeben und nochmals auf etwa die Hälfte einreduzieren. Den Meerrettich und die Sahne hineinrühren. Die Sauce aufkochen lassen, durch ein feines Haarsieb abpassieren und bei schwacher Hitze weiterköcheln lassen, bis der Weller fertig ist.

2

Währenddessen das Wellerfilet in 4 gleich große Portionen teilen, salzen und mit Zitronensaft beträufeln. In einer großen Pfanne etwas Butter schmelzen. Die Filets in Mehl wenden und in der Pfanne bei mäßiger Hitze auf beiden Seiten jeweils 5 Minuten braten. Den Weller auf einer Platte anrichten und warm stellen.

3

Die kalte Butter in Stücke schneiden und zum Legieren mit einem Pürierstab in die Sauce einarbeiten. Einen Teil der Sauce über das Wellerfilet gießen, den Rest extra servieren. Dazu Dampfkartoffeln reichen.

Eier mit Remouladensauce

Für 8 Personen
Ganz einfach

10 Eier, 1 TL Senf
1 TL Zitronensaft
1 TL Estragonessig
Salz, weißer Pfeffer
etwa 1/8 l Maiskeimöl
1 Schalotte
1/2 Bund glatte Petersilie
1/2 Bund Schnittlauch
2 kleine Gewürzgurken
2 TL Kapern, 1 Naturjoghurt (150 g)
edelsüßer Paprika, Zucker

1

Alle Eier bis auf eines hart kochen und in kaltem Wasser abkühlen lassen. Das rohe Ei trennen und das Eiweiß beiseite stellen. Das Eigelb mit Senf, Zitronensaft, Essig und je einer Prise Salz und Pfeffer in ein hohes Gefäß geben und mit den Quirlen des Handrührgerätes schaumig schlagen. Das Öl dabei in einem dünnen Strahl zulaufen lassen, bis die Mayonnaise die gewünschte Festigkeit erreicht hat.

2

Ein hartgekochtes Ei pellen, mit dem Eierschneider in kleine Würfel schneiden. Die Schalotte pellen, die Petersilie waschen und beides fein wiegen. Den Schnittlauch waschen und in Röllchen schneiden. Die Gewürzgurken in kleine Stücke schneiden.

3

Alle diese vorbereiteten Zutaten mit der Mayonnaise mischen, Kapern und Joghurt unterrühren. Das zurückgestellte Eiweiß steif schlagen und unterziehen. Die Remoulade zum Schluß mit Salz, Pfeffer, Paprikapulver und einer Prise Zucker abschmecken.

4

Die restlichen 8 harten Eier aus der Schale lösen, halbieren und auf eine Platte setzen. Die Remouladensauce darüber verteilen.

Damit die Mayonnaise sicher gelingt, sollten alle Zutaten Zimmertemperatur haben.

Kalbsbriesle auf Salat von roten Linsen

Für 4 Personen
Raffiniert

800 g Kalbsbries
1/2 Spickzwiebel (mit Nelke und Lorbeer)
Salz, 100 ml Weißwein, 150 g rote Linsen
1 EL Schalottenwürfel
Pfeffer, 1 Msp. Senf
Sherry- oder Weißweinessig
Sonnenblumenöl
Butter zum Braten
Mehl zum Wenden

1

Das rohe Kalbsbries gut wässern. Die Spickzwiebel in einen Topf mit 2 Liter leicht gesalzenem Wasser geben, erhitzen und den Weißwein zugießen. Das Kalbsbries hineingeben und etwa 20 Minuten leicht sieden lassen, anschließend den Topf vom Feuer nehmen.

2

Inzwischen die roten Linsen in einem zweiten Topf mit leicht gesalzenem Wasser etwa 10 Minuten weich kochen und in ein Sieb abschütten. Die Schalottenwürfel mit den abgetropften Linsen in eine Schüssel geben. Die Linsen mit Salz, Pfeffer, Senf, Sherryessig und Sonnenblumenöl anmachen und abschmecken.

3

Das gekochte Kalbsbries von den Häuten befreien, in etwa 1/2 Zentimeter dicke Scheiben schneiden und mit Salz und Pfeffer würzen. Etwas Butter in einer Pfanne zerlassen. Die Briesscheiben in Mehl wenden und in der Butter auf beiden Seiten goldgelb anbraten. Das Kalbsbriesle auf dem Linsensalat anrichten.

Spätzle

Für 4 Personen
Besonders typisch

200 g Mehl
3 Eier, 1/4 TL Salz
20 g Butter

1

Mehl, Eier, 50 Milliliter Wasser und das Salz in eine Schüssel geben und zu einem glatten, zähen Teig verrühren. Die Masse mit dem Kochlöffel gut durchschlagen und darauf achten, daß keine Mehlklumpen entstehen.

2

Reichlich Salzwasser in einem großen Topf zum Kochen bringen. Einen Teil des Teiges auf einem nassen Spätzlebrett dünn ausstreichen. Den Teig mit einer Palette in dünnen Streifen in den Topf schaben. Die Spätzle 2 Minuten sprudelnd kochen lassen, anschließend mit einem Schaumlöffel herausnehmen und in kaltem Wasser abschrecken. Auf diese Weise den gesamten Teig verarbeiten.

3

Die Butter in einer großen Pfanne zerlassen. Die Spätzle in ein Küchensieb geben und abtropfen lassen, kurz in der Butter schwenken und eventuell mit Salz nachwürzen.

Die hier beschriebene traditionelle Zubereitungsweise erfordert etwas Übung. Leichter tun Sie sich jedenfalls mit einer Spätzlepresse, die man im Haushaltswarengeschäft bekommt.

Geschmorte Rehschulter

Für 4 Personen
Braucht etwas Zeit

1 gehäutete und entbeinte Rehschulter (etwa 1 kg)
Salz, Pfeffer, 1 Zwiebel, 1 Gelberübe (Möhre)
1 kleines Stück Sellerie, 50 g Fett zum Braten
1 Stück Speckschwarte (etwa 150 g)
2 EL Tomatenmark, 1/4 l Rotwein
2 Lorbeerblätter, 2 Nelken, 10 Wacholderbeeren
1 Thymianzweig, 4 Salbeiblätter, 15 g Speisestärke

1

Die Rehschulter mit Küchengarn umwickeln und zu einem Rollbraten zusammenbinden, rundum mit Salz und Pfeffer würzen. Zwiebel, Gelberübe und Sellerie waschen, schälen und in walnußgroße Stücke schneiden.

2

Das Fleisch in einem Bräter mit dem Fett gut anbraten. Das Gemüse und die Speckschwarte dazugeben und 5 Minuten mitrösten. Die Rehschulter herausnehmen, das Tomatenmark zugeben und 10 Minuten vorsichtig mitrösten. Dabei immer etwas Rotwein zugießen, bis alle Flüssigkeit verdampft ist. Den Bratensatz mit etwa 1 Liter Wasser loskochen.

3

Die Rehschulter zusammen mit den Kräutern und Gewürzen wieder in den Bräter legen. Das Fleisch etwa 1 Stunde bei mäßiger Hitze köcheln lassen, ab und zu wenden und eventuell etwas Wasser ergänzen, damit das Fleisch immer zu drei Vierteln mit Sauce bedeckt ist.

4

Gegen Ende der Garzeit mit einer Fleischnadel prüfen, ob die Rehschulter weich genug ist. Den Braten herausnehmen und warm stellen. Die Stärke mit etwas kaltem Wasser anrühren, die Sauce damit abbinden, aufkochen und auf einen halben Liter einreduzieren.

5

Die Rehschulter vom Küchengarn befreien, in Scheiben schneiden und auf einer vorgewärmten Platte anrichten. Die Sauce durch ein Haarsieb passieren und über das Fleisch gießen. Dazu Spätzle (Seite 269) und eingemachte Wildpreiselbeeren (Seite 244) servieren.

Äpfel und Birnen ergeben den herrlichen Most. Sein fruchtiger Geschmack darf aber nicht darüber täuschen, daß dieses feine Getränk einigen Alkohol enthält.

Rehrücken badisch

Für 4 Personen
Besonders typisch, raffiniert

1 kg Rehrücken
Salz, Pfeffer, 70 g Butterschmalz
300 g Rehknochen und Parüren (Sehnen)
1 Stück Speckschwarte oder Speck (etwa 150 g)
1 Gelberübe (Möhre), 1 kleines Stück Sellerie
1 Zwiebel, 2 EL Tomatenmark
300 ml Rotwein, 20 g Mehl
400 ml Fleischbrühe
1 Thymianzweig
1 Rosmarinzweig
10 Wacholderbeeren
1 cl Gin, 100 g saure Sahne
4 halbe Williamsbirnen, Zucker, 600 g Pfifferlinge
(oder andere Waldpilze), 20 g Butter, 4 TL Johannisbeergelee

1

Den Backofen auf 200 Grad (Umluft 180 Grad, Gas Stufe 3 bis 4) vorheizen. Den Rehrücken enthäuten und mit Salz und Pfeffer würzen. 50 Gramm Butterschmalz in einem Bräter zerlassen, das Fleisch darin auf beiden Rückenseiten scharf anbraten und 15 Minuten im Ofen weiterbraten, anschließend herausnehmen und warm stellen.

2

Währenddessen die Rehknochen und Parüren und die Speckschwarte in einem Topf mit dem restlichen Butterschmalz anrösten. Gemüse und Zwiebel schälen, in 1 Zentimeter große Stücke schneiden und 5 Minuten im Topf mitbraten, die Knochen und das Gemüse dabei öfter wenden. Das Tomatenmark dazugeben, etwa 10 Minuten mitrösten und den Bratensatz dabei portionsweise mit dem Rotwein ablöschen.

3

Knochen und Gemüse mit dem Mehl bestäuben und die Brühe zugießen. Die Kräuter und die Wacholderbeeren dazugeben und alles 20 Minuten kräftig kochen lassen. Den Reduktionsverlust mit Wasser ersetzen.

4

Den Inhalt des Topfes durch ein Haarsieb in einen zweiten Topf umgießen. Die Sauce auf etwa 300 Milliliter einreduzieren, mit Gin und Sauerrahm verfeinern und mit Salz und Pfeffer abschmecken.

5

Die Williamsbirnen in leicht gezuckertem Wasser wärmen. Die Pilze putzen. Die Butter in einer Pfanne zerlassen, die Pilze 3 Minuten bei starker Hitze darin braten und mit Salz und Pfeffer würzen. Die Rehrückenfilets mit einem Messer vom Knochen lösen und in 2 Zentimeter dicke Scheiben tranchieren.

6

Den Rückenknochen auf einer vorgewärmten Platte anrichten und die Fleischscheiben wieder in der ursprünglichen Form auf dem Knochen zusammensetzen. Die Birnenhälften mit dem Johannisbeergelee füllen und zusammen mit den Pilzen auf der Platte anrichten. Dazu hausgemachte Spätzle (Seite 269) servieren.

Baden und der Tabak

Sicherlich schadet Rauchen der Gesundheit, gleichwohl gehört der Tabak zu den leiblichen Genüssen und darf gerade in einem Buch über Baden nicht ganz fehlen. Speziell die Gegend um Lahr war einst eine Hochburg des Tabaks. Seit dem Dreißigjährigen Krieg im 17. Jahrhundert wurde in Baden Tabak angebaut, um die Soldaten zu versorgen. 1774 gründete Carl Ludwig Freiherr von Lotzbeck in Lahr eine Schnupftabakfabrik. Und etwa gegen 1840 begann die große Zeit der Zigarrenindustrie: Um die Jahrhundertwende gab es in Oberbaden annähernd 300 große Zigarrenfabriken, davon 200 in Lahr und Umgebung.

Russische Kurgäste, die in großer Anzahl nach Baden-Baden kamen, führten dort auch die Zigarette ein. Der Rastatter Heinrich Reinboldt, der im Kurgarten einen Tabakkiosk betrieb, sah darin ein lukratives Geschäft und gründete gegenüber vom Hotel Badischer Hof die erste Zigarettenfabrik Deutschlands. Sein Schwiegersohn August Batschari übernahm sie und machte die Batschari-Zigarette damals weltbekannt. Heute ist sie allerdings in Vergessenheit geraten, und auch die glorreiche Zeit der einheimischen Tabakindustrie ist vorbei.

Zwiebelkuchen

Für 6 Personen
Preiswert, braucht etwas Zeit

Für den Hefeteig:
1/8 l Milch, 25 g Hefe, 1 gestrichener TL Zucker
80 g Butter, 300 g Mehl, 1 TL Salz
Fett für das Backblech, Mehl zum Ausrollen
Für den Belag:
1 1/2 kg Zwiebeln, 100 g Speckwürfel
200 g saure Sahne (20% Fett), 3 große Eier
1 EL Kümmel, Salz

1

Die Milch in einem kleinen Topf lauwarm anwärmen. Die Hefe in einen Kaffebecher hineinbröckeln, den Zucker zugeben und den Becher bis zur Hälfte mit der Milch aufgießen. Den Vorteig gut verrühren und etwa 20 Minuten stehen lassen, bis er den Becherrand erreicht hat.

2

Die Butter in der restlichen Milch zerlassen.
Das Mehl in eine Schüssel sieben, Salz und Vorteig zugeben, mit den Knethaken des Handrührgerätes verrühren und dabei langsam die Butter-Milch-Mischung hineinlaufen lassen. Den Teig so lange kneten, bis er sich vom Schüsselrand löst und Blasen wirft. Gegebenenfalls noch etwas lauwarme Milch zufügen, allerdings darf der Teig nicht zu weich werden. Den Teig mit einem Tuch zudecken und etwa 1 Stunde an einem warmen Ort stehen lassen.

3

In der Zwischenzeit die Zwiebeln schälen und grob hacken. Die Hälfte der Speckwürfel in einer großen Pfanne ausbraten, die Hälfte der Zwiebeln zugeben und glasig dünsten. Die zweite Portion Speck und Zwiebeln genauso zubereiten, anschließend abkühlen lassen. Die saure Sahne in einer großen Schüssel mit den Eiern verquirlen, Kümmel und Salz zufügen und die abgekühlten Speckzwiebeln daruntermischen.

4

Den Backofen auf 175 Grad (Umluft 160 Grad, Gas Stufe 2 bis 3) vorheizen, ein Backblech einfetten. Den Hefeteig nochmals gut durchkneten und von Hand etwa 20mal auf die Arbeitsplatte schlagen. Den Teig auf einer bemehlten Fläche ausrollen, das Backblech damit auslegen und den Rand gut andrücken.

5

Die Zwiebelmasse auf der Teigplatte verteilen und den Teig nochmals 15 Minuten gehen lassen. Den Kuchen auf der mittleren Schiebeleiste 40 Minuten im Ofen backen und am besten gleich servieren.

VARIANTE: Die Zwiebeln in feine Scheiben schneiden, mit den Speckwürfeln dünsten und zusammen mit 200 Gramm geriebenem Emmentaler Käse auf die Teigplatte geben – saure Sahne und Kümmel weglassen. 4 verquirlte Eier darüber verteilen und den Kuchen ebenfalls 40 Minuten backen.

Sie brauchen übrigens nicht so viel zu weinen, wenn Sie die vielen Zwiebeln mit der groben Reibe einer Küchenmaschine zerkleinern!

Der allezeit vergnügte Tabakraucher

Im Frühling
's Bäumli blüeiht, und 's Brünnli springt.
Potz tausig los, wie's Vögli singt!
Me het si Freud und frohe Muet,
und 's Pfifli, nei wie schmeckt's so guet!

Im Sommer
Volli Ähri, wo me goht,
Bäum voll Öpfel, wo me stoht!
Und es isch e Hitz und Gluet.
Eineweg schmeckt's Pfifli guet.

Im Herbst
Chönnt denn d'Welt no besser si?
Mit sim Träbel, mit sim Wi
stärkt der Herbst mi lustig Bluet
und mi Pfifli schmeckt so guet.

Im Winter
Winterszit, schöni Zit!
Schnee uf alle Berge lit,
uffem Dach und uffem Huet.
Justement schmeckt's Pfifli guet.

Johann Peter Hebel

Herbstlicher Obstsalat

Für 4 Personen
Ganz einfach

je 300 g grüne und blaue Weintrauben
1 Apfel, 2 Birnen, Saft von 1 Zitrone, 2 EL Zucker, 2 cl Birnenlikör
100 g gehackte Walnußkerne, evtl. 4 Kugeln Walnußeis

1

Die Trauben waschen, halbieren und entkernen. Apfel und Birnen schälen, vierteln und das Kernhaus entfernen, klein schneiden und mit dem Zitronensaft beträufeln. Das Obst mit Zucker und Birnenlikör in einer Schüssel gut vermischen, die gehackten Walnüsse darüberstreuen. Den Obstsalat kurz ziehen lassen und nach Belieben mit Walnußeis servieren.

Warme Apfelsuppe

Für 4 Personen
Ganz einfach, preiswert

1 kg säuerliche Äpfel (Kläräpfel, Boskop)
3 EL Zucker, 1 Zimtstange, 1 Stück unbehandelte Zitronenschale
1/2 Päckchen Vanillepuddingpulver, 100 ml Weißwein oder Wasser
100 g saure Sahne, 2 EL Zitronensaft

1

Die Äpfel schälen, achteln und entkernen. Die Apfelschnitze mit 1 Liter Wasser, Zucker, Zimt und Zitronenschale in einem Topf weich kochen, bis sie zu zerfallen beginnen. Das Puddingpulver mit Wein oder Wasser anrühren und in die kochende Suppe geben, noch 1 bis 2 Minuten köcheln, mit Sauerrahm und Zitronensaft verfeinern und sofort servieren.

Die Apfelsuppe eignet sich auch als warme oder kalte Vorspeise. Als Dessert können Sie Vanilleeis oder Makrönchen dazu reichen.

Apfelküchle

Für 4 Personen
Preiswert, braucht etwas Zeit

5-6 große säuerliche Äpfel (z.B. Boskop)
2 Päckchen Vanillezucker, 3 Eier, 200 g Mehl
1 TL Zucker, Salz, 1/4 l Milch
Butter zum Ausbacken
Zucker zum Bestreuen

1

Die Äpfel schälen und das Kernhaus mit einem Apfelausstecher entfernen. Die Äpfel in 1 Zentimeter dicke Ringe schneiden, in eine Schüssel geben und mit dem Vanillezucker bestreuen.

2

Die Eier trennen. Das Mehl in eine Schale sieben. Eigelbe, Zucker und eine Prise Salz mit den Quirlen des Handrührgerätes in einer Schüssel verrühren, Mehl und Milch abwechselnd in kleinen Mengen unterrühren. Den Teig 10 Minuten stehen lassen, anschließend die Eiweiße mit einer Prise Salz steif schlagen und unter den Teig heben.

3

In einer Pfanne etwas Butter zerlassen. Die Apfelringe portionsweise in den Teig tauchen und in der Pfanne auf beiden Seiten goldbraun backen. Die bereits fertigen Apfelküchle warm stellen. Zum Schluß die Apfelküchle mit Zucker bestreuen und heiß servieren.

Dazu schmeckt sehr gut Vanillesauce (Seite 31).

Kaiserstühler Apfelkuchen

Für 12 Stücke
Raffiniert, läßt sich vorbereiten

Für den Mürbeteig:
200 g Mehl, 1 TL Backpulver
1 EL Zucker, Salz, 50 g gemahlene Mandeln
1 Ei, 1 EL Maraschino oder Rum, 125 g kalte Butter
Fett für die Springform, Mehl zum Ausrollen

Für den Obstbelag:
1 kg Äpfel (Boskop)
3 EL Zucker, 1 Msp. Zimt
1 TL Zitronensaft
Für den Guß:
1 Ei, 60 g weiche Butter
1 EL Zucker
4 EL Aprikosenmarmelade

1

Für den Mürbeteig das Mehl auf die Tischplatte sieben, mit Backpulver, Zucker, einer Prise Salz und den Mandeln mischen. Mit der Faust eine Vertiefung in die Mitte drücken und das Ei und den Maraschino hineingeben. Die kalte Butter am Mehlrand in kleine Stücke schneiden. Alle Zutaten zu einem glatten Teig verarbeiten, dabei zügig vorgehen, weil der Teig sonst hart wird. Den fertigen Mürbeteig mindestens 1 Stunde kalt stellen.

2

Die Äpfel schälen, vom Kernhaus befreien und in Spalten schneiden. Etwas Wasser mit Zucker, Zimt und Zitronensaft in einem Topf erhitzen und die Apfelspalten darin leicht andünsten, aber nicht zerfallen lassen. Das Obst anschließend abkühlen lassen.

3

Für den Guß das Ei trennen und das Eiweiß zu Schnee schlagen. Das Eigelb mit der weichen Butter in einer Schüssel schaumig rühren, Zucker und Aprikosenmarmelade unterrühren. Den Eischnee vorsichtig unter die Masse heben.

4

Den Backofen auf 180 Grad (Umluft 160 Grad, Gas Stufe 2 bis 3) vorheizen. Eine Springform von 28 Zentimeter Durchmesser mit etwas Butter einfetten. Zwei Drittel des Mürbeteiges auf einer leicht bemehlten Fläche kreisrund ausrollen und Boden und Rand der Springform damit belegen. Die gedünsteten Apfelspalten in Kreisen auf dem Teigboden verteilen und den Guß darüberstreichen.

5

Das restliche Drittel Mürbeteig dünn ausrollen und mit einem Teigrädchen in 1 Zentimeter dünne Streifen schneiden. Die Teigstreifen gitterartig auf den Kuchen setzen. Den Apfelkuchen 60 Minuten im Ofen backen und in der Form abkühlen lassen.

Mehr Wein als Wasser

»Um 1850 mag in den Reborten des Markgräflerlandes mehr Wein als Wasser getrunken worden sein. Er war der eigentliche Haustrunk, den in vielen Bauernhäusern schon die jüngsten Kinder bei Tisch bekamen, in vollen Weingläsern von abgestufter Größe. Einzelne Leute tranken täglich 5 und mehr Flaschen, Schnitter in der Ernte bis zu 16 Schoppen. Dennoch waren Säufer nicht häufig, ab und zu ein 'Rüschli' galt für nicht tadelnswert.«

Elard Hugo Meyer, Badisches Volksleben im 19. Jahrhundert, 1900

QUITTENKUCHEN

Für 10 bis 12 Stücke
Raffiniert, braucht etwas Zeit

Für den Mürbeteig:
200 g Mehl, 1 TL Backpulver
1 EL Zucker, Salz, 1 Ei
1 EL Maraschino oder Rum
100 g kalte Butter, Butter für die Form
Mehl zum Ausrollen
Für den Belag:
1,5 kg Quitten, 4 EL Honig
Für den Guß:
2 Eier, Salz, 100 g Zucker
50 g geriebene geschälte Mandeln
25 g flüssige Butter

1

Das Mehl auf die Tischplatte sieben, mit Backpulver, Zucker und einer Prise Salz mischen. Mit der Faust eine Vertiefung in die Mitte drücken und das Ei und den Maraschino hineingeben. Die Butter am Mehlrand in kleine Stücke schneiden und alle Zutaten schnell zu einem glatten Teig verarbeiten. Den Teig mindestens 1 Stunde kalt stellen.

2

Inzwischen die Quitten schälen, halbieren und das Kernhaus entfernen. Die Fruchthälften in Spalten schneiden. Einen Viertelliter Wasser in einem Topf aufsetzen und den Honig darin auflösen. Die Quittenspalten hineingeben und zugedeckt in 15 bis 20 Minuten weich dünsten, anschließend im Sud abkühlen lassen.

3

Den Backofen auf 175 Grad (Umluft 160 Grad, Gas Stufe 2 bis 3) vorheizen. Eine Springform von 28 Zentimeter Durchmesser mit etwas Butter einfetten. Den Mürbeteig auf einer leicht bemehlten Fläche passend ausrollen und Boden und Rand der Springform damit belegen. Mit einer Gabel mehrmals in den Teig hineinstechen. Den Teigboden im Ofen auf der zweiten Schiebeleiste von unten 30 Minuten backen.

4

In der Zwischenzeit den Guß zubereiten. Die Eier trennen, die Eiweiße mit einer Prise Salz steif schlagen und kühl stellen. Die Eigelbe mit dem Zucker in einer Schüssel schaumig rühren, Mandeln und flüssige Butter unterrühren. Die Hälfte der abgekühlten Quittenspalten durch ein Sieb passieren und ebenfalls unter die Creme rühren. Schließlich das steifgeschlagene Eiweiß unterheben.

5

Die restlichen Quittenspalten gleichmäßig auf dem vorgebackenen Boden verteilen. Den Guß darüberstreichen und den Quittenkuchen in 25 Minuten im Ofen bei gleicher Einschubleiste und Temperatur fertigbacken.

Menü des Monats

Kürbissuppe
Rehrücken badisch
mit Spätzle und gebackenen Quitten
Herbstlicher Obstsalat

Badisch Rotgold QbA trocken

DIE KÜCHE

Die Keller sind nun voll. Also verbringt man die tristen Novemberabende am besten zuhause – bei einem edlen Menü und einem guten Wein.

im November

Elsässer Weckle, Schweizer Laib – der Blick in eine badische Backstube verrät, daß wir uns hier in einer Region befinden, wo man über die Grenzen hinweg bei den Nachbarn in die Kochtöpfe schaut und sich von ihren guten Ideen inspirieren läßt.

Was es im November

Feldsalat

Der Feldsalat ist der typische Wintersalat schlechthin. Er kommt auf den Markt, wenn es den ersten Frost gegeben hat, und seine Saison ist vorbei, sobald die Sonne wieder Wärme spendet. Der Feldsalat ist in der Region unter vielen verschiedenen Namen bekannt. Die Schweizer nennen ihn Nüsslisalat; in Baden heißt er unter anderem Ackersalat, Sunnenwirbli oder Rebsalat, weil er früher von den Weinbauern zur Düngung des Bodens zwischen den Reben angebaut wurde.

Wirsing

Ursprünglich ist er ein Italiener. Aber der Wirsing ist schon lange in deutschen Gemüsegärten und Küchen heimisch geworden. Früher wurde der Wirsing meist viel zu lange gekocht – dann bleibt von seiner feinen Blattstruktur nichts mehr übrig. So war er als »Chöl« zu gekochtem Rindfleisch ein fester Bestandteil des traditionellen Hochzeitsessens am Bodensee. Die moderne Küche aber schätzt ihn als feines Gemüse und nutzt seine großen Blätter ähnlich wie Spinat zum Einrollen.

Zander

Der Zander ist der größte Süßwasserbarsch in Europa. Ursprünglich aus dem Osten kommend, hat er sich inzwischen in unseren Seen ausgebreitet. Er ähnelt im Aussehen ein wenig dem Hecht und wird deshalb auch Hechtbarsch genannt. Auch das Fleisch des Zanders erinnert an den Hecht. Es ist zart und weiß, und sein leicht nussiger Geschmack hat den Zander zu einem sehr beliebten Speisefisch gemacht.

ALLES GUTES GIBT...

ENTE

Sowohl von Hausenten als auch von ihren wilden Verwandten lassen sich köstliche Braten und andere Delikatessen zubereiten. Die in Baden weit verbreitete Stockente wird als Wildente schon im August geschossen. Außerdem kommt hier vor allem die Barberie-Ente – eine neu gezüchtete Kreuzung von Hausentenweibchen mit wilden Erpeln – auf den Tisch. Besonders schmackhaft sind Jungenten, die nicht älter als ein Jahr waren. Sie sind daran zu erkennen, daß weder der Brustbeinansatz noch die Knorpelteile verknöchert sind.

SCHWARZWURZELN

Die Schwarzwurzeln ähneln in ihrer länglichen Form und im Geschmack dem Spargel, wirken aber mit ihrer braunschwarzen oder gelblichweißen Haut lange nicht so edel wie das königliche Frühlingsgemüse. Dafür bekommt man sie gerade im Winter frisch auf den Märkten. Die langen Schwarzwurzelstangen werden ebenfalls vor dem Kochen geschält, dabei sollte man aber aufpassen: Der Milchsaft der Schwarzwurzeln kann auf der Kleidung hartnäckige Flecken verursachen.

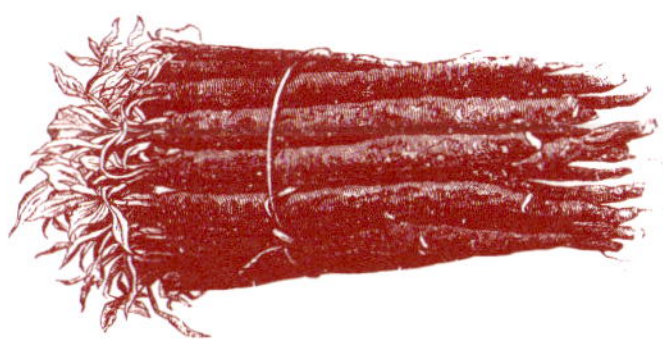

TYPISCH FÜR DEN NOVEMBER

Feldsalat	*Feldsalat mit Speckwürfele*	*Seite 292*
Wirsing	*Wirsingwaie*	*Seite 295*
Zander	*Zander in der Kartoffelkruste*	*Seite 298*
Ente	*Ente sauer*	*Seite 300*
Schwarzwurzeln	*Schwarzwurzelgemüse*	*Seite 296*

Apfelkuchen Onkel Konrad

Für 12 Stücke

Ganz einfach

750 g Äpfel (Boskop)
Für den Mürbeteig:
250 g Mehl, 175 g Butter
75 g Zucker, 1 Msp. Backpulver
1 Ei, Butter für die Springform
Für den Guß:
1 Päckchen Vanillepuddingpulver
1/4 l Weißwein, 150 g Zucker
200 g süße Sahne, 3 Eier

1

Alle Zutaten für den Mürbeteig zu einem glatten Teig verarbeiten und eine halbe Stunde kühl stellen. Die Äpfel inzwischen schälen, vierteln und entkernen.

2

Für den Guß das Puddingpulver mit etwas Wein anrühren. Den restlichen Wein, Zucker und Sahne in einem Topf zusammen aufkochen. Das angerührte Puddingpulver hineinrühren, die Sauce kurz aufkochen lassen und vom Herd nehmen. Die Eier in einem Schälchen verquirlen und unter den Guß rühren.

3

Den Backofen auf 170 Grad (Umluft 150 Grad, Gas Stufe 2) vorheizen. Eine Springform von 26 Zentimeter Durchmesser einfetten und mit dem Mürbeteig auslegen. Die Apfelviertel kreisförmig darauf verteilen und den Guß darübergießen. Den Kuchen 40 bis 45 Minuten im Ofen backen.

Gebackene Quitten

Für 4 Personen
Besonders typisch

4 mittelgroße reife Quitten
600 g Zucker, 1/4 l Spätburgunder Weißherbst
200 ml Zitronensaft, 1 Zimtstange
5 Nelken, Fett für das Backblech

1

Die Quitten gründlich waschen, mit einer Bürste oder einem Tuch den Flaum abreiben. Die Früchte halbieren und das Kerngehäuse mit einem Kugelausstecher sorgfältig entfernen.

2

In einem weiten Topf 400 Gramm Zucker leicht karamelisieren lassen. Die Quitten hineinsetzen. Den Wein, einen halben Liter Wasser, den Zitronensaft sowie Zimt und Nelken zugeben und alles etwa 20 Minuten kochen, bis die Früchte weich sind.

3

Den Backofen auf 250 Grad (Umluft 230 Grad, Gas Stufe 6) vorheizen und ein Backblech einfetten. Die Quittenhälften mit der Schnittfläche nach oben auf das Blech legen und mit etwas Sud begießen. Den restlichen Zucker darüberstreuen, die Quitten in den Ofen schieben und so lange backen, bis sie eine goldgelbe Oberfläche haben. Die gebackenen Quitten mit etwas Sud beträufeln und servieren.

Die gebackenen Quitten passen besonders gut als Beilage zu gebratenem oder gegrilltem Wild und Wildgeflügel. Als Dessert serviert man sie mit etwas Schlagsahne und Walnußeis und bestreut sie mit gehackten Pistazienkernen.

Seelen

Für 8 bis 10 Stück
Besonders typisch, läßt sich vorbereiten

1/8 l Milch, 25 g Hefe, Zucker
125 g Butter, 500 g Mehl, 1-2 TL Salz
Fett für das Backblech, Kümmel zum Bestreuen
200 g gekochter Schinken in Scheiben
150 g Emmentaler Käse

1

Die Milch in einem Topf leicht erwärmen. Die Hefe in einen Kaffeebecher bröckeln, mit einer Prise Zucker und etwas Milch verrühren und an einem warmen Ort 20 Minuten stehen lassen, bis der Vorteig den Becherrand erreicht hat.

2

Die Butter in der restlichen Milch zerlassen. Das Mehl in eine Schüssel sieben, den Vorteig und das Salz dazugeben und mit den Knethaken des Handrührgerätes verrühren. Dabei langsam die Butter-Milch-Mischung und das Wasser hineinlaufen lassen. Den Teig so lange kneten, bis er Blasen wirft und sich vom Schüsselrand löst, und zugedeckt noch 1 bis 2 Stunden gehen lassen.

3

Den Backofen auf 200 Grad (Umluft 180 Grad, Gas Stufe 3 bis 4) vorheizen. Ein Backblech einfetten. Den Teig nochmals gut durchkneten und daraus 8 bis 10 tennisballgroße Kugeln formen; diese zu langen Stangen ausrollen, die in der Mitte dicker sind und an den Enden spitz auslaufen. Die Teigstangen auf das Backblech legen, mit Kümmel bestreuen und noch 10 Minuten gehen lassen.

4

Die Teigstangen 25 Minuten im Ofen backen, anschließend etwas abkühlen lassen. Die Seelen aufschneiden, mit den Schinken- und Käsescheiben füllen und im Ofen nochmals kurz überbacken.

Geröstete Griess-Suppe

Für 4 Personen
Ganz einfach, preiswert

25 g Butter
80 g Hartweizengrieß
1/2 TL getrockneter Kerbel
1 l Fleischbrühe, Salz
geriebene Muskatnuß
1 Bund Schnittlauch

1

Die Butter in einem Topf zerlassen. Den Grieß darin hellgelb rösten und den Kerbel zufügen. Die Fleischbrühe zugießen, aufkochen und 10 Minuten köcheln lassen. Die Suppe mit Salz und Muskat abschmecken. Den Schnittlauch waschen, in Röllchen schneiden und darüberstreuen.

VARIANTE: Sie können die Grießsuppe verfeinern, indem Sie vor dem Anrichten 2 Eigelb unterrühren. Die Suppe darf dann aber nicht mehr aufgekocht werden, da das Eigelb sonst ausflockt.

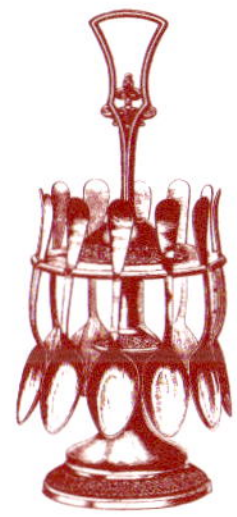

Seelenbrote

Die »Seelen« sind auch heute noch ein beliebter Imbiß auf jedem Dorfhock oder privaten Fest im Badischen. Aber nur wenige wissen, daß Seelenbrote im deutschsprachigen Raum eine lange Tradition haben: Vom Mittelalter bis in das 19. Jahrhundert hinein war es in vielen Gegenden Deutschlands Brauch, an Allerseelen, dem 2. November, sogenannte Seelenbrote für die Armen zu backen und an sie zu verteilen. Anstelle der Armen wurden im Freiburger Raum die Kinder beschenkt. Sie erhielten noch Anfang dieses Jahrhunderts die Seelenwecken von ihren Paten. Dieser Brauch hat sich inzwischen verloren – die »Seelen« aber schmecken noch immer.

Knöpfle mit Apfelmus

Für 4 Personen
Preiswert, braucht etwas Zeit

Für die Knöpfle:
500 g Mehl, 6 Eier, 1 TL Salz
Muskat, 50 g Butter zum Anbraten
Für das Apfelmus:
1 kg Äpfel, 60 g Zucker
1 geriebene unbehandelte Zitronenschale
1 Stück Zimtstange

1

Das Mehl mit den Eiern, einem Achtelliter Wasser, dem Salz und einer Prise Muskat in einer Schüssel verrühren. Mit einem Holzlöffel den Teig so lange schlagen, bis er Blasen wirft, anschließend 30 Minuten ruhen lassen.

2

In einem großen breiten Topf reichlich Salzwasser aufsetzen. Den Teig in einen Knöpfleschieber füllen und portionsweise in das kochende Salzwasser tropfen lassen. Die Knöpfle einige Minuten ziehen lassen, dann mit der Schaumkelle herausnehmen, in einem Sieb unter kaltem Wasser abschrecken und etwas abtropfen lassen.

3

Die Äpfel schälen und vierteln. Das Kernhaus entfernen und die Äpfel in Spalten schneiden. Die Apfelspalten in einen Topf geben und mit einem Viertelliter Wasser, Zucker, Zitronenschale und Zimtstange bei schwacher Hitze 10 bis 15 Minuten dünsten, dabei immer wieder umrühren. Die Äpfel sollen weich sein, aber nicht ganz zerfallen. Die Zimtstange entfernen und das Apfelmus abkühlen lassen.

4

In einer großen Pfanne etwas von der Butter zerlassen und die Knöpfle darin portionsweise goldbraun anbraten. Knöpfle und Apfelmus getrennt servieren.

VARIANTEN: Für das Apfelmus können Sie einen Teil des Wassers durch Weißwein – zum Beispiel Gutedel – ersetzen. Die Knöpfle werden in Baden aber auch sehr gerne mit in Butter gerösteten und mit Petersilie garnierten Weißbrotwürfeln gegessen.

Eisbergsalat mit Blauschimmelkäsesauce

Für 4 Personen
Raffiniert, geht schnell

1 großer Kopf Eisbergsalat
60 g Roquefort, 100 g süße Sahne
1 EL Estragonessig, 3 EL Olivenöl
1 TL Zucker, 1/2 TL schwarzer Pfeffer
1/2 TL Dijonsenf, 1 hartgekochtes Ei
je 30 g gehackte Petersilie und Schnittlauchröllchen

1

Den Salat putzen. Die Blätter zerteilen, kurz waschen und gut abtropfen lassen. Den Käse durch ein Haarsieb streichen und in eine Salatschüssel geben. Sahne, Essig, Öl, Zucker, Pfeffer und Senf dazugeben, die Marinade gut verrühren und abschmecken.

2

Das Ei pellen und in Würfel hacken. Die Kräuter fein hacken. Den Salat locker mit der Marinade mischen, auf Tellern anrichten und mit Eiwürfeln und Kräutern bestreut servieren.

Feldsalat mit Speckwürfele

Für 4 Personen
Ganz einfach

200 g Feldsalat
2 Knoblauchzehen
3-4 EL Walnußessig
2-3 EL Maiskeimöl
1 TL Salz, Pfeffer aus der Mühle
100 g Speckwürfel

1

Vom Feldsalat alle gelben Blättchen und noch vorhandenen Würzelchen entfernen. Den Salat gründlich waschen und trockenschleudern. Die Knoblauchzehen pellen und fein hacken.

2

Walnußessig, Öl, Salz, Pfeffer und gehackten Knoblauch in einem Schälchen gut miteinander verquirlen. Die Speckwürfel in einer Pfanne auslassen.

3

Den Feldsalat mit der Marinade gründlich vermengen, die warmen Speckwürfelchen darüber verteilen und den Salat sofort servieren.

VARIANTEN: Sie können zusätzlich geröstete Brotwürfelchen über den Salat geben – das macht ihn noch herzhafter. Sehr lecker schmeckt der Feldsalat aber auch, wenn er anstelle des Specks mit filetierten Orangen angerichtet wird. Bei der Salatsauce sollten Sie dann aber auf den Knoblauch verzichten.

Apfel-Kartoffel-Gratin

Für 4 Personen
Raffiniert, preiswert

600 g festkochende Kartoffeln
2 Boskop-Äpfel, 150 g süße Sahne
100 ml Milch, Salz, Muskat
1 Msp. frischer oder getrockneter Oregano
100 g geriebener Hartkäse

1

Die Kartoffeln schälen, in 2 Millimeter dünne Scheiben schneiden und in eine Schüssel mit kaltem Wasser legen, damit die Stärke etwas ausgespült wird. Die Äpfel schälen, in Viertel schneiden, entkernen und in ebenso dünne Scheiben schneiden.

2

Sahne und Milch in einem Topf miteinander aufkochen, mit Salz und ganz wenig Muskat würzen und den Oregano beigeben. Die Kartoffelscheiben in einen Küchenseiher abschütten, abtropfen lassen und in die Sahnemilch geben.

3

Die Kartoffelscheiben etwa 4 Minuten bei mittlerer Hitze leicht kochen lassen und mit einem Spachtel immer wieder vom Boden lösen, da sie sonst wegen der Stärke ansetzen können. Die Apfelscheiben dazugeben und mit einem Kochlöffel vorsichtig untermengen. Alles so lange kochen, bis die Kartoffeln weich sind.

4

Den Topfinhalt in eine ofenfeste Auflaufform oder auf ein Backblech geben, mit dem Käse bestreuen und bei Oberhitze etwa 5 Minuten im Ofen überbacken.

Das Apfel-Kartoffel-Gratin ist eine ideale Beilage für Wildgerichte, Gans oder Ente.

W I R S I N G K Ö P F L E

Für 4 Personen
Besonders typisch

1 kleiner Wirsingkopf
1 kleine Zwiebel
50 g Speck
20 g Butter
Salz, Pfeffer
100 g süße Sahne
etwa 100 ml Fleischbrühe

1

Einen großen Topf Wasser zum Kochen bringen. Die groben und unschönen äußeren Blätter des Wirsings entfernen. Die nächsten 8 schönen Blätter vom Strunk brechen und den Strunkanteil herausschneiden. Den restlichen Wirsingkopf vierteln und in feine Streifen schneiden.

2

Die ganzen Blätter und die Wirsingstreifen im kochenden Wasser blanchieren und sofort in Eiswasser geben, um die grüne Farbe zu erhalten. Den gesamten Wirsing gut abtropfen lassen. Die Zwiebel pellen und mit dem Speck in feine Würfel schneiden.

3

Die Butter in einer Pfanne erhitzen und Speck und Zwiebeln darin anbraten. Die Wirsingstreifen hineingeben, mit Salz und Pfeffer würzen und die Sahne unterrühren. Das Gemüse kochen, bis alle Flüssigkeit einreduziert ist, anschließend kalt stellen.

4

Eine Kaffeetasse mit einem Wirsingblatt auslegen, so daß es etwa 2 bis 3 Zentimeter über den Tassenrand reicht. Die Wirsingmasse bis 1 Zentimeter unter den Rand einfüllen. Den Blattrand einschlagen und das Wirsingköpfle aus der Tasse stürzen, dabei leicht zusammendrücken. Auf diese Weise alle 8 Blätter füllen.

5

In einem Topf 1 Zentimeter hoch Fleischbrühe erhitzen, die Köpfle einsetzen und zugedeckt etwa 2 Minuten köcheln lassen. Die Wirsingköpfle als Beilage zu Fleisch, Wild oder Wildgeflügel servieren.

Wirsingwaie

Für 8 bis 10 Stücke
Preiswert, läßt sich vorbereiten

Für den Waieteig:
200 g Mehl, 1 Ei, Salz, 125 g kalte Butter
Butter für die Springform, Mehl zum Ausrollen
Für den Belag:
1 kg Wirsing, 2 Zwiebeln, 1 EL Öl
100 g Speckwürfel, 2 Eier, 200 g süße Sahne
1 TL Kümmel, Salz, frisch gemahlener Pfeffer

1

Das Mehl auf die Tischplatte sieben. Mit der Faust eine Vertiefung in die Mitte drücken, das Ei, eine Prise Salz und 1 Eßlöffel sehr kaltes Wasser hineingeben. Die Butter in kleinen Stücken an den Mehlrand setzen. Alle Zutaten schnell zu einem glatten Teig verarbeiten, den Teig mindestens 1 Stunde zum Ruhen in den Kühlschrank stellen.

2

Den Wirsing putzen, vierteln und den Strunk entfernen. Die Blätter in Streifen schneiden und waschen. Die Zwiebeln pellen und hacken. Das Öl in einer Pfanne erhitzen, die Speckwürfel darin auslassen und die Zwiebeln glasig dünsten. Den Wirsing zugeben und mit etwas Wasser 5 bis 10 Minuten andünsten.

3

Den Backofen auf 200 Grad (Umluft 180 Grad, Gas Stufe 3 bis 4) vorheizen. Eine Springform von 28 bis 32 Zentimeter Durchmesser mit etwas Butter einfetten. Die Eier mit der Sahne in einer Schale gut verquirlen, mit Kümmel, Salz und Pfeffer würzen.

4

Den Teig auf einer leicht bemehlten Fläche ausrollen und Boden und Rand der Springform damit belegen. Die angedünsteten Wirsingstreifen auf dem Boden verteilen, die Eiersahne darübergießen und die Wirsingwaie auf der zweiten Schiebeleiste von unten 35 Minuten im Ofen backen.

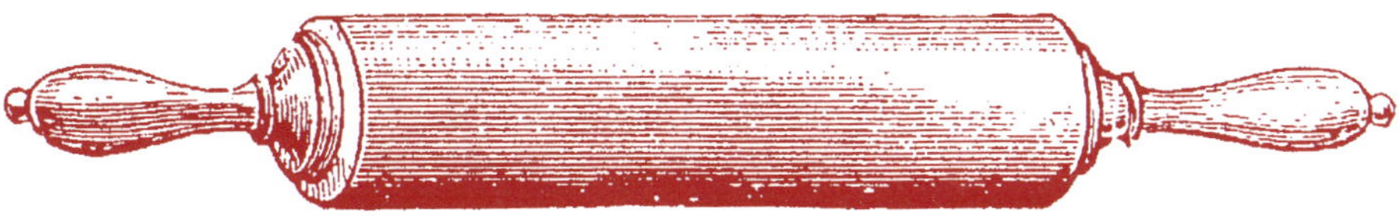

Schwarzwurzelgemüse

Für 4 Personen
Ganz einfach

800 g geschälte Schwarzwurzeln
2 Msp. Salz
1 Msp. Zucker
Saft von 1/2 Zitrone
50 g Butter
200 g süße Sahne
2 EL gehackte Kräuter
(Kresse, Dill, Petersilie)
Pfeffer

1

Die Schwarzwurzeln in 5 Zentimeter lange Stücke schneiden. Einen halben Liter Wasser mit Salz, Zucker, Zitronensaft und Butter in einem Topf zum Kochen bringen. Die Schwarzwurzeln in den Sud geben und zugedeckt bei mittlerer Hitze 30 Minuten köcheln.

2

Die gegarten Schwarzwurzelstücke herausnehmen, warm stellen und den Sud auf ein Drittel einkochen. Die Schwarzwurzeln wieder hineingeben, die Sahne zugießen und kurz weiterkochen, bis die Sauce gebunden ist.

3

Die gehackten Kräuter über die Schwarzwurzeln streuen, das Gemüse mit Salz und Pfeffer abschmecken und sofort servieren.

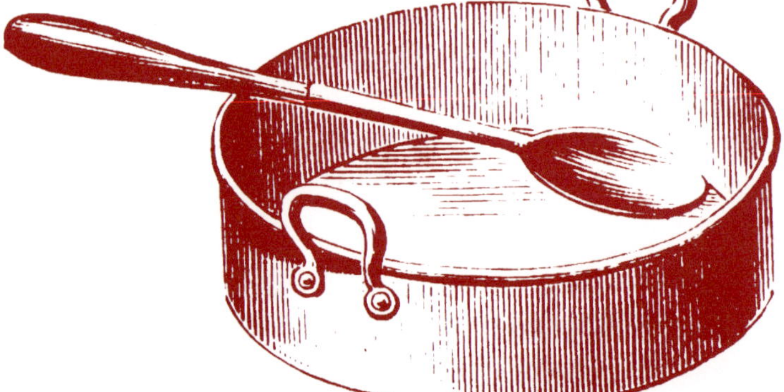

SULZ (KUTTELN)

Für 4 Personen
Besonders typisch

500 g gekochtes Sulz
(Kutteln, beim Metzger fertig vorbestellen)
3 Knoblauchzehen, 1 Zwiebel
40 g Butterschmalz, 2 EL Tomatenmark
100 ml Weißwein, 1/4 l Fleischbrühe
Salz, Pfeffer
30 g gehackte Petersilie
30 g gehacktes Basilikum
30 g Schnittlauchröllchen

1

Das Sulz in dünne Streifen schneiden. Den Knoblauch abziehen und zerreiben. Die Zwiebel pellen, fein hacken und mit dem Butterschmalz in einem Topf gut anbraten. Die Sulzstreifen hineingeben und etwa 5 Minuten gut anrösten lassen. Das Tomatenmark zufügen und noch 10 Minuten weiterrösten, dabei schluckweise den Weißwein zugießen, so daß nichts anbrennt.

2

Die Fleischbrühe hinzugeben, etwas einreduzieren und mit Knoblauch, Salz und Pfeffer abschmecken. Petersilie, Schnittlauch und Basilikum waschen und kleinschneiden. Das Sulz mit den gehackten Kräutern bestreuen und in Suppentellern anrichten.

Dazu selbstgebackenes Bauernbrot (Seite 304) servieren.

Zander in der Kartoffelkruste

Für 4 Personen
Raffiniert

600 g frisches Zanderfilet ohne Haut
Salz, Saft von 1/2 Zitrone, Mehl zum Wenden
2 mittelgroße festkochende Kartoffeln, 1 Ei
600 g Lauch, Butter, Salz, Pfeffer
Butterschmalz zum Braten

1

Das Zanderfilet in 4 Portionen teilen, salzen, mit Zitronensaft beträufeln und in Mehl wenden. Die Kartoffeln schälen und auf einem Gurkenhobel oder mit dem Messer in sehr dünne Scheiben schneiden. Das Ei in einem Schälchen verquirlen, die Kartoffelscheiben hineintauchen und schuppenförmig von beiden Seiten auf den bemehlten Fisch heften.

2

Die Lauchstangen längs halbieren, waschen und in 1 Zentimeter große Streifen schneiden. Etwas Butter in einem Topf zergehen lassen, den Lauch hineingeben und mit Salz und Pfeffer würzen. 3 Eßlöffel Wasser zugeben und den Lauch bei schwacher Hitze zugedeckt 5 Minuten dünsten.

3

Gleichzeitig die Zanderfilets in einer Pfanne mit etwas Butterschmalz auf beiden Seiten jeweils 4 Minuten braten, bis die Kartoffelscheiben eine goldgelbe Farbe haben. Den Lauch auf 4 Teller geben, den Fisch in der Kartoffelkruste darauf anrichten und mit frisch aufgekochter Weißburgundersauce (Seite 299) umgießen.

Weissburgundersauce

Für 4 Personen
Raffiniert

1 Schalotte oder kleine Zwiebel
200 ml trockener Weißburgunder
(davon evtl. 50 ml Weißburgundersekt)
1/2 l Fischfond (Seite 96 oder aus dem Glas)
250 g süße Sahne, 1 TL Salz
30 g kalte Butter

1

Die Schalotte oder Zwiebel abziehen, in feine Scheiben schneiden und in einen Topf geben. 150 Milliliter Weißburgunder zugießen und einkochen lassen, anschließend den Fischfond zugeben und auf ein Drittel einreduzieren.

2

Die Sahne in den Fischfond geben und die Sauce unter häufigem Umrühren etwa 3 Minuten offen köcheln lassen. Den restlichen Weißwein oder Sekt zugießen und mit dem Salz abschmecken. Die Butter in kleine Stückchen schneiden und unter ständigem Rühren in die Sauce geben. Die fertige Weißburgundersauce zum Zander in der Kartoffelkruste (Seite 298) servieren.

Die Butter muß kalt sein, um die Sauce zu binden, und verleiht ihr außerdem eine sämige Konsistenz.

Ente sauer

Für 4 Personen
Läßt sich vorbereiten

1 Ente (etwa 1,5-2 kg), 4 Knoblauchzehen
50 ml Sonnenblumenöl, 2 Thymianzweige, 4 Lorbeerblätter
800 g weiße Rüben, 2 Zwiebeln, Salz, Pfeffer, 100 g Butterschmalz
2 EL Weißweinessig, 1/4 l trockener Weißwein

1

Am Vortag die Ente in 4 Teile – jeweils 2 Brüste und Schlegel – zerlegen. Die Knoblauchzehen pellen, zerreiben und damit die Ententeile einreiben. Öl, Thymian und Lorbeerblätter in einem Schälchen verrühren, die zerlegte Ente damit bestreichen und einen Tag in einer zugedeckten Schüssel kalt stellen.

2

Die weißen Rüben schälen und mit dem Gurkenhobel oder Messer in feine Scheiben schneiden. Die Zwiebeln abziehen und in feine Würfel schneiden. Die Ententeile salzen und pfeffern, in einer Kasserolle mit dem Butterschmalz gut anbraten und wieder herausnehmen.

3

Die Zwiebeln in der Kasserolle glasig dünsten. Die Rübenscheiben dazugeben, mit Essig und Wein ablöschen und 100 Milliliter Wasser zugießen. Die Ententeile auf die weißen Rüben legen und zugedeckt 90 Minuten bei schwacher Hitze gar ziehen lassen.

Als Beilage empfehlen sich Kartoffelklöße (Seite 22) oder Dampfkartoffeln.

Hirschfilet in Apfelessig-Honig-Sauce

Für 4 Personen
Raffiniert, braucht etwas Zeit

1 Gelberübe (Möhre), 1 Zwiebel
1 kleines Stück Sellerie, 300 g Wildknochen
100 g geräucherter Speck, 2 EL Öl, 2 EL Tomatenmark
300 ml Rotwein, 20 g Mehl, 400 ml Fleischbrühe
je 1 Zweig Thymian und Rosmarin, 2 Lorbeerblätter
10 Wacholderbeeren, 600-700 g enthäutetes Hirschfilet
Salz, Pfeffer aus der Mühle, Butterschmalz zum Braten
1 EL Tannenhonig, 2 EL Apfelessig (Cidreessig), 30 g Butter

1

Das Gemüse schälen und in walnußgroße Würfel schneiden. Die Wildknochen und den Speck in einer Kasserolle oder einem großen Topf 15 Minuten mit dem Öl braten, die Gemüsewürfel dazugeben und 5 Minuten mitrösten. Das Tomatenmark zufügen und weitere 10 Minuten mitrösten.

2

Den Saucenansatz mit dem Rotwein ablöschen, mit Mehl bestäuben, nochmals umrühren und mit Fleischbrühe und 200 Milliliter Wasser auffüllen. Thymian, Rosmarin, Lorbeer und Wacholderbeeren zufügen und die Wildsauce 20 bis 30 Minuten kochen lassen.

3

Inzwischen das Hirschfilet in 3 bis 4 Zentimeter dicke Scheiben schneiden und ganz vorsichtig mit einem Plattierer klopfen. Die Filetscheiben salzen und pfeffern. Das Butterschmalz in einer Pfanne erhitzen und das Fleisch darin bei mittlerer Hitze etwa 3 Minuten auf jeder Seite braten. Die Hirschfilets herausnehmen und auf einer vorgewärmten Platte anrichten.

4

Den Honig in die Pfanne geben und den Bratensatz mit dem Apfelessig ablöschen. Die Wildsauce durch ein Haarsieb in die Pfanne passieren, noch 2 Minuten köcheln, vom Feuer nehmen und die Butter in kleinen Stücken mit einem Schneebesen unterrühren. Sauce und Fleisch getrennt servieren. Dazu paßt am besten Apfel-Kartoffel-Gratin (Seite 293).

Schupfnudeln mit Sauerkraut

Für 4 Personen
Preiswert

1 kg gekochte Kartoffeln vom Vortag
2 Eier, 100 g Mehl, 1 EL Salz
geriebene Muskatnuß
1 große Dose Sauerkraut (750 g)
Butterschmalz zum Anbraten
100 g Speckwürfel

1

Die Kartoffeln pellen und durch die Kartoffelpresse in eine Schüssel drücken. Eier, Mehl, Salz und etwas Muskat zufügen und alles zu einem glatten Teig verarbeiten, mit Salz und Muskatnuß nachschmecken.

2

Einen großen Topf mit Salzwasser zum Kochen bringen. Mit bemehlten Händen aus dem Teig etwa 6 Zentimeter lange fingerdicke Nudeln formen. Die Schupfnudeln portionsweise ins Salzwasser geben und in 10 bis 15 Minuten gar ziehen lassen, aber nicht kochen, da die Nudeln sonst zerfallen.

3

In der Zwischenzeit das Sauerkraut in einem großen Topf nach Vorschrift kochen. Etwas Butterschmalz in einer großen Pfanne zerlassen, einen Teil der Speckwürfel darin auslassen und eine Portion Schupfnudeln goldbraun braten. Alle Schupfnudeln auf diese Weise in Speck braten und schließlich unter das Sauerkraut mischen.

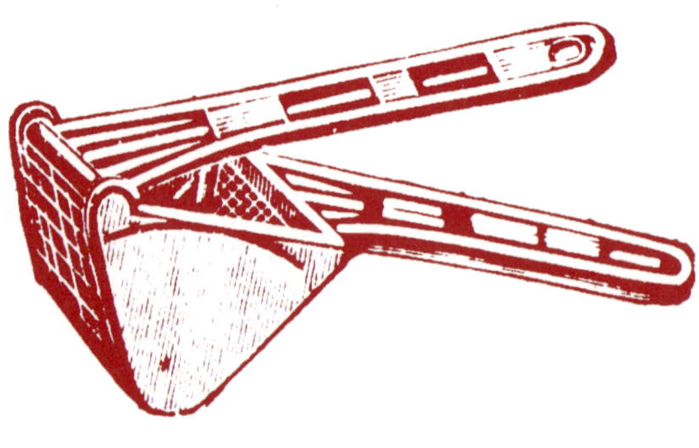

W I N T E R E I N T O P F

Für 4 Personen
Braucht etwas Zeit

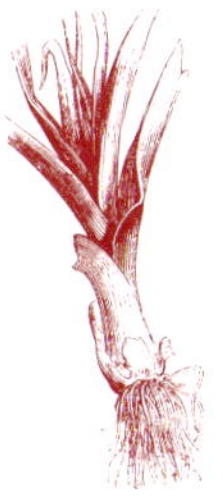

800 g Rinderbrust
500 g Zwiebeln
2 Gelberüben (Möhren)
100 g Lauch, 1/4 Kopf Weißkraut
1,5 kg Kartoffeln, 80 g Butter
Salz, Pfeffer, 1 Lorbeerblatt
1 TL Majoran

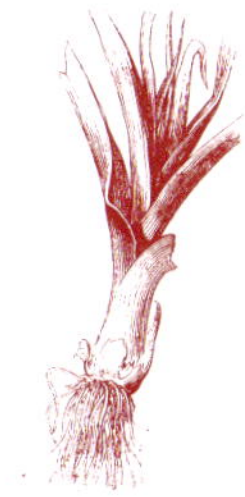

1

Die Rinderbrust in 2 bis 3 Zentimeter große Würfel schneiden. Die Zwiebeln abziehen und fein hacken. Die Gelberüben schälen und in Scheiben schneiden. Den Lauch und das Weißkraut putzen, waschen und in 2 Zentimeter große Blättchen schneiden. Die Kartoffeln schälen, je nach Größe vierteln oder halbieren und in 1/2 Zentimeter dicke Scheiben schneiden.

2

Fleischwürfel und Zwiebeln in einem großen Topf mit der Butter andünsten und mit Wasser auffüllen, bis das Fleisch gut bedeckt ist. Mit Salz und Pfeffer würzen, das Lorbeerblatt und den Majoran zugeben und das Fleisch 45 Minuten köcheln lassen.

3

Nach dieser Zeit das vorbereitete Gemüse und die Kartoffeln zugeben. Den Eintopf weitere 45 Minuten leicht köcheln lassen, das Lorbeerblatt entfernen und mit Salz und Pfeffer nachschmecken.

Bauernbrot

Für 2 Laibe à 500 Gramm
Braucht etwas Zeit, läßt sich vorbereiten

500 g Weizenmehl
500 g dunkles Roggenmehl
4 TL Salz, 1 Würfel Hefe (40 g)
Zucker, 300 ml Buttermilch
Fett und Mehl für das Backblech

1

Das gesamte Mehl in eine große Schüssel sieben und mit dem Salz vermischen. Mit der Hand eine Vertiefung in die Mitte drücken. Die Hefe hineinbröckeln, eine Prise Zucker zufügen und mit etwas lauwarmem Wasser verrühren. Etwas Mehl darüberstäuben und den Vorteig mit einem Küchentuch zugedeckt an einem warmen Ort etwa 30 Minuten gehen lassen, bis sich das Volumen der Hefe verdoppelt hat.

2

300 Milliliter Wasser und die Buttermilch mischen und in die Schüssel geben. Alle Zutaten mit den Knethaken des Handrührgerätes zu einem glatten Teig verkneten und noch 5 Minuten weiterkneten. Die Teigkugel bemehlen und mindestens 2 bis 3 Stunden gehen lassen.

3

Den Backofen auf 220 Grad (Umluft 200 Grad, Gas Stufe 4 bis 5) vorheizen. Ein Backblech einfetten und mit Mehl bestäuben. Die Teigkugel halbieren und zwei runde Laibe formen. Die Laibe auf das Blech legen, die Oberfläche mit einem scharfen Messer in gleichmäßigen Abständen längs und quer 1 Zentimeter tief einschneiden. Die Brote leicht bemehlen und nochmals 20 Minuten gehen lassen, bis sich der Teig wölbt und die Einschnitte sich leicht öffnen.

4

Das Backblech auf der untersten Einschubleiste in den Ofen schieben. Auf den Boden des Backofens eine feuerfeste Schale mit Wasser stellen, damit das Brot leicht feucht bleibt und sich eine schöne Kruste bildet. Die Temperatur nach 20 Minuten auf 180 Grad (Umluft 160 Grad, Gas Stufe 2 bis 3) herunterschalten. Das Brot noch etwa 30 Minuten weiterbacken und noch heiß mit Wasser bestreichen, damit es schön glänzt.

Feinporiger wird der Teig übrigens, wenn Sie ihn über Nacht im Kühlschrank gehen lassen. Legen Sie die bemehlte Teigkugel dafür in einen großen Plastikbeutel, weil sich der Teig noch stark ausdehnt.

Seelbacher Kätterlesmarkt

Im November war auf dem Bauernhof endgültig die Feldarbeit erledigt. Stichtag hierfür war der Martinstag, der 11. November. An diesem Tag endete das bäuerliche Jahr – dem Grundherrn mußte der Zehnt entrichtet und den Knechten und Mägden ihre Löhne ausbezahlt werden. Weshalb ein alter Spruch auch lautet: »Martin ist ein harter Mann, für den, der nicht bezahlen kann.« Mit der Zehntpflicht steht ein Fest in Zusammenhang, das alljährlich am 25. November in Seelbach bei Lahr gefeiert wird: der Katharinen- oder Kätterlesmarkt. Dabei tragen Kinder eine 17 Ellen lange Wurst – 10 Meter und 20 Zentimeter – auf Stöcken durch Seelbach, die dann von den Marktbesuchern verzehrt wird.

Zur Geschichte dieses Festes erzählt die Überlieferung: Der Burgherr von Geroldseck, der Herr über Seelbach war, verlangte einmal trotz einer Mißernte wie in jedem Jahr den Zehnten. Die Seelbacher Bauern, die das Geforderte nicht aufbringen konnten, schlossen sich unter dem Sohn des Vogtes zusammen und gingen gegen die Zehntknechte des Geroldseckers vor. Zunächst gelang es ihnen auch, diese zu vertreiben, doch wenig später kamen die Zehntknechte zurück, nahmen 17 Seelbacher Burschen, darunter den Sohn des Vogtes, fest und sperrten sie in der Burg ein. Aber Katharina, die Tochter des Burgherren, war in den Sohn des Vogtes verliebt und konnte den Seelbachern helfen, denn sie kannte die Vorliebe ihres Vaters für Wurst. Sie ließ eine 17 Ellen lange Wurst – eine Elle für jeden Burschen – fertigen und konnte damit die Gefangenen freikaufen.

Prinzess-Stangen

Für etwa 50 Stück
Läßt sich vorbereiten

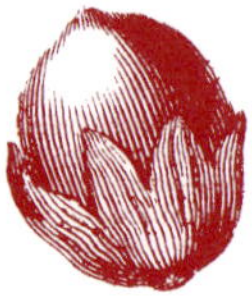

Für den Teig:
100 g Butter
125 g Zucker
1 Päckchen Vanillezucker
125 g gemahlene Haselnüsse
250 g Mehl, etwa 1/8 l Milch
Fett für das Backblech
Für die Glasur:
100 g Puderzucker
3 EL Kirschwasser

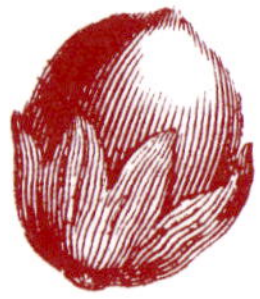

1

Die zimmerwarme Butter in einer Schüssel schaumig rühren und dabei den Zucker und Vanillezucker zugeben. Die Haselnüsse und das Mehl nach und nach unterarbeiten und soviel Milch zugeben, daß ein fester, spritzfähiger Rührteig entsteht.

2

Den Teig in einen Spritzbeutel mit mittelgroßer Sterntülle einfüllen und in etwa 5 Zentimeter langen Stangen auf ein Backbrett spritzen. Ein Backblech einfetten, die Teigstangen darauflegen und etwa 1 bis 2 Stunden kühl stellen.

3

Den Backofen auf 170 Grad (Umluft 150 Grad, Gas Stufe 2) vorheizen und die Prinzeßstangen 20 Minuten im Ofen backen. Den Puderzucker in einem Schälchen mit dem Kirschwasser verrühren.

4

Die Glasur mit einem Pinsel auf die fertig gebackenen Stangen auftragen und das Gebäck auf einem Kuchengitter abkühlen lassen.

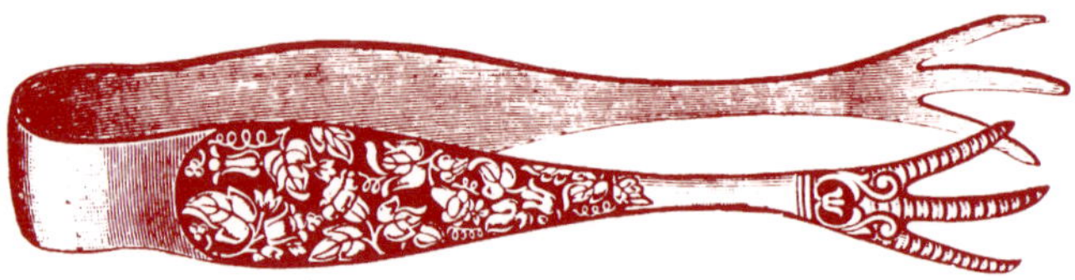

Orangen-Halbgefrorenes mit exotischen Früchten

Für 6 Personen
Raffiniert, ganz einfach

3 Eigelb, 150 g Zucker, 2 unbehandelte Orangen
Zitronensaft, 2 EL Orangenlikör (Cointreau), 200 g süße Sahne
Zur Dekoration:
2 Kiwis, 1 Mango, 1 Karambole (Sternfrucht), 3 Passionsfrüchte

1

Die Eigelbe mit dem Zucker in einer Schüssel weißschaumig schlagen. Eine Orange unter heißem Wasser abwaschen und die Schale fein abreiben. Beide Orangen auspressen. 150 Milliliter Orangensaft abnehmen, mit etwas Zitronensaft und dem Cointreau mischen und mit der abgeriebenen Orangenschale unter die Eigelbmasse rühren.

2

Zum Schluß die Sahne steif schlagen und unterziehen. Die Orangencreme in kleine Puddingförmchen füllen und für 4 bis 6 Stunden in das Gefrierfach stellen.

3

Kiwis und Mango schälen und in Scheiben schneiden. Die Karambole waschen und in Sterne schneiden, die Passionsfrüchte halbieren. Die Förmchen 10 Minuten vor dem Servieren aus dem Gefrierfach nehmen, kurz unter heißes Wasser halten und auf große Teller stürzen. Das Halbgefrorene mit den vorbereiteten Früchten garnieren.

VARIANTE: Wenn Ihnen die Früchte zu exotisch sind, können Sie das Halbgefrorene auch in ausgehöhlten Orangenhälften anrichten – das sieht ebenfalls sehr dekorativ aus.

Apfelpfannküchle

Für 4 Personen
Raffiniert

Für den Teig:
30 g Mehl, 20 g Vanillezucker
20 g flüssige Butter, 1 TL Apfelschnaps
1 Ei, 2 Eigelb, 1/8 l Milch, 1 Prise Salz
1/2 abgeriebene unbehandelte Zitronenschale
Für die Füllung:
600 g Äpfel (Boskop oder Jonagold), 2 EL Zucker
1/8 l Weißwein, 2 TL Apfelschnaps, Butter zum Ausbacken

1

Alle Zutaten für den Teig nacheinander in einer Schüssel mit dem Schneebesen zu einer glatten und geschmeidigen Masse verrühren. Die Äpfel schälen, vierteln oder achteln, entkernen und in dünne Scheiben schneiden.

2

Den Zucker für die Füllung in einer Pfanne karamelisieren lassen, mit dem Weißwein ablöschen und vollständig einreduzieren. Die Apfelscheiben dazugeben und einige Minuten garen, aber nicht zerfallen lassen. Die Pfanne vom Feuer nehmen, den Schnaps dazugeben und die Äpfel noch einige Minuten ziehen lassen, schließlich auf einem Sieb abtropfen lassen und die Flüssigkeit auffangen.

3

Den Teig in einer Pfanne mit etwas heißer Butter portionsweise zu dünnen Pfannkuchen ausbacken, bis sie auf beiden Seiten goldgelb sind. Die Pfannkuchen jeweils warm stellen, zum Schluß die Apfelfüllung darauf verteilen und zusammenklappen. Die Apfelpfannküchle auf Tellern anrichten und mit der aufgefangenen Apfelsauce überziehen. Dazu paßt ausgezeichnet Zimtparfait (Seite 309).

VARIANTEN: Je eine Kugel Vanilleeis dazusetzen und die Pfannkuchen mit Minzeblättchen oder Melisse oder gehackten Pistazien und Puderzucker garnieren.

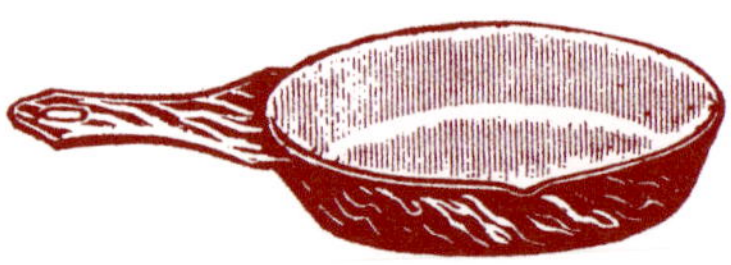

Zimtparfait

Für 8 bis 10 Personen
Ganz einfach, läßt sich vorbereiten

5 Eigelb
125 g Zucker
1 TL gemahlener Zimt
2 EL Weinbrand, 500 g süße Sahne

1
Die Eigelbe mit den Quirlen des Handrührgeräts in einer Schüssel schaumig rühren. Zucker und Zimt zufügen und so lange rühren, bis sich der Zucker aufgelöst hat und die Masse weißschaumig und dickflüssig ist. Den Weinbrand unterrühren, zum Schluß die Sahne steif schlagen und unter die Eigelbmasse ziehen.

2
Die Parfaitmasse nach Belieben in eine große Form oder kleine Portionsförmchen füllen, im Gefrierfach mindestens 4 bis 6 Stunden durchkühlen lassen und 30 Minuten vor dem Servieren in den Kühlschrank stellen.

Menü des Monats

Feldsalat mit Speckwürfele und Brotmöckele
Zander in der Kartoffelkruste
Apfelpfannküchle mit Zimtparfait
Weißer Burgunder Spätlese trocken

Die Küche

Heiligabend ohne Schäufele mit Kartoffelsalat ist für viele Badener undenkbar. Am Weihnachtsfeiertag folgt als Festtagsbraten meist eine Gans oder ein Hasenrücken.

IM DEZEMBER

Advent, Nikolaus, das Weihnachtsfest und die Rauhnächte sind in Baden von vielfältigem Brauchtum begleitet.
An den langen Abenden der letzten Wochen des Jahres werden Geschichten erzählt und Schmuck und Geschenke für das Fest gebastelt.

WAS ES IM DEZEMBER

ROTKRAUT

Frisches Rotkraut gibt es zwar fast das ganze Jahr hindurch. Es ist aber schon seit jeher eine klassische Beilage zur Gans und zu deftigen Braten und wird deshalb vorwiegend als Wintergemüse geschätzt. Manche mögen Rotkraut besonders gern aufgewärmt, weil dann die Gewürze gut durchgezogen haben. Als frische Rohkost, in feine Streifen geschnitten, ist Rotkraut aber auch eine feine Grundlage für Salate.

KASTANIEN

Auf jedem Weihnachtsmarkt findet sich mindestens ein Stand mit heißen Maronen, wie die Eßkastanien eigentlich heißen. Maronenbäume wachsen nur in Gegenden, wo es Wein gibt – also auch in Baden. Wer Maronen selber sammeln will, erkennt sie daran, daß ihre Fruchtkapseln viel mehr lange Stacheln haben als bei nicht eßbaren Kastanien. Geschält werden sie in jedem Fall – dann kann man sie rösten, zu Mus verarbeiten oder glasieren.

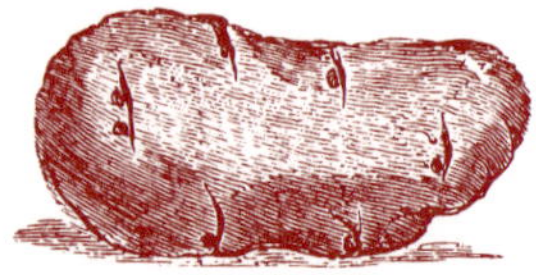

KARTOFFELN

In Sexau bei Freiburg wurden früher immer am hundertsten Tag des Jahres Kartoffeln gesteckt. Sie waren damals ein noch wichtigerer Bestandteil des Küchenzettels als heutzutage. Bis in unser Jahrhundert hinein gab es bei den Bauern fast zu jeder warmen Mahlzeit – morgens, mittags und abends – Kartoffeln. Als Zugereister lernt man in Baden zwei Begriffe besonders schnell: Gekochte Kartoffeln heißen Gschwellte, und Brägele sind Bratkartoffeln.

Alles Gutes gibt...

Gans

Die badischen Bauern sind seit jeher keine besonderen Liebhaber von Geflügel. Hühner, Enten und Gänse waren für sie ein Essen für Stadtleute. Auf dem Land überlebte eine Gans daher in der Regel viele Martins- und Weihnachtsfeste, bis sie vielleicht doch in der Stadt auf dem Markt verkauft wurde. Schlachtgänse sollten aber nicht älter als ein Jahr sein; sie werden fast immer gebraten und gefüllt. Aus dem Gänseschmalz läßt sich ein köstlicher Brotaufstrich zubereiten.

Karpfen

Der Karpfen gilt seit jeher als Glücksbringer – kein Wunder, daß er sich zum typischen Silvestergericht entwickelt hat. Eine echte Delikatesse ist der Karpfen im Sundgau im Elsaß – der »carpe frité«. Er ist so berühmt, daß viele meinen, der Fisch, den das Sundgau in seinem Wappen führt, sei ein Karpfen. Doch die Wappenkundler haben herausgefunden, daß es sich seit alters her um einen Barsch handelt.

Typisch für den Dezember

Rotkraut	*Rotkraut*	*Seite 315*
Kastanien	*Glasierte Kastanien*	*Seite 320*
Kartoffeln	*Schäufele mit badischem Kartoffelsalat*	*Seite 319*
Gans	*Gänsekraftbrühe mit Gemüseeinlage*	*Seite 316*
Karpfen	*Karpfen in Rotwein*	*Seite 324*

Riebelesuppe

Für 4 bis 6 Personen
Geht schnell

2 l Fleischbrühe
je 30 g frische Petersilie und frischer Schnittlauch
125 g Mehl, 2 Eier, Salz, Pfeffer
geriebene Muskatnuß

1

Die Fleischbrühe in einem großen Topf erhitzen. Die Kräuter waschen und fein schneiden. Mehl, Eier und Gewürze in einer Schüssel vermengen und mit den Handflächen so lange zu krümeligen Bröseln verreiben, bis das Mehl ganz aufgenommen ist.

2

Die Riebele in die kochende Fleischbrühe geben und etwa 5 Minuten kochen, bis alle Riebele oben schwimmen. Die Suppe mit den frischen Kräutern bestreuen und servieren.

VARIANTE: Wenn Sie – gerade zur Winterszeit – eher einen kräftigen Eintopf mögen, können Sie zusätzlich geräucherte Bratwürstle und Kartoffelrädle in die Suppe schneiden.

Rosenkohl in Rahm

Für 4 Personen
Ganz einfach, preiswert

800 g Rosenkohl, Salz
je 20 g feine Zwiebel- und Speckwürfel, 20 g Butter
200 g süße Sahne, Pfeffer, 1 Msp. Muskat

1

Den Rosenkohl putzen, waschen und in Salzwasser etwa 5 Minuten bißfest kochen. Die Zwiebel- und Speckwürfel in einem Topf mit der Butter anschwitzen und den Rosenkohl dazugeben. Die Sahne aufgießen und das Gemüse mit Salz, Pfeffer und Muskat würzen. Den Rosenkohl so lange kochen, bis die Sahne fast vollständig einreduziert ist.

ROTKRAUT

Für 4 Personen
Läßt sich vorbereiten

***1 kg Rotkraut, 40 g Zucker, 150 ml Rotwein
100 ml Apfelsaft, 50 ml Rotweinessig, 1 mittelgroße Zwiebel
1/2 Apfel, 60 g Gänseschmalz, 1 Gewürzbeutel (1 Nelke, 1 cm Zimtstange,
5 zerdrückte Wacholderbeeren, 5 Pfefferkörner)
Salz, Pfeffer aus der Mühle***

1

Das Rotkraut waschen, in dünne Streifen schneiden, in eine Schüssel geben und mit Zucker, Rotwein, Apfelsaft und Essig marinieren. Am besten mit einem beschwerten Deckel über Nacht ziehen lassen.

2

Am folgenden Tag das Rotkraut in einen Küchenseiher geben und die Marinade auffangen. Die Zwiebel schälen, den halben Apfel schälen und entkernen, beides in Scheiben schneiden. Das Gänseschmalz in einem Topf erhitzen, Zwiebel- und Apfelscheiben darin andünsten, das Rotkraut dazugeben und kurz mitdünsten. Die Marinade angießen und den Gewürzbeutel mitten in das Rotkraut stecken.

3

Das Rotkraut zugedeckt etwa 1 Stunde leicht köcheln lassen, dabei ab und zu umrühren. Falls der Fond schon vor Ende der Garzeit einreduziert ist, etwas Wasser nachgießen. Den Gewürzbeutel herausnehmen und das Rotkraut mit Salz und eventuell etwas Pfeffer abschmecken.

NIKOLAUS

Früher war es in Baden üblich, daß die Kinder nicht an Weihnachten, sondern am Nikolaustag, dem 6. Dezember, beschenkt wurden. Der Nikolaus selbst war für die Kinder jedoch ein furchterregender Mann. Um ihn gut zu stimmen, fertigten die Kinder schon Wochen vorher sogenannte Klausenhölzchen an, kleine Holzstöckchen, in die sie jedesmal, wenn sie beteten, eine kleine Kerbe hineinschnitten. Wenn nun der Nikolaus kam, konnten sie ihm beweisen, daß sie fleißig gebetet hatten. Zur Belohnung gab es dann Obst, Nüsse, einen Weck- oder Klausenmann (Seite 328) und Birewecke (Seite 327).

Gänsekraftbrühe mit Gemüseeinlage

Für 4 Personen
Raffiniert, braucht etwas Zeit

Für die Brühe:
800 g Gänseknochen und -abschnitte
2 Gelberüben (Möhren), 1/2 Stange Lauch
1/4 Sellerieknolle, 50 g Gänseschmalz, 100 ml Weißwein
1 Lorbeerblatt, 10 Pfefferkörner, 10 Wacholderbeeren
1 TL Majoran, 1 TL Liebstöckel, Salz
Zum Klären:
1 Gelberübe, 100 g weißer Lauch
6 Petersilienstiele, 20 g Gänseschmalz
200 g Geflügelklein, 200 g Rinderwade
1 Eiweiß, 100 g Eiswürfel
Für die Einlage:
Salz, 1 Gelberübe, 100 g Sellerie, 100 g Lauch

1

Für die Brühe die Gänseknochen kleinhacken. Das Gemüse waschen, schälen oder putzen und in walnußgroße Stücke schneiden. Das Gänseschmalz in einem großen Topf erhitzen und darin zuerst die Gänseknochen und -abschnitte anbraten, dann das Gemüse zugeben und 10 Minuten mitrösten. Das Geflügel mit Weißwein ablöschen und 2 Liter Wasser aufgießen, aufkochen lassen und den aufsteigenden Schaum abschöpfen.

2

Alle Kräuter und Gewürze zugeben und die Brühe etwa 2 1/2 Stunden kochen lassen, anschließend durch ein Tuch abpassieren. Die Gänsebrühe bis zum nächsten Tag in den Kühlschrank stellen, da sie für den Klärvorgang kalt sein muß.

3

Zum Klären die Gelberübe, die Petersilienstiele und den Lauch putzen und waschen. Das Gänseschmalz in einem Topf zerlassen und das Geflügelklein darin anrösten, damit der Geschmack noch intensiver wird. Das Gemüse zusammen mit dem angebratenen Geflügelklein und der Rinderwade durch die gröbste Scheibe des Fleischwolfs drehen und in eine Schüssel geben. Das Eiweiß und die Eiswürfel hinzufügen und alles kräftig miteinander verrühren.

4

Die Klärmasse zur kalten Gänsebrühe geben, gründlich umrühren und dann stark erhitzen. Ab und zu vorsichtig rühren, da die Klärmasse anfangs schwerer als die Brühe ist und sich deshalb am Topfboden absetzt. Wenn die Brühe zu kochen anfängt und das Klärfleisch an die Oberfläche kommt, den Herd auf kleine Flamme zurückschalten und die Suppe etwa 20 Minuten ziehen lassen.

5

Ein Passiersieb mit einem Tuch auslegen. Zuerst das Klärfleisch, dann die Brühe mit einem Schöpflöffel ganz vorsichtig in das Tuch schöpfen und die geklärte Gänsekraftbrühe in einen zweiten Topf ablaufen lassen. Die Kraftbrühe zum Schluß nochmals mit Salz abschmecken.

6

Für die Einlage einen Topf mit Salzwasser aufsetzen. Die Gelberübe und den Sellerie schälen, den Lauch halbieren und waschen. Das Gemüse in allerfeinste Streifen schneiden und im Salzwasser etwa 2 Minuten kochen lassen. Das Wasser durch ein Sieb abschütten und die Gemüsestreifen als Einlage in die Gänsekraftbrühe geben.

Klöpflesnächte

An den drei Donnerstagen vor Weihnachten war es früher im Schwarzwald Brauch, daß in der Nacht vermummte Burschen lärmend durch die Ortschaften gingen, an die Haustüren klopften und Erbsen, Bohnen und Linsen vor die Türen warfen. Diese drei Nächte hießen deshalb auch die Bossel- oder Klöpflesnächte.

Mit diesem Brauch wollte man die Dämonen vertreiben, die zum Winteranfang umgehen sollten. Bohnen, Erbsen und Linsen galten bei den alten Germanen nämlich als Götterspeise, und der Donnerstag war dem Germanengott Donar geweiht. Noch heute ist manche Bäuerin der Ansicht, daß man Bohnen, Erbsen und Linsen an einem Donnerstag stecken soll – dann gingen sie besser auf, heißt es.

In einer etwas abgewandelten Form, die man »Klöpfelen« nannte, kannte man den Brauch in Allensbach am Bodensee. Zwischen Nikolaus und Dreikönig war es dort üblich, den beim Verlesen von Bohnen und Erbsen ausgesonderten Abfall gelegentlich abends gegen die Fenster von guten Bekannten zu werfen. Diese kamen dann aus dem Haus, man wünschte sich einen guten Abend und schwätzte ein bißchen.

GEFÜLLTE WEIHNACHTSGANS

Für 4 Personen
Läßt sich vorbereiten, braucht etwas Zeit

300 g getrocknete geschälte Kastanien
1 küchenfertige Gans, Salz, Geflügelgewürz
3 große säuerliche Äpfel (z.B. Boskop)
125 g Butter

1

Die Kastanien schon am Vortag in Wasser einweichen. Von der Gans das Schwänzchen abschneiden, alle Innereien und das sichtbare Fett entfernen. Die Gans gut waschen, abtupfen, innen mit Salz und außen mit Salz und Geflügelgewürz einreiben. Die Äpfel schälen, entkernen und in kleine Stücke schneiden. Die eingeweichten Kastanien mit einem spitzen Messer enthäuten, wenn nötig, und mit den Äpfeln vermischen. Die Gans mit der Apfel-Kastanien-Mischung füllen, zunähen und unter den Flügeln und Keulen mehrmals mit einer Gabel einstechen.

2

Den Backofen auf 200 Grad (Umluft 180 Grad, Gas Stufe 3 bis 4) vorheizen. In einem Gänsebräter die Butter erhitzen und die Gans erst auf der Brustseite, danach auf dem Rücken anbraten. Einen Achtelliter kochendes Wasser zugießen, den geschlossenen Bräter in den Ofen stellen und 2 3/4 Stunden garen. Nach 45 Minuten Garzeit die Gans alle 20 Minuten mit dem auslaufenden Bratenfett beschöpfen. Nach der Hälfte der Zeit die Gans für eine halbe Stunde auf die Brustseite legen.

3

Für die letzten 15 Minuten Garzeit den Deckel abnehmen und die Gans kurz vor Schluß mit Salzwasser überspritzen, damit eine schöne knusprige Kruste entsteht. Den Braten herausnehmen, die Füllung in eine Schüssel geben und die Gans tranchieren. Das Bratenfett abgießen und extra dazu reichen.

VARIANTE: Wenn Sie glasierte Kastanien (Seite 320) als Beilage servieren möchten, füllen Sie die Gans nur mit 1 Kilo Äpfeln und würzen sie mit etwas Majoran.

Schäufele mit badischem Kartoffelsalat

Für 6 bis 8 Personen
Besonders typisch, ganz einfach

1 Schäufele (etwa 3 Pfund)
1,5 kg festkochende Kartoffeln
Salz, 1 große Zwiebel
1/4 l heiße Fleischbrühe
3 EL Öl, 4 EL Weißweinessig
Pfeffer aus der Mühle
1/2 Bund krause Petersilie

1

Einen großen Topf Wasser zum Kochen bringen. Das Schäufele hineingeben und etwa 1 1/2 bis 2 Stunden zugedeckt sieden lassen. Inzwischen die Kartoffeln am besten im Dampftopf mit etwas Wasser und einer Prise Salz in 10 bis 15 Minuten gar kochen. Die Kartoffeln pellen, in dünne Scheiben schneiden und in eine Schüssel geben.

2

Die Zwiebel pellen und fein hacken, mit Salz bestreuen und zu den Kartoffelscheiben geben. Fleischbrühe, Öl und Essig zugießen, den Salat gut vermischen und mindestens 30 Minuten durchziehen lassen.

3

Den Schäufeleknochen auslösen, das Fleisch in Scheiben schneiden und auf einer Platte anrichten. Den Kartoffelsalat mit Salz, Pfeffer und Essig abschmecken und mit der Petersilie garnieren.

Der Weihnachtsbaum

Von Baden über den Rhein ins Elsaß ist es nur ein Katzensprung. Und dort – so haben sich die Gelehrten inzwischen geeinigt – stand der erste Weihnachtsbaum. Bereits Ende des 15. Jahrhunderts war es im Elsaß schon allgemein üblich, sich zu Weihnachten einen Baum ins Haus zu holen. Man kann nämlich in überlieferten Schriften und Predigten aus dieser Zeit nachlesen, daß die Geistlichen heftig gegen diesen »heidnischen« Brauch wetterten. Zudem wurden von einigen Elsässer Gemeinden strenge Regelungen erlassen, wieviel und welche Bäume geschlagen werden durften, da teilweise die Abholzung kompletter Wälder zu befürchten stand.

Gänseschmalz

Ganz einfach, preiswert

500 g frisch ausgelassenes Gänseschmalz
1 Apfel, 1 Zwiebel, 2 Zweige frischer oder 1 EL getrockneter Majoran
Salz, Pfeffer

1

Das Gänseschmalz durch ein feines Haarsieb passieren und in einem Topf erhitzen, damit das restliche Wasser entweicht. Das Schmalz nochmals durch das Sieb geben und kalt stellen. Den Apfel und die Zwiebel schälen. Die Zwiebel in feine Würfel schneiden, den Apfel vierteln, entkernen und fein raspeln. Die Majoranblätter abzupfen und fein hacken. Die Zwiebelwürfel, den geriebenen Apfel und den gehackten Majoran unter das erkaltete Schmalz rühren und mit Salz und Pfeffer abschmecken.

Bei kühler und dunkler Lagerung hält sich das Gänseschmalz 3 Monate.

Glasierte Kastanien

Für 4 Personen
Läßt sich vorbereiten

750 g getrocknete geschälte Kastanien
60 g Butter oder Gänseschmalz, 1 EL Zucker, Salz

1

Die Kastanien am Vortag in reichlich Wasser einweichen, am nächsten Tag in ein Sieb abgießen, wenn nötig die Häute mit einem spitzen Messer entfernen. Die Kastanien mit etwas Wasser in etwa 30 Minuten weich dünsten. Butter oder Gänseschmalz in einem Topf zerlassen, den Zucker zugeben und leicht karamelisieren. Die Kastanien zufügen und bei mäßiger Hitze im Karamel schwenken, bis sie glänzen. Die glasierten Kastanien ganz leicht salzen.

Hasenrücken

Für 4 Personen
Raffiniert

2 Hasenrücken à 500-600 g
Salz, Pfeffer aus der Mühle, 1/2 Gelberübe (Möhre)
1 kleines Stück weißer Lauch, 1/2 Zwiebel
100 g Butter, 1 EL Tomatenmark
50 ml Weißwein, 20 g Mehl
300 ml Fleischbrühe
30 g Johannisbeergelee
100 g süße Sahne

1

Den Backofen auf 220 Grad (Umluft 200 Grad, Gas Stufe 4 bis 5) vorheizen. Die Hasenrücken von Sehnen und Häuten befreien und mit Salz und Pfeffer würzen. Gelberübe und Zwiebel schälen und zusammen mit dem Lauch in 2 Zentimeter große Stücke schneiden.

2

Die Butter in einer Kasserolle zerlassen und das Fleisch darin auf beiden Seiten anbraten. Das Röstgemüse zusammen mit den Sehnen und Häuten in die Kasserolle geben und die Hasenrücken 10 bis 15 Minuten im Ofen weiterbraten.

3

Die Kasserolle auf den Herd stellen, den Braten herausnehmen und warm stellen. Das Tomatenmark zum Gemüse geben und 10 Minuten mitrösten, dabei mit dem Weißwein ablöschen, einkochen lassen und das Röstgemüse mit dem Mehl bestäuben. Die Brühe aufgießen, umrühren und das Johannisbeergelee dazugeben.

4

Die Brühe 5 Minuten kochen lassen, die süße Sahne dazugeben und nochmals aufkochen lassen. Die fertige Sauce mit Salz und Pfeffer würzen und durch ein feines Küchensieb passieren. Die Hasenrücken vorsichtig mit einem Messer vom Knochen lösen, das Fleisch diagonal in Scheiben schneiden und wieder auf den Rückenknochen einsetzen. Die Sauce extra servieren.

Gefüllte Schweinefilets in Blätterteig

Für 6 Personen
Raffiniert, braucht etwas Zeit

600 g tiefgekühlter Blätterteig
2 Schweinefilets à 600 g, gewürzter Pfeffer
edelsüßer Paprika, Öl zum Anbraten, 250 g Champignons
2 EL Zitronensaft, 1 Schalotte, 1/2 Bund Petersilie
60 g Speckwürfel, 3 EL Schlagsahne
Pfeffer aus der Mühle, Salz
Mehl zum Ausrollen
1 Eigelb zum Bestreichen

1

Den Blätterteig auftauen lassen. Die Schweinefilets von Häuten befreien, waschen und mit Küchenkrepp trockentupfen. Das Fleisch rundum mit gewürztem Pfeffer und Paprikapulver einreiben. Etwas Öl in einer Pfanne erhitzen, die Schweinefilets von beiden Seiten scharf anbraten, herausnehmen und etwas abkühlen lassen.

2

Inzwischen die Champignons putzen, waschen, blättrig schneiden und mit dem Zitronensaft beträufeln. Die Schalotte pellen und fein hacken. Die Petersilie waschen und hacken.

3

In einer Pfanne etwas Öl erhitzen, die Schalotte darin andünsten, die Champignons zufügen und anbraten. Gehackte Petersilie und Speckwürfel zugeben und unter Rühren kurz mitdünsten. Die Sahne zufügen und nochmals kurz aufkochen lassen. Die Champignons mit Pfeffer und etwas Salz würzig abschmecken.

4

Ein Backblech mit kaltem Wasser abspritzen oder mit Backpapier auslegen. Die Hälfte des Blätterteigs auf einer bemehlten Fläche zu einer Größe von etwa 40x50 Zentimetern ausrollen. Auf der breiteren Seite etwa 5 Zentimeter Teig für die Verzierung abschneiden und zur Seite legen. Die Ränder der Teigplatte mit kaltem Wasser bestreichen.

5

In die Schweinefilets längs eine möglichst große Tasche schneiden. Ein Schweinefilet auf den ausgerollten Teig legen, mit der Hälfte der Champignons füllen, etwas zusammendrücken und in den Blätterteig einschlagen. Die Teigenden gut zusammendrücken und unter das Filet legen.

6

Das Eigelb in einem Schälchen verquirlen. Das umhüllte Filet auf das Backblech legen, mit einer Gabel mehrfach einstechen und mit etwas Eigelb bestreichen. Aus dem Teigstreifen mit Blechförmchen Pilze ausstechen, auf das Filet legen und ebenfalls mit Eigelb bestreichen. Mit dem zweiten Schweinefilet genauso verfahren.

7

Den Backofen auf 200 Grad (Umluft 180 Grad, Gas Stufe 3 bis 4) vorheizen. Die Filets auf dem Backblech 10 Minuten ruhen lassen, dann 45 Minuten im Ofen backen und noch heiß mit Cumberlandsauce servieren.

Die heilige Woge

Ein besonderer Brauch an Heiligabend war früher in einigen badischen Ortschaften das Heiligwogschöpfen. In der heiligen Nacht trafen sich die Gläubigen um Mitternacht an bestimmten Brunnen und schöpften das Christwasser, die »heilige Woge«. Dazu erklang von den Kirchenglocken das Heiligwogläuten. Wer das Christwasser geholt hatte, ging damit nach Hause, klopfte an die Türe und antwortete auf die Frage von drinnen, was er denn bringe: »Heiligwog, Gottesgob. Glück ins Hus und Unglück drus.« Während des Heiligwogläutens wurden außerdem die Obstbäume geschüttelt und mit Strohseilen umwickelt, damit sie im neuen Jahr reichlich Frucht brächten.

Karpfen in Rotwein

Für 4 bis 6 Personen
Braucht etwas Zeit, läßt sich vorbereiten

1 ausgenommener Spiegelkarpfen (etwa 1200 g)
Für die Marinade:
400 ml Rotwein, 1/2 TL Salz, 1 Lorbeerblatt
1 Thymianzweig, Saft von 1/2 Zitrone
Zum Backen:
1 kleine Zwiebel, 250 g Weißkrautblätter
30 g Sonnenblumenöl, Salz, Pfeffer aus der Mühle
50 g Weckmehl (Semmelbrösel), 50 g Butter

1

Den Karpfen der Länge nach halbieren. Mit einem spitzen Messer von der Bauchhöhle aus durch die Rückengräte stechen und die Mittelgräte vom Kopf zum Schwanzende durchtrennen. Den Kopf mit einem scharfen Messer spalten, die Karpfenhälften nochmals quer halbieren. Alle Zutaten für die Marinade vermischen. Die Karpfenteile in eine Schüssel geben, mit der Marinade begießen und im Kühlschrank einen halben Tag ziehen lassen.

2

Den Backofen auf 220 Grad (Umluft 200 Grad, Gas Stufe 4 bis 5) vorheizen. Die Zwiebel schälen und fein hacken, das Weißkraut waschen und in kleine Rauten schneiden. Das Sonnenblumenöl in einer Kasserolle erhitzen und die Zwiebeln darin farblos andünsten. Das Weißkraut dazugeben und die Karpfenteile mit der Hautseite nach oben darauf anrichten. Mit Salz und Pfeffer würzen und die Marinade durch ein Sieb darübergießen. Das Weckmehl darüberstreuen und den Fisch zugedeckt 10 Minuten im Ofen backen.

3

Die Butter in einem Töpfchen schmelzen. Die Karpfenteile mit der Hälfte der Butter bestreichen, weitere 10 Minuten backen und die restliche Butter daraufstreichen. Die Karpfenteile nochmals 20 Minuten garen, auf einer vorgewärmten Platte zusammensetzen und mit Kartoffeln servieren.

Wenn Sie danach fragen, bereiten manche Fischhändler Ihnen den Karpfen auch bratfertig vor.

Lachsforelle mit Basilikumsauce

Für 4 Personen
Raffiniert

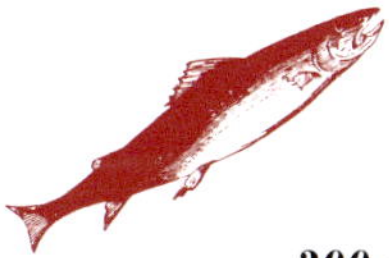

700-800 g Lachsforellenfilet
Salz, Pfeffer aus der Mühle
Saft von 1/2 Zitrone
1/2 Schalotte, 100 g kalte Butter
2 cl Noilly Prat, 100 ml Weißwein
300 ml Fischfond (Seite 96 oder aus dem Glas)
150 g süße Sahne, 2 EL fein gehackte Basilikumblätter

1

Das Filet in 4 Portionen teilen, mit Salz und Pfeffer würzen und mit dem Zitronensaft beträufeln. Die Schalotte fein würfeln und in einem flachen breiten Topf mit der Hälfte der Butter farblos andünsten. Den Noilly Prat und den Weißwein zugeben und auf ein Viertel einreduzieren. Schließlich den Fischfond zugeben und aufkochen lassen.

2

In den vorbereiteten Sud die Lachsforellenfilets einlegen und den Topf mit Aluminiumfolie abdecken. Den Fisch auf ganz kleiner Flamme in 10 Minuten gar ziehen lassen, keinesfalls kochen. Die Filets herausnehmen, auf einer Platte anrichten, wieder mit der Alufolie abdecken und warm stellen.

3

Den Fischsud nochmals 5 Minuten köcheln lassen, dann die Sahne zugießen und kurz aufkochen lassen. Die restliche Butter in kleine Stücke schneiden und mit einem Mixstab unter die Sauce rühren, die jetzt nicht mehr kochen darf. Zum Schluß den Basilikum dazugeben und einen Teil der Sauce über die Lachsforellenfilets gießen. Die restliche Basilikumsauce extra servieren.

Dazu schmecken am besten Nudeln oder Reis.

Hausgemachte Nudeln

Für 4 Personen
Läßt sich vorbereiten

2 Eier, 2 Eigelb
90 g Grieß, 250 g Mehl, 1 TL Essig
1 TL Öl, Mehl zum Ausrollen, 1 TL Salz

1

Eier, Eigelbe, Grieß, Mehl und Essig in einer Schüssel zu einem festen Teig verarbeiten. Den Teigklumpen mit ganz wenig Öl einreiben, in Folie einpacken und mindestens 3 Stunden ruhen lassen.

2

Den Teig in 2 Zentimeter dicke Scheiben schneiden, diese mit Mehl bestreuen und so dünn wie möglich ausrollen. Den Teig immer wieder gut bemehlen, damit die Nudeln nicht aneinander kleben. Die dünnen Teigplatten einrollen und in etwa 1/2 Zentimeter dicke Scheiben schneiden. Die Nudeln locker aufschütteln, auf ein mit Mehl bestäubtes Blech legen und etwa 1 Stunde trocknen lassen.

3

Die Nudeln unter gelegentlichem Rühren 5 bis 8 Minuten in kochendem Wasser mit dem Salz bißfest garen, in ein Sieb abgießen, nach Belieben kalt abschrecken und behutsam einige Butterflöckchen untermischen.

Birewecke

Das Birnen- oder Hutzelbrot – der Bireweck – zählt zu den ganz ursprünglichen Weihnachtsbäckereien im badischen Raum. Jede Hausfrau hatte hierfür ihr Spezialrezept. Normalerweise wurden die Birewecke um den Nikolaustag gebacken und kamen fortan bis Lichtmeß auf den Tisch. Wichtig war vor allem, daß das Birnenbrot tatsächlich viele getrocknete Birnen enthielt. Also mußte man im Sommer für den nötigen Vorrat sorgen. Dazu wurden die reifen Birnen geviertelt und entkernt, im Ofen angetrocket und anschließend in der Sonne oder in einem warmen Raum gedörrt. Das Dörrobst hängte man dann bis Nikolaus in Säcken auf dem Speicher auf.

Birewecke

Für 2 kleinere Laibe
Besonders typisch, läßt sich vorbereiten

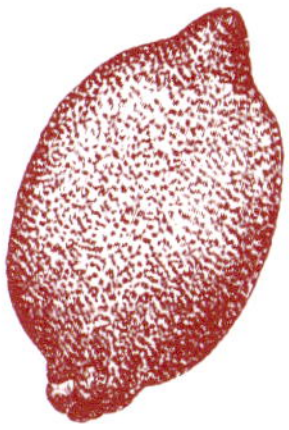

300 g gedörrte Birnen
200 g gedörrte Zwetschgen
100 g gedörrte Feigen, 130 g Zucker
500 g Mehl, 25 g Hefe, 100 g Walnußkerne
50 g Zitronat, 60 g Sultaninen
1 Msp. Nelkenpulver, 1 TL Salz
1 TL Zimt, 1 EL Kirschwasser
Fett für das Backblech

1

Am Vortag das Dörrobst in 400 Milliliter Wasser für mindestens 24 Stunden einweichen. Das Obst mit dem Wasser am nächsten Tag in einen Topf geben und mit 100 Gramm Zucker aufkochen lassen. Die Früchte in ein Sieb abgießen und das Einweichwasser auffangen.

2

Das Mehl in eine Schüssel sieben. Mit der Faust eine Vertiefung in die Mitte drücken. In einem Becher die Hefe zerbröckeln, mit einem Teelöffel Zucker und etwas Einweichwasser gut verrühren und in die Mehlmulde geben. Den Vorteig 20 Minuten zugedeckt an einem warmen Ort gehen lassen.

3

In der Zwischenzeit das gekochte Dörrobst, die Walnußkerne und das Zitronat grob hacken, mit Sultaninen, Nelkenpulver, Salz, Zimt und Kirschwasser in einer Schüssel mischen. Das Mehl und einen knappen Viertelliter Einweichwasser zum Vorteig geben und mit den Knethaken des Handrührgerätes zu einem glatten Teig verkneten. Zuletzt die Obstmischung einarbeiten und den Teig 1 bis 2 Stunden gehen lassen.

4

Den Backofen auf 175 Grad (Umluft 160 Grad, Gas Stufe 2 bis 3) vorheizen. Den restlichen Zucker in einem Töpfchen mit 50 Milliliter Wasser auflösen. Ein Backblech einfetten. Den Teig nochmals gut kneten und daraus 2 kleine Laibe formen. Die Laibe auf das Backblech setzen, nochmals 30 Minuten gehen lassen und vor dem Backen mit etwas Zuckerwasser bestreichen. Die Birewecke 60 Minuten im Ofen backen, kurz vor Ende der Backzeit nochmals mit Zuckerwasser bestreichen.

Weckmänner

Für 6 bis 8 Stück
Besonders typisch, preiswert

1/4 l Milch
30 g Hefe, 50 g Zucker
60 g Butter, 500 g Mehl, 1 Ei, Salz
1 abgeriebene unbehandelte Zitronenschale
1 Eigelb zum Bestreichen, Rosinen zum Garnieren

1

Die Milch leicht erwärmen. Die Hefe in einen Kaffeebecher bröckeln, mit 1 Teelöffel Zucker und etwas Milch verrühren und an einem warmen Ort 20 Minuten gehen lassen, bis der Vorteig den Becherrand erreicht hat.

2

Die Butter in der restlichen Milch zerlassen. Das Mehl in eine Schüssel sieben. Den Vorteig, den restlichen Zucker, das Ei, eine Prise Salz und die Zitronenschale hineingeben. Alle Zutaten mit den Knethaken des Handrührgerätes verrühren und langsam die Butter-Milch-Mischung einlaufen lassen. Den Teig so lange kneten, bis er Blasen wirft und sich vom Schüsselrand löst. Den Hefeteig zugedeckt etwa 45 Minuten an einem warmen Ort gehen lassen.

3

Den Backofen auf 200 Grad (Umluft 180 Grad, Gas Stufe 3 bis 4) vorheizen. Ein Backblech mit Backpapier auslegen. Den Teig nochmals gut durchkneten, in 6 bis 8 Stücke teilen und aus jedem Stück eine Figur mit Kopf, Rumpf, Armen und Beinen formen. Je 2 Rosinen als Augen hineindrücken. Die Weckmänner auf das Backblech legen, das Eigelb verquirlen und daraufstreichen. Die Weckmänner im Ofen auf der zweiten Schiebeleiste von unten 20 bis 25 Minuten backen.

Linzertorte

Für 12 bis 14 Stücke
Besonders typisch

200 g Mehl, 1 Prise Backpulver
180 g Zucker, 1 Päckchen Vanillezucker
250 g gemahlene Mandeln, 1 TL Kakaopulver
1 gestrichener TL Zimt, 1 Msp. gemahlene Gewürznelken
1 Ei, 2 cl Kirschwasser, 250 g kalte Butter, Butter für die Springform
450 g Himbeermarmelade, 1 Eigelb zum Bestreichen

1

Das Mehl auf die Tischplatte sieben, mit Backpulver, Zucker, Vanillezucker, Mandeln, Kakao, Zimt und Nelkenpulver mischen. In die Mitte mit der Faust eine Vertiefung drücken, Ei und Kirschwasser hineingeben. Die Butter am Mehlrand in kleine Stücke schneiden. Aus allen Zutaten schnell einen glatten Teig kneten und mindestens 1 Stunde im Kühlschrank ruhen lassen.

2

Den Backofen auf 175 Grad (Umluft 160 Grad, Gas Stufe 2 bis 3) vorheizen. Eine Springform von 28 Zentimeter Durchmesser mit Butter einfetten. Zwei Drittel des Teiges auf einer leicht bemehlten Fläche ausrollen und Boden und Rand der Springform damit belegen.

3

Den Teigboden mit der Marmelade bestreichen. Den restlichen Teig ausrollen und mit einem Teigrädchen in 1 Zentimeter breite Streifen schneiden. Die Teigstreifen gitterartig über die Marmelade legen und mit dem verquirltem Eigelb bestreichen. Den Kuchen auf der zweiten Schiebeleiste von unten 55 bis 60 Minuten im Ofen backen und in der Form auskühlen lassen.

Die Linzertorte sollte möglichst 3 bis 4 Tage vor dem Verzehr zubereitet werden, da sie erst dann ihr volles Aroma entfaltet.

Die Linzertorte darf hierzulande – ob selbstgebacken oder gekauft – beim Weihnachtsfest nicht fehlen. Schon im November wird sie auf den Märkten in der Gegend um Freiburg verkauft. Freiburg war nämlich von 1651 bis 1805 mit kurzen Unterbrechungen die Hauptstadt Vorderösterreichs und fühlte sich im Schoße der Habsburger außerordentlich wohl.

Spekulatiusmousse mit Orangensauce

Für 6 Personen
Raffiniert, preiswert

Für die Mousse:
60 g Spekulatius
2-4 cl Orangenlikör
150 g Halbbitterschokolade, 3 Eier
200 g süße Sahne, 1 Päckchen Vanillezucker
Für die Orangensauce:
6 Orangen, 2 EL Zucker
1 Päckchen Vanillezucker mit Bourbon-Vanille
1 gestrichener EL Speisestärke
2 cl Orangenlikör

1

Die Spekulatius in kleine Stücke zerbrechen und mit dem Orangenlikör beträufeln. Die Schokolade im Wasserbad schmelzen und wieder etwas abkühlen lassen. Die Eier trennen, die Eiweiße steif schlagen und kühl stellen. Die Sahne steif schlagen.

2

Die Eigelbe mit dem Vanillezucker in einer Schüssel weißschaumig rühren. Die Schokolade unter die Eigelbmasse ziehen. Die Keksstückchen und die Schlagsahne unterheben. Zuletzt den Eischnee vorsichtig unterziehen. Die Mousse mindestens 3 Stunden in den Kühlschrank stellen.

3

Für die Sauce 3 Orangen schälen, vollständig von der weißen Haut befreien und filetieren. Die anderen 3 Orangen auspressen und den Saft in einem Topf mit Zucker und Vanillezucker aufkochen. Inzwischen die Speisestärke mit dem Orangenlikör anrühren. Sobald der Saft kocht, die angerührte Speisestärke mit einem Schneebesen einrühren. Die Sauce 10 Minuten leicht köcheln lassen, die Orangenfilets hineingeben und noch einmal aufkochen lassen. Die fertige Sauce kalt stellen.

4

Von der Mousse mit einem in heißes Wasser getauchten Eßlöffel Schollen abstechen. Auf jeden Teller 2 Löffel Mousse setzen und die Orangensauce mit den Filets darum verteilen.

Lebkucheneis

Für 6 Personen
Raffiniert, läßt sich vorbereiten

300 g Schokoladenlebkuchen
550 g süße Sahne, 3 EL Cognac
80 g Zucker, 5 Eigelb

1

200 Gramm von den Lebkuchen mit einem Küchenmixer fein mahlen und in einer Schüssel mit 100 Gramm Sahne und dem Cognac vermengen. Die restlichen Lebkuchen in etwa 1/2 Zentimeter große Würfel schneiden.

2

80 Milliliter Wasser zusammen mit dem Zucker in einem Topf aufkochen. Dabei anfangs umrühren, damit der Zucker nicht am Topfboden karamelisieren kann. Die Eigelbe in einen Schlagkessel geben, den Läuterzucker hineingießen und die Mischung über einem Topf mit kochendem Wasser schaumig aufschlagen. Die restliche Sahne steif schlagen.

3

Das Lebkuchenpüree unter die Eigelbmasse ziehen, die Lebkuchenwürfel und die geschlagene Sahne vorsichtig unterheben. 6 passende Eisformen mit Klarsichtfolie auslegen und die Masse hineingeben. Das Lebkucheneis etwa 8 Stunden einfrieren.

4

Die Förmchen kurz vor dem Servieren in den Kühlschrank stellen und das Lebkucheneis mit Kirschsauce (Kirschwasserparfait mit Schattenmorellen, Seite 160) anrichten.

REZEPTREGISTER

Apfel-Kartoffel-Gratin 293
Apfelkuchen Onkel Konrad 286
Apfelkuchen, Kaiserstühler 278
Apfelküchle 277
Apfelpfannküchle 308
Apfelsuppe, Warme 276

Bäckerinkartoffeln 112
Baden-Badener Schokoladentorte 32
Badische Festtagssuppe 122
Badische Hechtklößle 69
Badischer Sauerbraten 21
Badisches Schneckensüpple 12
Bauernbrot 304
Bauerngemüse, Ortenauer 157
Beerengratin 196
Beerenkompott 192
Birewecke 327
Birnenwaie 256

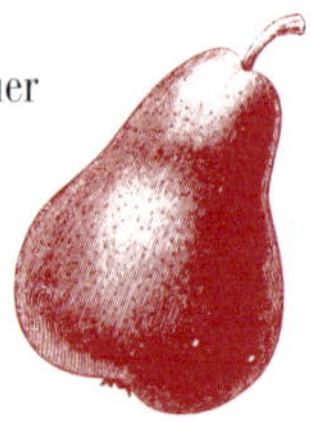

Blattspinat mit Zitronensauce
und pochierten Eiern, Frischer 100
Blumegger Dinne 200
Blumenkohl mit Vinaigrette 265
Bodenseehecht nach Herzog Gunzo 71
Bodensee-Saiblingfilets
auf Tomatenbutter mit Estragon 216
Bohnen, Grüne 109
Bohnen-Tomaten-Salat 182
Bouillonkartoffeln 240
Brägele 209
Brotknöpfle 138
Brotsuppe mit Zwiebeln 13
Brunnenkressesalat, Wutacher 68
Brunnenkressesuppe 67
Buchholzer Erdbeeren in Rotwein 143
Bühler Zwetschgenkuchen 252
Bunter Spinatsalat 153
Butterrüben, Glasierte 25

Dampfnudeln 30
Dinkelbrot 52
Dinne, Blumegger 200

Eier mit Remouladensauce 267
Eingelegte Essigzwetschgen 248
Eingelegte Kürbisschnitz 263
Eingemachtes Kalbfleisch 246
Eingemachte Wildpreiselbeeren 244
Eisbergsalat mit Blauschimmelkäsesauce 291
Elsässer Wurstsalat 181
Elztäler Gugelhupf 88
Endiviensalat 265
Ente sauer 300
Erbsle in weißer Buttersauce, Frische 133
Erdbeer-Rhabarber-Grütze 116
Erdbeereis 140
Erdbeeren in Rotwein, Buchholzer 143
Erdbeermarmelade 142
Errötendes Mädchen 86
Essigzwetschgen, Eingelegte 248

Fasan nach Kaiserstühler Art 247
Fasnetsküechle 60
Felchenfilets Konstanzer Art 43
Feldberger Pilzomelett 211
Feldsalat mit Speckwürfele 294
Festtagssuppe, Badische 122
Fischfond 96
Flachswickel 87
Flädlesuppe 210

Fleischküchle 184
Forchheimer Lauch-Champignon-Salat 49
Forelle blau 155
Forelle gebacken nach »Müllerin Art« 154
Forelle Pfarrers Art 20
Forellenfilets in Sauerampfersauce 97
Forellenrahmsuppe 95
Freiburger Krauttopf 18
Frischer Blattspinat mit
Zitronensauce und pochierten Eiern 100
Frische Erbsle in weißer Buttersauce 133
Frischer Wintersalat 17
Fruchtiger Staudenselleriesalat 50
Frühlingszwiebeln 109

Gänsekraftbrühe mit Gemüseeinlage 316
Gänseschmalz 320
Gebackene Quitten 287
Gebrannte Mehlsuppe 38
Gefülltes Hähnchen 189
Gefüllte Kalbsbrust Glottertäler Art 74
Gefüllte Schnitzelröllchen 108
Gefüllte Schweinefilets in Blätterteig 322
Gefüllte Tomaten 208
Gefüllte Weihnachtsgans 318
Gekochte Ochsbrust 239
Gekochter Stangenspargel mit Sauce Hollandaise 125
Gekochte Zunge mit Kapernsauce 44
Gekräuterte Lammkoteletts 102
Gelberübensalat, Großmutters 137
Gemüsesuppe, Kalte 151
Gemüsesuppe, Neue 150
Geröstete Grießsuppe 289
Geschmorte Rehschulter 270
Geschnetzelte Nierle 156
Gitzibraten 107
Glasierte Butterrüben 25
Glasierte Kastanien 320
Goldschnitten 89
Grießflammerie 165
Grießschnitten 198

Grießsuppe, Geröstete 289
Großmutters Gelberübensalat 137
Grüne Bohnen 109
Grünkernküchle 72
Grünkernsuppe mit Markklößchen 66
Gschwellte mit Bibbeleskäs 188
Gugelhupf, Elztäler 88

Hähnchen, Gefülltes 189
Hähnchen im Topf mit Spätburgunder 76
Haselnußkrapfen 51
Hasenrücken 321
Hausgemachte Nudeln 326
Hechtklößle, Badische 69
Heidelbeerkuchen 221
Heidelbeermarmelade, Schwarzwälder 226
Heidelbeeromeletts 220
Herbstlicher Obstsalat 276
Himbeerrolle 194
Hirnpfännle 73
Hirschfilet in Apfelessig-Honig-Sauce 301
Holderküchle mit Vanillesauce 170
Holderlikör 228
Holdersuppe 222

Johannisbeerkuchen 167
Johannisbeertorte 172

Kaiserstühler Apfelkuchen 280
Kalbfleisch, Eingemachtes 246
Kalbsbraten 45
Kalbsbriesle auf Salat von roten Linsen 268
Kalbsbrust Glottertäler Art, Gefüllte 74
Kalbshaxe 218
Kalbssteaks in Weißburgundersauce 134
Kalte Gemüsesuppe 151
Kalte Sauerkirschsuppe 193
Karamelköpfle 79
Karpfen in Rotwein 324
Karthäuserklöße 80
Kartoffelgratin 110

Kartoffelklöße 22
Kartoffeln, Saure 78
Kartoffelsuppe 264
Kastanien, Glasierte 320
Kirschbowle, Schwarzwälder 164
Kirschplotzer 162
Kirschtorte, Schwarzwälder 168
Kirschwasserparfait mit Schattenmorellen 160
Klare Tomatensuppe mit Frischkäseklößchen 206
Knöpfle mit Apfelmus 290
Kohlräblesalat 152
Kratzede 127
Krauttopf, Freiburger 18
Krautwickel 19
Kressesalat 68
Kretzerfilets mit frischen Gartentomaten und Kräutern 183
Kruttstumpe und Dummis 214
Kürbisschnitz, Eingelegte 263
Kürbissuppe 262

Lachsforelle mit Basilikumsauce 325
Lammkeule mit Lauchzwiebeln 104
Lammkoteletts, Gekräuterte 102
Lammschulter mit Honig-Ingwer-Sauce 135
Laubfröschle 185
Lauchauflauf 48
Lauch-Champignon-Salat, Forchheimer 49
Lauchgemüse 46
Leberle geröstet 212
Leberle, Saure 213
Leberspätzle 40
Lebkucheneis 331
Linzertorte 329
Löwenzahnsalat 99

Mädchen, Errötendes 86
Maimorcheln mit Hechtfarce gefüllt 130
Markgräfler Spargelkuchen 128
Meerrettichsauce 242
Mehlsuppe, Gebrannte 38
Milchreis mit Johannisbeeren 166
Mirabellenquarkcreme 224
Mirabellenwaie 225
Mohnkuchen 28
Mohnmousse mit eingelegten Backpflaumen 26

Neue Gemüsesuppe 150
Neujahrsbrezel 10
Nierle, Geschnetzelte 156
Nierle mit Pfifferlingen und Steinpilzen 237
Nudeln, Hausgemachte 326
Nudelsuppe 235

Obstsalat, Herbstlicher 276
Ochsbrust, Gekochte 239
Ochsenmaulsalat 180
Ofenschlupfer 82
Opfinger Spargelsalat 126
Orangen-Halbgefrorenes mit exotischen Früchten 307
Ortenauer Bauerngemüse 157
Ostertorte 114

Petersilienwurzelsuppe 39
Pfifferlinge, Sommerauer 236
Pfirsichmarmelade 229
Pilzomelett, Feldberger 211
Pochierte Weinbergpfirsiche mit Mandeleis und Weinschaumsauce 223
Prinzeßstangen 306

Quarksoufflé 199
Quitten, Gebackene 287
Quittenkuchen 280

Ragout vom Rehbock 136
Rahmkartoffeln 240
Rahnensalat 16
Rahnensuppe 14
Raukesalat 238
Rehrücken badisch 272

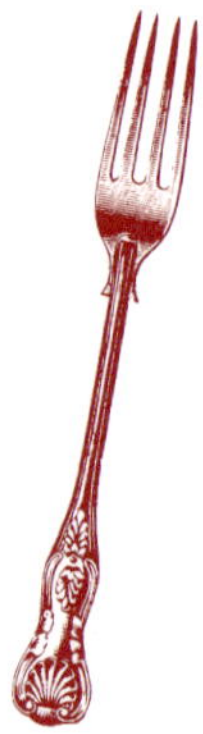

Rehschulter, Geschmorte 270
Rhabarberkompott 116
Rhabarberkuchen 113
Riebelesuppe 314
Rinderrouladen in Sauerkirschsauce 158
Rinderrückensteak Urloffen 190
Rosenkohl in Rahm 314
Rotkraut 315
Rotweinsauce 84
Rüblisuppe mit Rahm 234

Sauerampfersuppe 94
Sauerbraten, Badischer 21
Sauerkirschsuppe, Kalte 193
Sauerkraut 41
Saure Kartoffeln 78
Saure Leberle 213
Schäufele im Brotteig 186
Schäufele mit badischem Kartoffelsalat 319
Schneckensüpple, Badisches 12
Schnitzelröllchen, Gefüllte 108
Schokoladentorte, Baden-Badener 32
Schupfnudeln mit Sauerkraut 302
Schwarzwälder Heidelbeermarmelade 226
Schwarzwälder Kirschbowle 164
Schwarzwälder Kirschtorte 168
Schwarzwurzelgemüse 296
Schweinefilets in Blätterteig, Gefüllte 322
Schweinerücken in Rosmarinsauce 24
Seelen 288
Sommerauer Pfifferlinge 236
Spargelcremesuppe 123
Spargelkuchen, Markgräfler 128
Spargelsalat, Opfinger 126
Spargeltaschen 124
Spätzle 269
Speckeier 157
Spekulatiusmousse mit Orangensauce 330
Spinatsalat, Bunter 153
Stangenspargel
mit Sauce Hollandaise, Gekochter 125
Staudenselleriesalat, Fruchtiger 50
Stockfisch auf Rahmsauerkraut 42
Strieble 58
Sulz (Kutteln) 297

Tomaten, Gefüllte 208
Tomatensalat mit nassen Käsle 209
Tomatensuppe
mit Frischkäseklößchen, Klare 206
Traubenkuchen 254

Vanillesauce mit Schneeballen 31

Waffeln 192
Waldmeisterbowle 144
Warme Apfelsuppe 276
Wasserschnitten 55
Weckmänner 328
Weihnachtsgans, Gefüllte 318
Weinbergpfirsiche mit Mandeleis und
Weinschaumsauce, Pochierte 223
Weißburgundersauce 299
Weller in Meerrettichsauce 266
Wildpreiselbeeren, Eingemachte 244
Wintereintopf 303
Wintersalat, Frischer 17
Winzerpastete 178
Wirsingköpfle 294
Wirsingwaie 295
Wurstsalat, Elsässer 181
Wutacher Brunnenkressesalat 68

Zander in der Kartoffelkruste 298
Zander in Riesling gedünstet 132
Zimtparfait 309
Zunge mit Kapernsauce, Gekochte 44
Zwetschgenknödel 249
Zwetschgenkuchen, Bühler 252
Zwetschgenstrudel 250
Zwetschgenterrine mit Sherrycreme 253
Zwiebelkuchen 274

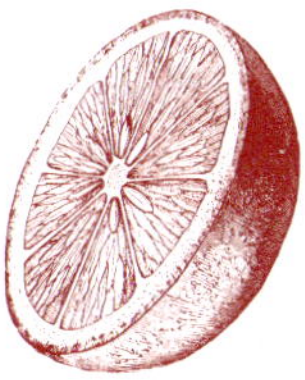

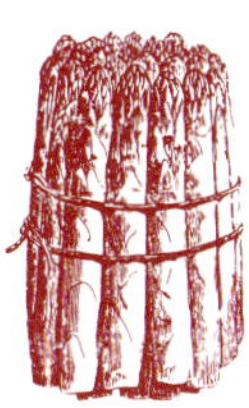

Die Autoren

Beate Plener, geboren 1965, ist eine echte Badenerin. Ihr Beruf als Rechtsanwältin hält die begeisterte Hobbyköchin nicht davon ab, fleißig alte und neue Rezepte zu sammeln. Außerdem schaut sie sich bei den einheimischen Profis gerne Tips und Tricks ab, die sie dann zu Hause in ihrer Küche ausprobiert.

Michael Plener, Jahrgang 1963, kommt aus Bayern und hat Philosophie, Geschichte und Rechtswissenschaften studiert. Zusammen mit seiner Frau ist er in der Anwaltskanzlei und darüber hinaus als freier Autor tätig. Mit seinem Faible für Traditionen und Bräuche hat er im Lauf der Jahre eine umfangreiche Sammlung von Anekdoten und Geschichten rund um die badische Küche zusammengetragen.

Martin Hegar, Jahrgang 1966, hat schon als Kind in die Kochtöpfe des elterlichen Landgasthofs im Schwarzwald geschaut. Nach seiner Ausbildung als Koch, u.a. im badischen Glottertal und in der Schweiz, übernahm er 1993 zusammen mit seiner Frau Lucia, die ebenfalls ausgebildete Restaurantfachfrau ist, die »Sternen-Post« in Oberried bei Freiburg – bekannt für ihre erstklassige traditionell-badische Küche.

Wir bedanken uns für die Unterstützung beim Alemannischen Institut und beim Badischen Weinbauverband, Freiburg, sowie bei allen Freunden, die uns mit ihren Rezepten und Ratschlägen unterstützt haben.

ISBN-10: 3-8094-1846-3
ISBN-13: 978-3-8094-1846-7

Umschlaggestaltung: Therese und Horst Rothe, Niedernhausen
Redaktionsleitung: Dr. Reinhard Pietsch
Redaktion dieser Auflage: Anja Halveland
Bildredaktion: Bettina Huber
Grundlayout: Christine Paxmann, München
Bildnachweis: Alle Bilder stammen von Christine Paxmann, München mit Ausnahme von
Ulrich Kerth, München: 34/35, 103, 111, 131, 195; photodisc: 6/7; Rothe, Niedernhausen: Coverillustration; Südwest Verlag Archiv: 59 (Nikolaus Herrmann), 75 (Ulrich Kerth), 187 (Christian Kargl), 271 (Karl Newedel), 310/311 (Claudia Rehm); Union Deutsche Lebensmittel, Hamburg: 171

Satz: A & O Satzwerkstatt, München
Satz dieser Ausgabe: Filmsatz Schröter, München
Druck: Westermann Druck, Zwickau

579/017170196X817 2635 4453 6271